"中国新闻学丛书"编辑委员会

顾　问：柳斌杰　南振中

主　任：李　彬　赵月枝

委　员：（按姓氏笔画顺序排序）
　　　　王君超　王润泽　王维佳　王鹏飞　史安斌　吕新雨
　　　　李　珮　李　彬　李希光　杨萌芽　吴　玫　吴　靖
　　　　张　垒　张　桐　赵月枝　胡　钰　俞　凡　洪　宇
　　　　程曼丽

"中国新闻学丛书"出版委员会

主　任：杨国安　杨萌芽

委　员：（按姓氏笔画顺序排序）
　　　　马　龙　王鹏飞　纪庆芳　杨　波　杨国安　杨萌芽
　　　　陈建恩　郑　鑫　胡玲霞　姜　畅　谌洪波　薛建立

QUANQIU SHIYE XIA DE XINWEN ZHENSHI TANSUO:
LILUN CHANSHI YU SHIJIAN KAOCHA

全球视野下的新闻真实探索：
理论阐释与实践考察

刘沫潇　著

河南大学出版社
HENAN UNIVERSITY PRESS

·郑州·

图书在版编目（CIP）数据

全球视野下的新闻真实探索：理论阐释与实践考察 / 刘沫潇著. -- 郑州：河南大学出版社，2023.4
ISBN 978-7-5649-5385-0

Ⅰ.①全… Ⅱ.①刘… Ⅲ.①新闻学－研究 Ⅳ.①G210

中国版本图书馆 CIP 数据核字 (2022) 第 252480 号

责任编辑　李亚涛
责任校对　柳　涛
装帧设计　翟淼淼　高枫叶

出版发行　河南大学出版社
　　　　　地址：郑州市郑东新区商务外环中华大厦2401号　邮　编：450046
　　　　　电话：0371-86059715（高等教育与职业教育出版分社）
　　　　　　　　0371-86059701（营销部）
　　　　　网址：hupress.henu.edu.cn

排　版　河南大学出版社设计排版部
印　刷　河南瑞之光印刷股份有限公司
经　销　全国新华书店
版　次　2023年4月第1版　　　　　　　　　印　次　2023年4月第1次印刷
开　本　710 mm×1010 mm　1/16　　　　　印　张　11.75
字　数　224 千字　　　　　　　　　　　　定　价　36.00 元

（本书如有印装质量问题，请与河南大学出版社联系调换。）

总序：新时代　新征程　新闻学　新探索

李　彬　赵月枝

中国共产党成立一百年前夕，酝酿有年的"中国新闻学丛书"开始问世。"中国新闻学"自然指立足于中国的新闻学，它离不开中华民族5000多年源远流长的文明史、中国人民近代以来180余年屡挫屡奋的斗争史、中华人民共和国70多年正道沧桑的发展史，以及其中蔚为大观的新闻与传播实践史，包括新闻学与传播学的学术传统。同时，由于主流传统同马克思主义道统水乳交融，中国新闻学又始终心系天下，关注人类命运共同体及其新闻传播实践，离不开《国际歌》寄寓的国际主义情怀——"英特纳雄耐尔"（international）。充分展现这些学术内涵，乃是这套丛书的学术工作任务，而非一篇总序所能应对的。而说明丛书的缘起，至少可以彰显"中国新闻学"的立意与定位。

早在2002年，范敬宜甫任清华大学新闻与传播学院首任院长之际，高瞻远瞩，身体力行，积极倡导以马克思主义为指导，建设具有"中国特色、中国气派、中国作风"的新闻学及其学科体系与教育体系，一时影响广泛。2008年，由于金融危机爆发以及全球资本主义体系性危机进一步加重，"马克思归来"日益成为汇聚中外前沿学术思想的时代强音，而如何赓续中国新闻学的马克思主义中国化传统，进而创新网络时代的马克思主义新闻学，愈发成为中国新闻学人迫在眉睫的时代使命。

党的十八大后，随着新时代的气息春风徐来，新闻学也迎来前所未有的良机。2016年，习近平主持召开哲学社会科学工作座谈会并发表讲话，强调加快构建中国特色哲学社会科学及其学科体系、学术体系和话语体系，并重点建设具有"支撑作用"的学科（其中引人注目地提到了新闻学），令人倍感鼓舞。

为了响应新时代召唤，中信改革发展研究基金会（后面简称"中信基金会"）于2014年成立，聚集了一批各学科守正创新的一流学者，致力于推进中国特色、中国气派、中国风格的哲学社会科学建设。2017年，中国特色新闻学研究会在清华成立伊始，就与中信基金会密切合作，举办了首届"中国特色新闻学高级研讨班"。其间，我们同来自五湖四海的青年学者一起，从不忘本来、吸收外来、面向未来的视角畅谈了理论逻辑与历史逻辑有机统一、普遍意义与中国特色若合一契的中国新闻学构想。

在此基础上，中信基金会将"中国新闻学丛书"作为重点研究项目列入基金会工作计划。之所以亮出"中国"的旗号，当然不是也不可能是"囊括四海，并吞八荒"，而只是凸显梁启超所谓"中国之中国、亚洲之中国、世界之中国"的历史意识，表明更自觉地面向中国实践、更深入地扎根中国大地、更自信地践行中国道路的学术追求，也就是中信基金会的三句宗旨——坚持实事求是、践行中国道路、发展中国学派。

——坚持实事求是。丛书作者术有专攻，论著也是各抱地势，但无论是深入历史，还是透视现实；无论是穷究学理，还是钻研实务：无不遵循实事求是的治学精神，如一代马克思主义新闻学家甘惜分晚年希冀的"立足中国土，请教马克思"。

——践行中国道路。坚持实事求是为的是践行中国道路，正如解释世界为的是改变世界。何谓中国道路？一句话，就是中国共产党领导的革命、建设、改革所开辟的道路。而这条道路的灵魂在于社会主义，即习近平所言，中国特色社会主义不是别的什么主义而是社会主义。中国新闻学说到底也是为社会主义新闻业立魂，立言，立心。

——发展中国学派。随着中国道路日渐开阔，文化自觉与学术自觉日益醒悟，中国学派也呼之欲出。事实上，近代以来，特别是新中国成立70多年以来，中国新闻学已经取得长足进展，从梁启超到邵飘萍，从邹韬奋到范长江，从邓拓到穆青，从延安窑洞人民广播的手摇发电机到数字时代融媒体，一代代中国记者以及学者以其辛勤耕耘和开创性工作奉献了无数心血和智慧，也为中国新闻学及其学派奠定了厚实基础。现在的关键在于我辈是否具有足够自信，摆脱制约中国新闻学想象力与创造力的"学术殖民"心态，用中信基金会理事长孔丹的话说，将"他信"变为"自信"，将著书立说的立足点从"彼岸"转到"此岸"。

19世纪初，西方文脉俨然在欧陆，德国柏林洪堡大学等更是文化圣城，吸引着东西南北的欧美知识精英，而在立国不过六十多年的美国，哈佛文人R. W. 爱默生（Ralph Waldo Emerson）却提出了美国文化走自己路的主张，发表了美国文化的独立宣言《美国学者》（"American Scholar"）。如今，经过建设和改革开放锻造的中华人民共和国，已经进入建设中国特色社会主义的新时代，发展中国学派以审视中国经验、提炼中国理论、贡献中国方案，更可谓名正言顺、水到渠成。

2019年立春时节，河南大学新闻与传播学院与河南大学出版社同意，将这套丛书纳入河南大学献礼中华人民共和国成立70周年的重点图书。河南，向称中原，数千年来一直被视为中华文明的腹心，一句"逐鹿中原"总能激荡人心。而河南大学又是百年名校，文脉悠长，俊采星驰，校友中就包括一代中国名记者邓拓。"中国新闻学丛书"能够落户河南大学，也是得其所哉。

大鹏之动，非一羽之轻也；骐骥之速，非一足之力也。十多年来，我们一直勉力耕耘，与各方有生力量一道推进中国特色、中国气派、中国风格的新闻学建设，这套丛书就是一批阶段性成果。我们深知，无论是中国特色社会主义事业，还是中国特色社会主义学术事业，都不可能一蹴而就，也不可能仅凭少数人埋头苦干就获得成功，而需要持之以恒的扎实工作，更需要一批又一批、一代又一代的中国学者共襄此举。

2022年6月

李　彬，清华大学新闻与传播学院教授，河南大学黄河学者（2013～2018）

赵月枝，清华大学人文讲席教授，加拿大皇家学会院士

序（一）

王君超

（一）

在新闻学的视阈内，似乎没有一个概念比"真实"的概念更基础、更重要。即便是新闻学的入门教材，都会告诉你"真实是新闻的生命"。但是何谓"真实"？这实在是一个既简单又复杂的问题。

说它简单，是因为不管你认识不认识、承认不承认，真的就是真的。常言道：真的假不了，假的真不了。说它复杂，是因为如此一来，难免产生新的问题："什么是真的？""谁说的是真的？""什么时候是真的？""在什么地方是真的？""真到什么程度？"等等。

这些追问绝不是无中生有，或者"为赋新词强说愁"，而是随着时代的发展、世界的复杂化以及媒介的进步，人们对事物的认识也渐趋复杂化，这就使得"真实性"这个看似简单的问题，成了一个"欲说还休"的话题。

特别是在所谓的"后真相时代"，人们的情绪比真相本身更重要，真实、真相的重要性似乎淡化了，被新闻视为生命的"真实性"变成了可以被加工、剪裁、PS的游戏；随着AI技术的发展，"深度伪造"更是大行其道。加上世界范围内的自媒体公共领域的瓦解与转型，由"水军"制造的假新闻层出不穷；资本操控媒体舆论的趋势有增无减，乔姆斯基所说的五个"新闻过滤器"之一的"公关过滤器"大行其道……新闻的真实性被各种势力、各种文化围剿，真相岌岌可危。

沫潇此书的理论意义和实际应用价值就在于此。尽管之前已有不少优秀的研究成果聚焦真实性的研究，但本书从哲学的角度探索了这个"既简单又复杂"的问题，这在一定程度上来说是独辟蹊径和不乏创意的。既反对"新闻无学"的说法，又反对新闻学画地为牢、故步自封的做法是我的一贯立场。沫潇通过本书的写作，对新闻学如何走出自己有了深入的理解，我甚感欣慰。

（二）

本书以沫潇的博士论文为基础，不仅立意高远，而且论点不乏创新。作者的博士论文在由新闻传播学、政治学交叉学科专家组成的答辩会上，获得了一致好评。

在当下"传播充裕"的背景下和日益智能化的媒介环境中，本书重新考察了新闻真实的经典议题，探讨了技术因素对实践理念革新的影响，不仅突破新闻真实研究的真理符合论窠臼，而且研究方法扎实、得当。作者通过对32位学者和新闻从业者的半结构式访谈，以及中国、澳大利亚和欧洲四种不同所有制类型媒介平台的实地考察，对抽象的新闻真实问题进行了全球化和语境化的探索。在此基础上，论文聚焦以下三个关键问题：新闻真实指的是什么？为何需要新闻真实？如何更好地追求新闻真实？

作者认为，在"传播充裕"背景下，真相在新闻领域仍然至关重要。同时，她对有关新闻真实的简单化认知及其所依据的教条和偏见提出了质疑。沫潇在书中提出，新闻真实是一个基于语境的、复杂的、多维度的问题，其内涵既有历史发展又有地理差异。正统的"客观性"原则和"真理符合论"不免令人生疑；希腊语中象征真相的"无蔽"及与之相关的"开放"和"透明"理念或许更有利于在媒介平台和公众之间建立信任，并就何为真相达成共识。她对新闻真实只是认识论的教条进行了批判，认为它同时也是价值论和实践论问题。

全书的结构大开大合，纵笔所至，左右逢源。在比较视野下，她汲取了波普尔、罗蒂、瓦蒂莫和马克思四位哲学家真理观的有关思想，拓宽了新闻真实的研究视野，总结了四种新闻真实模式——证伪模式、实用主义公共服务模式、对话—阐释模式和社会和谐—实践模式。她发现，这四种模式的共同之处，就在于它们均从批判的角度理解真相，反对客观真相的给定性和绝对性。它们虽属并列展开，但在沫潇的结构安排中，"马克思主义真理观下的新闻真实"起到了总括作用。本书不仅阐明了马克思主义真理观的内涵，作者还将其应用于对《人民日报》"求证"栏目的分析，批判了"社会主义新闻业重宣传而不关心真相"的偏见。同时，全书还在马克思主义真理观视阈下对西方诸种真理观进行了批判性评估。基于以上内容，我当时建议她为第六章标题加上了"兼评西方诸种真理观"的副标题。

（三）

在沫潇的博士论文成稿、打印前夕，我嘱她将悉尼大学的约翰·基恩（John

Keane）教授作为"联合导师"印上封面。这是因为，沫潇在悉尼大学联合培养时，基恩教授作为外方导师，对她的论文进行了悉心指导，也刷新了我对国外联合导师的印象。

现年70多岁的基恩教授是世界知名的政治学家，以政治哲学和媒体与民主的研究闻名于世。他有关公民社会的论著，曾为哈贝马斯等当代著名的哲学大师所关注。他在英国生活多年，曾被《泰晤士报》誉为"英国顶尖的政治思想家，著作具有世界性重要影响的作家"；澳大利亚广播公司（ABC）描述其为"澳大利亚重大知识输出者之一"。有关"后真相"的理论阐释，是基恩教授最近几年为学术界做出的新贡献。

如此一位享受世界声誉的大学者，在学生面前丝毫没有大师的矜持，而是更像一位"学术暖男"。他不仅每周与沫潇等博士生面谈一次，督促论文进程；而且每当沫潇完成新的章节，他都要她将要点翻译出来，供他评阅。在我以教育部"博导项目"的"高级研究学者"身份访问悉尼大学时，他还慷慨地将办公室的钥匙交给我，以便我使用他的办公空间和藏书。基恩教授给我留下的印象，除了跨学科的博学多闻，还有犀利的言论和循循善诱。对于有争议的学术观点，他的评论往往一针见血，从不为尊者讳；他与我或沫潇谈论真实性的话题，好几次都是以哲学漫画和争议新闻照片开头，以破除哲学的深奥色彩和"Seeing is Believing"（眼见为实）的认知误区。

基恩教授对沫潇的辅导，无疑为全书增加了哲学色彩。他对沫潇的博士论文评价甚高。在沫潇联合培养研修报告的导师评语栏中，基恩教授写道，本论文"结构良好，具有原创性，一定会作为一本重要的书籍出版"。基恩教授也欣然应邀为本书作序。

（四）

沫潇为这篇书稿的付出是巨大的。她克服了孩子尚小、家务事儿多的实际困难，坚持在三年之内完成了博士学业。为了实现这一目标，她就像一个上满了弦的钟表，奋进的脚步从未停歇。她当助教、发论文、组织学术活动，成为我研究团队的"台柱子"；她不远万里从澳洲自费到荷兰进行考察，就为了给全书增加一个经得起推敲的案例。正是因为她追求卓越，坚忍图成，所以成绩斐然。博士毕业前，她同时获得了两个母校——清华与北外的工作许可。

我对沫潇的期望也许十分简单，那就是让奋进的脚步慢下来，多思索、多回味、多升华。写作学术著作也是一样，多运筹、多打磨，逐渐形成一种行云流水的叙事技巧和深入浅出的文风，在全球化的视野和"中西兼容"的背景下，依然凸显"中国作风、中国气派"。

最后,感谢李彬教授慧眼识珠,力荐沫潇的博士论文付梓。谨此向李彬教授对我指导的青年才俊一如既往的支持致以由衷的谢意。

作者系清华大学新闻与传播学院长聘教授,博士生导师

序（二）

约翰·基恩（John Keane）

如果借用中国的古语来描述这本精彩的处女作，那就是"书中自有黄金屋，书中自有颜如玉"。在这本书中，刘沫潇做了几件以前未有人尝试过的事情。她不仅对几个国家的记者如何在日常工作中依赖真相的话语进行了详细的比较性描述，她还探讨了一个有趣的悖论：记者们经常对真相的确切含义持不同意见，但在实践中，他们一致认为，崇尚真相是重要的，因为一个失去了对真相探索的世界将会遭受可怕的疾病。

刘沫潇的著作在很多方面与众不同。她对新闻和真相的研究突出了跨学科研究风格的优势，即在描述、分析和解释经验语境时，特别留意其使用的概念化语言。

刘沫潇进行的田野调查也表明，笼统地谈及历史的"真理体制"（regimes of truth，米歇尔·福柯）和"讲真话"太过简单，在具有重要战略意义的新闻领域，对真实的多元理解以及获取真相的多种方法既生动又复杂。

但是刘沫潇更进一步。她对许多记者司空见惯但在哲学上却问题重重的信念表示怀疑。许多记者相信他们的职业只是记录外部"现实"的中介，证据就是直截了当的"证据"，"原始事实"（brute facts）独立于任何观察者对它们的态度而存在。相信"真相"——一个他们热爱但往往没有认真定义的词——的记者有一种习惯，认为"现实"就在他们身边，就在那里，触手可及，可以通过"客观的"描述把握。刘沫潇敦促记者和他们的受众重新思考。她阐明了为什么记者需要睁大眼睛，更深刻地思考真相，看到"现实"总成为"被报道的现实"，"现实"的"真实"描述不可避免地受到记者在报道和传播过程中以及公众在接受过程中使用的语言和解释方法的影响。

尤其引人注目的是刘沫潇拒绝"怎样都行"的相对主义和"没有真相"的犬儒主义的诱惑。她深知真相有许多面孔，但她与那些和真相诀别的人存在分歧。她最令人兴奋和独创的贡献是让她的读者想象一个所有关于真相的讨论都被消除的世界。她指出，如果发生这种情况，个人和公众都将付出高昂代价。不仅各行各业的人会成为无耻的谎言、"空话"式的扯淡、谣言和未经证实的教条的受害者，由于真相和信任是一对双胞胎，对他人的社会承诺程度——公众团结——也将受到损害。如果不关心真相，公民也会失去权衡分歧的理智和自己做决断的能力。蓄意的无知会滋生，这将使整个社会更容易受到危险情况和危险趋势的影响，而这些情况和趋势只能通过对不正当行为和有组织的腐败的"真相"进行调查来发现和纠正。最后，刘沫潇建设性地借鉴了瑞典籍牛津大学思想家尼克·博斯特罗姆（Nick Bostrom）的"信息危害"（information hazard）理论。她想说明并且很好地说明的一点是："真相"这个有争议话题的一个意外好处是，它提醒我们，在某些私人时刻和社会生活领域，谈论真相和寻求真相的新闻报道实际上没有正当地位或合法功能。

2021年2月于澳大利亚悉尼

作者系澳大利亚悉尼大学和德国柏林社会科学研究中心政治学教授

目 录

第一章 绪论 ·· 001
  一、驱动当下新闻真实探讨的四个因素 ·· 001
  二、研究问题 ·· 015
  三、研究方法 ·· 015
  四、本书框架及章节概要 ·· 022

第二章 新闻真实的认知图景与研究现状 ·· 025
  一、新闻真实的语义分歧与认知图景 ··· 025
  二、新闻真实的哲学隐喻：柏拉图"洞穴隐喻" ···································· 031
  三、新闻真实的主导哲学范式：真理符合论 ··· 035
  四、开辟新闻真实研究新哲学视野的必要性 ··· 039

第三章 证伪逻辑真理观下的新闻真实 ·· 048
  一、算法式新闻分发下的真相问题 ·· 049
  二、实地考察：中国一点资讯辟谣算法 ··· 051
  三、辟谣中的"后验真相"与证伪逻辑真理观 ······································· 054
  四、智媒时代真相追寻的三点思考 ·· 058
  五、小结 ·· 061

第四章 新实用主义真理观下的新闻真实 ………………… 063
一、事实核查的概念探讨与历史溯源 ………………… 064
二、事实核查的研究现状与研究局限 ………………… 065
三、创新事实核查研究的理论与视角：新实用主义 ………………… 067
四、实地考察：澳大利亚 RMIT ABC Fact Check ………………… 071
五、新实用主义视阈下事实核查与真相的关联 ………………… 079
六、事实核查的现实困境与未来展望 ………………… 087
七、小结 ………………… 089

第五章 解释学真理观下的新闻真实 ………………… 091
一、真相的障碍：简化世界多元性的"抄闻" ………………… 092
二、实地考察：荷兰会员制新闻平台 De Correspondent ………………… 094
三、解释学真理观下的会员制新闻平台 ………………… 102
四、小结 ………………… 112

第六章 马克思主义真理观下的新闻真实 ………………… 113
一、马克思主义真理观 ………………… 114
二、实地考察：《人民日报》"求证"栏目 ………………… 122
三、马克思主义真理观对把握新闻真实的启示 ………………… 127
四、马克思主义真理观视阈下西方诸种真理观述评 ………………… 134
五、小结 ………………… 137

第七章 结语：新闻真实的批评与建构 ………………… 139
一、新闻真实的四种模式 ………………… 139
二、批判有关新闻真实的教条、简单认知和偏见 ………………… 141
三、发挥新闻真实的建设性功能 ………………… 147
四、研究启示与展望 ………………… 153

附录 A　半结构式访谈中英文提纲 ……… 161
　　中文访谈提纲 …………………………… 161
　　英文访谈提纲 …………………………… 161

附录 B　访谈名单 ……………………… 163
　　新闻从业者 ……………………………… 163
　　高校学者 ………………………………… 164

后　记 …………………………………… 166

第一章 绪论

一、驱动当下新闻真实探讨的四个因素

真实或真相（truth）在新闻业中占有重要地位，这是中外的共识。毛泽东在《〈政治周报〉发刊理由》中连用四个"请看事实"，表明报刊主要是"实际事实之叙述"。[1] 刘少奇在《对华北记者团的讲话》中也强调真实的重要性，提醒记者警惕"客里空"[2]的危害。[3] 科瓦奇和罗森斯蒂尔在《新闻的十大基本原则》中更是明确指出"新闻工作首先要对真实负责"，但真实却是一个"最令人困惑的原则"。[4] 因此，如何认识新闻真实以及如何实现新闻真实一直是重要的理论问题和现实问题。

新闻真实是本书的关键词，对新闻真实有深入研究的中国人民大学新闻学院教授杨保军曾提出"新闻真实观"是"人们对新闻真实的系统观点"，包括"新闻真实的本质""新闻真实的特性""新闻真实的构成（表现）""新闻真实的实现""新闻真实的证实""新闻真实的意义"等基本而具体的问题。"新闻真实观"形成后虽然具有一定的稳定性，但也是一个"开放的系统"，有不断"更新、变化和发展"的可能。这一方面源于传媒生态自身的演变与发展，另一方面也源于人们对新闻传播学科或其他学科新理论、新观念、新方法的运用[5]。换言之，目前关于新闻真实的内涵、意义和实现等问题的普遍看法并不

---

[1] 毛泽东：《毛泽东新闻工作文选》，北京：新华出版社，1983年版，第5页。

[2] 根据《刘少奇选集》（人民出版社1981年版）的注释，"客里空"是指"苏联剧本《前线》中的一个惯于捕风捉影、捏造事实的新闻记者。后来我国新闻界借以泛指那些脱离事实、虚构浮夸、说空话的新闻报道作风"。

[3] 刘少奇：《刘少奇选集》，北京：人民出版社，1981年版，第399页。

[4] 科瓦奇、罗森斯蒂尔：《新闻的十大基本原则：新闻从业者须知和公众的期待》，刘海龙、连晓东译，北京：北京大学出版社，2011年版，第31-32页。

[5] 杨保军：《新闻真实论》，北京：中国人民大学出版社，2006年版，第30-32页。

具有"不容争辩性",随着新闻传播业的发展和新的理论视野的开拓,"新闻真实观"存在变化与发展的可能。鉴于此,本书致力于在新的时代背景和技术条件下,结合传媒领域最新案例,运用多种哲学真理观重新阐发"新闻真实"有关问题,以期为新闻真实的理论研究和实践探索提供有益补充。

为了更全面地考察新闻真实,全书在广义上而非狭义上使用新闻真实的说法,即将新闻学界和业界对真实、真相和事实的探讨及与之相关的哲学真理观[1]均纳入新闻真实研究范畴,承认表达"真"的话语的多元性与灵活性。

本书认为,以下四个因素驱动了当下人们对新闻真实有关问题的探讨。

(一)技术因素

技术驱动的"传播充裕"(communicative abundance)[2]是新媒体时代区别以往的显著特征。悉尼大学政治学教授约翰·基恩(John Keane)认为,世界媒介环境日趋复杂,我们正身处一个"传播充裕的革命性时代"。这一时代由"重叠和相互关联的媒体设备构成的新世界体系建构"并"历史上第一次将文本、声音和图像以数字压缩、易于存储、可复制和便携的形式集成在一起"。传播充裕使"信息在选定的时间内,或实时或延时,通过多个用户点被发送和接收,全世界数十亿人都可负担得起并访问这一模块化并最终全球化的网络"。[3]可见,在信息技术极大发展的"传播充裕的革命性时代",人人都有麦克风,这不仅极大形塑了新闻业和人们所处的信息环境,也使真相的生成过程更加复杂。

首先,多种多样的信息平台大量涌现,冲击传统机构媒体真相话语的同时,其发布的信息的可靠性也引发公众关注。其次,以社交媒体为代表的信息通信技术迅猛发展,人们发声渠道增多,更多民众参与到真相建构中,公共话语中的真相叙事版本增加。最后,协作化的网络空间让编辑对信息大门的"把关"

---

[1] 有关真实、真相、事实与真理的语义分歧将在本书第二章进行讨论和廓清。

[2] "传播充裕"(communicative abundance)是著名政治学家、澳大利亚悉尼大学教授约翰·基恩(John Keane)在《民主与媒体衰颓》(*Democracy and Media Decadence*)一书中提出的概念,本书对此概念的翻译采用杜欢在《新媒体时代的民主:传播、监督与隐忧——评约翰·基恩〈民主与媒体衰颓〉》一文中的译法(参见:杜欢:《新媒体时代的民主:传播、监督与隐忧——评约翰·基恩〈民主与媒体衰颓〉》,《国外理论动态》2014年第8期)。

[3] Keane J. *Democracy and Media Decadence*. Cambridge: Cambridge University Press,2013,pp.1-2.

（gatekeeping）转变为对信息大门的"守望"（gatewatching），即"几乎所有进来的材料都会发布，但强调的程度各不相同"[1]。可见"传播充裕"下，公众承担起越来越多辨别真伪的责任。

一方面，信息技术的发展并没有带来"真相乌托邦"，资本和权力依靠技术对信息的操控在增强而不是减弱，技术赋权不平等、不均衡的现象仍很普遍；另一方面，众声喧哗下也没有出现完全的"真相崩塌"（Truth Decay）[2]，公众仍渴望真相，正如科瓦奇和罗森斯蒂尔所言，"我们大多数人并没有为了我们的信息退回到意识形态墙角（ideological corners）"。[3]

综上，技术驱动的"传播充裕"带来了传媒生态的变革，在新的传媒生态下，参与真相建构的主体更加多元，真相的生成过程更加复杂，需要对新闻真实问题进行重新的思考和探讨。

（二）政治因素

政治利益驱动虚假信息的生产和传播并不新鲜。以部分有明确党派倾向的媒体为例，对于它们来说，党派利益而非真相是其主要关切，它们可能会为了维护党派利益生产和传播带有明显情感偏向的虚假信息。一方面这些机构本身可能受到有政治利益诉求的团体或个人的资助，另一方面，制造和传播情绪化的虚假信息也满足了部分受众的阅读偏好，可吸引流量，带来收益。

近年来，在一些国家，政府与媒体的"真相拉锯战"日趋激烈，政府对媒体的"假新闻"指控首当其冲。比如2017年2月，美国第45任总统唐纳德·特朗普（Donald Trump）在推特上称《纽约时报》、NBC、ABC、CBS 和 CNN 为"假新闻媒体"（FAKE NEWS media），甚至指责它们为"美国人民的敌人"（the

---

[1] Bruns A. Gatewatching, "Not Gatekeeping: Collaborative Online News." *Media International Australia Incorporating Culture and Policy*，2003，107（1）.

[2] 兰德公司（Rand Corporation）于2018年提出了"真相崩塌"概念，认为在过去20年里，美国社会正在经历新一轮的"真相崩塌"。根据兰德公司报告，"真相崩塌"包含四个相互关联的趋势：①对事实以及对事实和数据的分析性解释分歧越来越大；②观点和事实之间的界限模糊；③相较于事实，观点和个人经验的相对数量和由此产生的影响增加；④对以往受人尊敬的事实性信息来源的信任下降。具体参见：Rand Corporation. Truth Decay: An Initial Exploration of the Diminishing Role of Facts and Analysis in American Public Life. Retrieved from https://www.rand.org/pubs/research_reports/RR2314.html.

[3] Kovach B, Rosenstiel T. *Blur: How to Know What's True in the Age of Information Overload*. New York: Bloomsbury，2010，p.6.

enemy of the American People）。缅甸、菲律宾和柬埔寨等国的一些政治领导人也批评媒体制作和传播假新闻。针对这种情况，福布斯记者认为"假新闻已成为攻击人权、民主和对政府批评的一种便利幌子"[1]，表现出"政治化"趋势。2021年美国国会大厦遇袭事件后，唐纳德·特朗普被禁止使用脸书和推特，为了继续吸引和争取公众对自己的关注和支持，他提出要建立一个名为"真实社交"（Truth Social）的新社交媒体平台。路透新闻研究院认为随着该平台的上线，"事实与观点的交战"将以不可预测的方式继续上演，而该平台也有可能成为"仇恨言论、黑客和其他破坏者的焦点"。[2]

与此同时，媒体也不甘示弱，与批评其制作、传播假新闻的政治人物针锋相对。鉴于特朗普不断重复自己的错误言论，《华盛顿邮报》事实核查网站 Fact Checker 在原有匹诺曹测试（The Pinocchio Test）[3]的基础上，于2018年12月引入"无底线匹诺曹"（The Bottomless Pinocchio）新评级指标。"无底线匹诺曹"的评级门槛相对较高：言论需从 Fact Checker 那里收到三或四个匹诺曹评级，并且至少被重复了20次。[4]时任美国总统特朗普的许多言论出现在这份"无底线匹诺曹"榜单中。《华盛顿邮报》更是做了如下统计：截至2019年3月3日，也就是特朗普总统任期的第773天，他已经发布了9014条虚假或误导性言论。[5]

---

[1] Keeton-Olsen D,"Like Trump, These Southeast Asian Countries Are Using 'Fake News' to Devastating Effect." Retrieved from https：//www.forbes.com/sites/daniellekeetonolsen/2017/10/30/like-trump-these-southeast-asian-countries-are-using-fake-news-to-devastating-effect/#635acc133d40.

[2] Newman N,"Journalism, Media, and Technology Trends and Predictions 2022." Retrieved from https：//reutersinstitute.politics.ox.ac.uk/journalism-media-and-technology-trends-and-predictions-2022.

[3] 匹诺曹测试主要用于评估政治人物、政治候选人、外交官或利益集团的言论真伪程度。具体以一至四个匹诺曹区分言论虚假程度：一个匹诺曹代表言论"大部分真实"（mostly true），四个匹诺曹则指言论为"弥天大谎"（Whoppers）。

[4] Kessler G. Meet the Bottomless Pinocchio, a New Rating for a False Claim Repeated Over and Over Again. Retrieved from https：//www.washingtonpost.com/politics/2018/12/10/meet-bottomless-pinocchio-new-rating-false-claim-repeated-over-over-again/?utm_term=.3b2bebc6be49.

[5] Kessler G, Rizzo S, Kelly M. President Trump Has Made 9,014 False or Misleading Claims Over 773 Days. Retrieved from https：//www.washingtonpost.com/politics/2019/03/04/president-trump-has-made-false-or-misleading-claims-over-days/?utm_term=.76b45728abac.

当下，一些国家经济政治的不均衡发展带来了深层次的社会结构性问题，如贫富分化、环境污染和移民问题。这些结构性社会问题引发的社会不满情绪（特别是对精英阶层的不满）催生了全球新一轮的民粹主义浪潮，对真相构成了挑战。民粹主义者在"人民"的名义下攻击当权者，激化社会情绪，诱发社会暴力，特别是依托网络传播革命和信息通信技术，运用包括社交媒体在内的各种传播媒介宣传政治主张，以粗鲁、夸张、大胆的言行进行戏剧性的政治表演，吸引公众和媒体的关注，实现自己的利益。民众对民粹主义话语的支持和拥护易导致对真相的忽视和背离。

（三）经济因素

受利润驱使，假新闻经济繁荣不衰。随着社交媒体的发展和传播技术的演进，假新闻制作和传播的主体更加多元，新闻造假也从个别记者为一己私利铤而走险的"偶发事件"逐步变得产业化、规模化和全球化。2016年美国总统竞选期间，马其顿的一些年轻人针对美国的目标受众，专门制造有关特朗普的假新闻在脸书上发布。这些炮制的假新闻不断在社交平台上被点击和分享，使造假者赚取了可观的广告收益。据 CNN 报道，在马其顿的一个小城市 Veles，这种新闻造假已经"产业化"，2016年美国总统大选的最后几周，100多个造假新闻网站被追踪到了这里。[1]

相比之下，提供"真实性"信息的新闻机构却面临日益严峻的经济困境。根据皮尤研究中心的调查数据，2018年美国报纸发行量达到了1940年以来的最低水平，数字广告收入虽然呈指数级增长，但大多数都流向了脸书和谷歌，而不是发布报道的新闻机构。以数字广告中的展示广告（display ad）为例，脸书和谷歌占了广告收入的52%。[2] 一方面，科技的进步和网络的普及使广告商可绕过机构媒体接触到广大客户，而广告收入的流失恰恰是当下机构媒体面临经济困境的重要原因；另一方面，许多专业媒体需要接入科技巨头的平台才能接触目标受众，传播渠道上受制于人，虽然自身面临经济困境，却不得不用自己报道的浏览量和点击量为科技公司贡献收益。此外，信息的辟谣求证也不再

---

[1] CNN. "The Fake News Machine: Inside a Town Gearing up for 2020." Retrieved from https://money.cnn.com/interactive/media/the-macedonia-story/.

[2] Barthel M. 5 Key Takeaways About the State of the News Media in 2018. Retrieved from https://www.pewresearch.org/fact-tank/2019/07/23/key-takeaways-state-of-the-news-media-2018/.

仅仅局限于机构媒体，近年来，脸书、谷歌、百度、腾讯等科技企业通过技术创新，发起了"真相保卫战"，如 Google News 为部分搜索结果添加事实核查标签，今日头条推出"谣零零"计划，邀请平台用户共同参与虚假信息治理。

值得注意的是，许多新闻机构为节约新闻生产成本、填满24小时新闻周期，大搞"抄闻"（churnalism）[1]。"抄闻"描述了"新闻生产的再循环（recycling）过程，这一过程越来越依赖通讯社稿件和公共关系补贴"[2]。"抄闻"降低了公众对媒体机构的信任，引发了公众不满，有关"抄闻"对新闻真实的阻碍及可能性解决方案将在本书第五章详述。

面对经济困境、政治压力以及公众对媒体机构信任的下滑，《纽约时报》推出了以"真相"为主题的品牌宣传活动，并在2017年奥斯卡颁奖典礼上播出了第一个"真相"主题广告，观看人数达数百万。这个黑白色调、极简主义风格的电视广告以"真相是艰难的"（The truth is hard），"真相很难找到"（The truth is hard to find），"真相很难知晓"（The truth is hard to know）和"真相现在比以往任何时候都更重要"（The truth is more important now than ever）等话语结尾，给受众造成视觉冲击和情感震撼。广告有不同的解读方式，本书认为《纽约时报》通过该则广告可能想传递以下信息：众声喧哗下，新闻媒体仍然应该追求和呈现真相，这是类似于白纸黑字一样简单分明的道理。但通往真相之路阻碍重重，需要受众对媒体的理解和支持。这种理解和支持不仅是政治上的，更是经济上的，因此受众需要阅读和付费。2019年普利策新闻奖解释性报道的获奖作品恰好是《纽约时报》记者对特朗普财务状况的调查报道。该报道揭穿了特朗普白手起家的虚假言论以及他如何通过可疑的税收计划从父亲那里继承了巨额财富。《纽约时报》的"真相"系列广告中专门有一则广告聚焦了该篇报道的形成过程：记者历时18个月，采访多方信源，阅读分析了十万份原始文件后发现特朗普涉嫌逃税和税收欺诈。此则广告的主题为"真相是值得的"（The Truth Is Worth It），强调优质的新闻报道值得人们阅读和付费，因为记者

---

[1] "抄闻"从英语"churnalism"翻译而来，本书采用崔莹在《媒体潜规则：英国名记揭秘全球新闻业黑幕》（尼克·戴维斯著，南方日报出版社，2010年版）中的译法，详见译本第32页。

[2] Johnston J, Forde S. Churnalism: Revised and Revisited. *Digital Journalism*，2017，5（8）.

为呈现严谨而精确的"真相"付出了巨大努力。[1]《纽约时报》"真相"宣传活动的成功不仅表现在其赢得了诸多奖项，还在于活动本身推动了《纽约时报》数字订阅用户的增长。根据其广告代理商 Droga5，"真相"主题广告发布后，《纽约时报》24小时内新增用户数超过了宣传活动开始前六周内的新增用户数，并在2017年第二季度成为第一家拥有超过200万数字用户的新闻机构。[2]

可见，公众仍对"真相"抱有强烈的情感依赖。对于像《纽约时报》这样的传统媒体来说，重申对"真相"的追求不失为一种应对经济困境的可行策略。除美国媒体外，其他国家的一些媒体机构也通过强调"真相"而获益。据路透新闻研究院2019发布的报告，菲律宾、南非和印度的三家数字媒体通过"调查性新闻事实核查""数据和社交网络分析""与受众和平台公司的战略性合作"等创新形式识别和打击虚假信息，形成了在媒体市场中的竞争力。[3]

（四）"后真相"

"后真相"（post-truth）现象不仅产生了广泛的政治影响，还引发了包括新闻传播学在内众多学科的学术争鸣，成为近年来有关真相问题探讨的重要驱动因素，本部分将详细剖析这一驱动真相问题探讨的新语境。2016年英国脱欧公投和特朗普竞选胜出等一系列影响广泛而又难以预料的政治"黑天鹅"事件的发生，让"后真相"一词使用频率大幅提升并逐渐演变成西方主流话语的一部分。基于此，牛津词典将"后真相"选为年度词汇，并将其作为一个形容词，指代"诉诸情感和个人信仰比客观事实更能影响公众舆论"的情况。[4]可见，"后真相"并非有明确内涵或外延的特定事物，而是一种对"情感战胜理性、信仰胜过知识"的公众舆论状态的描绘。

---

[1] Diaz A. The New York Times Shows the Long, Hard Path to the Truth in Latest Ads. Retrieved from https：//adage.com/creativity/work/new-york-times-truth-worth-it-perseverance/955986.

[2] Droga5. New York Times：The Truth Is Hard. Retrieved from https：//droga5.com/work/new-york-times/.

[3] Posetti J, Simon F, Shabbir N. Lessons in Innovation：How International News Organisations Combat Disinformation Through Mission-Driven Journalism. Retrieved from https：//reutersinstitute.politics.ox.ac.uk/our-research/lessons-innovation-how-international-news-organisations-combat-disinformation-through.

[4] Oxford Dictionary. Definition of Post-truth in English. Retrieved from https：//en.oxforddictionaries.com/definition/post-truth.

对"后真相"概念的使用最早见于塞尔维亚裔美籍编剧家史蒂夫·特西奇（Steve Tesich）1992年在美国《国家》（The Nation）杂志上发表的一篇文章。文章描绘了"水门事件""伊朗门丑闻"和"海湾战争"等事件的共同特点。[1]2004年，美国作家拉尔夫·凯斯（Ralph Keyes）在著作《后真相时代：当代生活中的不诚实与欺骗》（The Post-Truth Era：Dishonesty and Deception in Contemporary Life）中使用了"后真相时代"的说法。2005年美国喜剧演员斯蒂芬·科尔伯特（Stephen Colbert）发明并普及了一个类似"后真相"的说法："感实性"（truthiness）。根据牛津词典，"感实性"意为"表面上或感觉上是真实的，即使不一定是真实的特性"。[2]2017年1月，美国总统顾问凯莉安·康威（Kellyanne Conway）在NBC栏目中为白宫新闻发言人肖恩·斯派塞（Sean Spicer）关于特朗普就职典礼出席人数的谎言辩护时使用了"另类事实"（alternative facts）的说法。史安斌和杨云康认为"另类事实"的提出"将'后真相'的概念推进一步，直接用作美国新政府执政话语体系的核心理念"。[3]

复旦大学哲学学院教授汪行福提出，可从三个层面解析"后真相"：一是"认识论或形而上学层面"，二是"社会学或大众传媒生态层面"，三是"政治学或社会共识层面"。[4]汪行福三个层次的划分为"后真相"现象的分析提供了指引。

哲学层面，有研究者指出"后真相时代"下诸如假新闻一类的"错误信息"（misinformation）[5]不能被仅仅当作是"可以通过适当的沟通工具加以纠正的孤立个体的认知失败"，而是应该考虑到"与传统的证据标准相悖的另类认识论

---

[1] 转引自：张华：《"后真相"时代的中国新闻业》，《新闻大学》2017年第3期。

[2] Oxford Dictionary. Definition of "Truthiness" in English. Retrieved from https：//en.oxforddictionaries.com/definition/truthiness.

[3] 史安斌、杨云康：《后真相时代政治传播的理论重建和路径重构》，《国际新闻界》2017年第9期。

[4] 汪行福：《"后真相"本质上是后共识》，《探索与争鸣》2017年第4期。

[5] "错误信息"（misinformation）易与"虚假信息"（disinformation）相混淆。根据英国独立事实核查机构Full Fact发布的报告《在一个开放的社会处理错误信息》（Tackling Misinformation in an Open Society），"misinformation"指的是"错误或误导性信息的无意传播（the inadvertent spread of false or misleading information），"disinformation"指的是"故意使用错误或误导性信息欺骗受众"（deliberate use of false or misleading information to deceive audiences）。可见两个词的主要区别在于传播意图（是无意还是有意）不同。报告全文链接见https：//fullfact.org/media/uploads/full_fact_tackling_misinformation_in_an_open_society.pdf.

的影响"。[1] 换言之，"后真相"挑战了过去稳定的真相供给机制，放大了人们在真相问题上的争议，特别是有关真相的认识论方面的矛盾，即将真相视作客观的、经验的、知识的，等待主体去发现、认知和反映，还是把它当成主观的、建构的、关系的、阐释的，承认其受制于主体自身的利益、目的与需求。对"后真相"哲学层面的分析说明"后真相"现象具有复杂性，不是单纯的虚假信息泛滥问题，认识论方面的影响同样不容忽视。具体而言，学者们认为"后真相"的哲学依据可追溯至怀疑论和相对主义[2] 以及尼采轻事实、重阐释的"视角主义"（perspectivism）[3]。学者庞金友提出"诉诸情绪、情感而达到说服效果的'后真相'现象，自古有之"，如古希腊的智者派、伊壁鸠鲁学派、犬儒学派和宗教信仰至上的中世纪。[4]

传媒层面，由于公众自身经验的有限性，长期以来媒体作为公众认知世界的主要渠道和中介形塑了公众对真相的认知。然而有学者指出，"后真相时代"下，"被原有社会秩序规定的真相界定者和界定方式正在受到公众前所未有的质疑"且"公众与真相提供者之间原本较为稳定的关系变得飘乎不定"。[5] 这突出表现为数字传播技术尤其是社交媒体的发展冲击了传统机构媒体的真相话语权，普通人相较于传统媒体时代得到了极大赋权。社交媒体也因此成为解释"后真相"现象的主要技术因素，如学者陈凯在《从美国大选看后真相时代社交媒体的乖张》一文中提出社交媒体"被商业逻辑主宰"，充斥谎言与假新闻，且缺乏"社会责任的基因"，为获取点击率而无底线地迎合用户，特别是"由于社交媒体天然的传播属性，比起严肃的事实报道，以惊惧、愤怒或惧怕为情感色彩的消息总能得到更广泛的传播，而中立客观的报道很难得到共鸣"。[6] 因此，"后真相"被一些学者视作新闻业面临的一种"危机"。[7] 面对"危机"，

---

[1] Lewandowsky S, Ecker U K, Cook J. Beyond Misinformation: Understanding and Coping with the "Post-truth" Era. *Journal of Applied Research in Memory and Cognition*, 2017, 6（4）.
[2] 汪行福：《"后真相"本质上是后共识》，《探索与争鸣》2017年第4期。
[3] 刘擎：《共享视角的瓦解与后真相政治的困境》，《探索与争鸣》2017年第4期。
[4] 庞金友：《网络时代"后真相"政治的动因、逻辑与应对》，《探索》2018年第3期。
[5] 胡翼青：《后真相时代的传播——兼论专业新闻业的当下危机》，《西北师大学报（社会科学版）》2017年第6期。
[6] 陈凯：《从美国大选看后真相时代社交媒体的乖张》，《传媒》2017年第1期。
[7] 胡翼青：《后真相时代的传播——兼论专业新闻业的当下危机》，《西北师大学报（社会科学版）》2017年第6期；李凌凌：《重建媒体的公共性——"后真相"时代的传播危机》，《当代传播》2018年第2期。

越来越多的学者开始提出单纯依靠事实核查等技术手段无法有效应对"后真相"现象，未来的研究需要对媒体与"后真相"的关系进行更加深入的思考。[1]

政治层面，通过前述对"后真相"话语的追溯可知，"后真相"最初主要指的就是一种独特的政治文化，"后真相"也通常与"政治"连用，称作"后真相政治"。汪行福认为"政治学或社会共识层面"是"后真相"出现的根本原因，即"后真相"的产生是由于"真相的生产和传播所依赖的社会共识的瓦解"，因此"今天人们关心后真相问题并非是要告别真相，而是重建真相政治的基础"。[2] 复旦大学哲学学院教授王金林较为全面地归纳了"后真相政治"兴起的原因，分别是：经济方面新自由主义全球化引发的结构性问题；政治方面"草根对抗精英""立场先行于事实"的民粹主义倾向；技术方面社交媒体的发展；思想理论方面"为后真相政治的兴起作了必要的思想准备"的后现代理论以及社会文化层面基于"认同文化"的重新部落化。[3]

已有文献对"后真相"进行的哲学、传媒和政治层面的分析说明"后真相"本身具有复杂性，采纳多学科视角探究"后真相"具有必要性。然而纵览"后真相"相关文献可以发现，学者们对"后真相"多采取批判性解读路径，批判其产生的消极影响，聚焦"后真相"带来的社会危机、政治危机甚至是"真相危机"，而对"后真相"可能隐含的建设性意义思考不足。虽然我们不能回避"后真相"的负面影响（比如一些政客为实现自身利益对真相进行有意操控，特别是民粹主义者利用"后真相"话语激化社会情绪和民众对社会结构性问题的不满，诱发社会暴力），但也不能仅把其当作完全消极或"有百害而无一益"的事物，实际上，"后真相"包含了以下两方面"建设性"作用。

首先，"后真相"为重新认识真相的复杂性提供机遇。"后真相"不是对真相的简单背离，而是当下社交媒体时代真相复杂性生成过程的典型反映。作为"后真相"现象的催化因素之一，技术本身加剧了真相生成的复杂性。一方面，信息传播技术特别是社交媒体的发展降低了信息发布的门槛，加强了点对点之间的联系，赋权公众的同时冲击了传统的真相供给体制。另一方面，社交媒体

---

[1] 李希光、吴艳梅：《"后真相"时代的事实核查新闻：发展与局限》，《全球传媒学刊》2018年第2期；支庭荣、罗敏：《"后真相"时代：话语的生成、传播与反思——基于西方政治传播的视角》，《新闻界》2018年第1期；张田田：《真相是"后真相"时代的解药吗？——"后真相"语境下事实核查新闻的发展与挑战》，《新闻战线》2019年第1期。

[2] 汪行福：《"后真相"本质上是后共识》，《探索与争鸣》2017年第4期。

[3] 王金林：《后真相政治探幽》，《探索与争鸣》2017年第4期。

平台拓宽了人们的发声渠道，使更多人参与到真相建构中，多元主体的参加增加了公共话语中的真相叙事版本，加剧了真相建构结果的不确定性。人们可根据自己的情感、目的和需求在网络空间内自由地、快速地、实时地对信息进行生产、传播、消费和改造。可见，相比于传统媒体时代权威媒体对真相一锤定音的"终极呈现"，社交媒体时代公众的广泛参与和信息的碎片化传播特性使真相的生成过程更加复杂，不确定性更多。多元信息博弈竞争、信息质量良莠不齐、情感利益掺杂其中的"后真相"现象恰恰为人们重新认识真相的复杂性、审视真相问题提供了契机。悉尼大学政治学教授约翰·基恩曾提出，"谎言"（lies）、"扯淡"（bullshit）[1]、"象征性的插科打诨"（symbolic buffoonery）和"沉默"（silence）重组的"后真相"虽然有"摧毁民主"的危险，但也是一个"机遇"，因为它"提出了什么是真相的问题，引发了对真相的质疑。或许从这个方面来看，'后真相'鼓励对'硬道理'（hard truth）说再见"。[2] 来永玲也认为"后真相"存在的意义就是"为真相的争论提供更为复杂的背景以及凝视、反观真相问题的另一种视角"。[3] 因此，"后真相"的建设性意义之一就在于让人们反思真理符合论下真相就是"客观反映事实""与客观世界相一致"的简单认知和绝对化判断，在"传播充裕"和智能化媒介背景下重新认识真相的复杂性，探究追求真相的更好方式。

其次，"后真相"助推人们重视真相的"接收领域"（field of reception）。偏重立场、情感、观点的"后真相"话语的流行提醒人们要更加注重真相的"接

---

[1] 扯淡与谎言存在差别，根据哈里·G. 法兰克福（Harry G. Frankfurt）的《论扯淡》（On Bullshit）一书，扯淡者"不像说谎者那样拒绝真相的权威，并与之对抗。他根本一点也不在意它（真相）。因此，与谎言相比，扯淡是真相更大的敌人"（参见：Frankfurt H. On Bullshit. Princeton, N.J.: Princeton University Press, 2005, pp.60-61）。法兰克福认为"扯淡的本质"是"缺乏对真相的关注"或"对事情真正如何漠不关心"。此外，法兰克福在书中还谈到扯淡与谎言的如下几点区别：①扯淡可能比撒谎更容易逃脱惩罚；②对于扯淡者来说，被抓的后果通常没有撒谎者严重；③谎言是有关"虚假"（falsehood）的，因此说谎者不可避免地关心真相的价值，而扯淡是有关"伪造"（fakery or phony）的；④谎言歪曲了事件的状态和说话者的观点（人们所说的和他们所相信的是矛盾的），而扯淡则歪曲了说话者的意图和目的，因此扯淡如水蒸气一般是没有实质内容的"空话"（hot air）（参见：Frankfurt H. On Bullshit. Princeton, N.J.: Princeton University Press, 2005, pp.33-34）。

[2] 刘沫潇：《"后真相时代"的媒体与民主——访著名政治学家约翰·基恩教授》，《国际新闻界》2018年第6期。

[3] 来永玲：《通往"后真相"：真相问题的核心争论与发生机制研究》，《新闻界》2020年第8期。

收领域",提升公众对叙事主体的信任,促进公众对叙事版本的接受。悉尼大学教授科林·怀特（Colin Wight）指出,相比于"后真相"的"生产领域"（field of production）,要更加关注"后真相"的"接收领域"。因为"生产领域"中政客、商业精英和大企业撒谎和扭曲事实的行为几个世纪以来就一直存在而且会继续存在下去,但"接收领域"中"公众对真相宣称和政客谎言的反应方式"却发生了惊人变化,比如对科学和科学宣称产生怀疑,对专家和专家意见信任降低。[1]可见,"后真相"语境下,真相"接收领域"或"接收侧"的重要性凸显。实际上,社会学意义上的真相本身就是真相提供者和公众共建的结果,是一种社会共识和社会同意,与信任密切相关。李唯嘉认为社交媒体时代有必要重新审视"受众所相信的真实"即"信任性真实"的重要性,因为"人们在社交网络上对真实性的追求远比传统的'事实再现'这一逻辑更为复杂,仅仅反映事实是不够的,还需要让受众理解它、接受它"。在"信任性真实"中,推崇"规则、制度、职业规范、专家系统等"的"系统信任"面临危机,而注重"传受之间的互动"的"人际信任"获得了新的发展空间。其中,"可视化"和"交朋友"是增进"人际信任"的有效途径,包括进行"透明化"的内容生产和"视觉化"的内容呈现,使用简短快捷的口头语,选择合意的议题,并对受众的转发和评论进行反馈。[2]可见,"后真相"语境下,要更加注重真相的"接收领域"和"信任性真实",并对真相的追求路径和呈现方式进行必要的革新。以媒体为例,"后真相"语境下,要赢取公众对自身真相叙事的信任,保证真相叙事的传播效果,就不能一味地依赖"系统信任"下那套传统的职业规范及生产原则,特别是西方新闻业中饱受诟病的"客观"与"平衡",而要注重透明、开放、对话在形成真相共识中的重要作用,以透明、开放、对话增进公众对真相叙事的信任。

当下,"真相"已成为对抗"后真相"的重要修辞,即将"真相"视为"后真相"的对立面,通过提供真相来"化解后真相危机"。然而"后真相"和"真相"并非二元对立的概念。一来"后真相"与"真相"的词性不同,"后真相"为形容词态,而"真相"通常被定义为名词态。二来就概念范畴而言,"后真相"质疑的不是"真相"概念本身,而是"客观事实"在真相判定中的分量,即"后

---

[1] Sydney Ideas. For and Against Truth. Retrieved from https：//www.youtube.com/watch?v=KmrqzFPaB50

[2] 李唯嘉：《如何实现"信任性真实"：社交媒体时代的新闻生产实践——基于对25位媒体从业者的访谈》,《国际新闻界》2020年第4期。

真相"质疑的是符合论真理观把握真相的思路和方法,而不是一般意义上何为真、何为假的问题。

相较于真理符合论把握真相的现代主义思路,"后真相"语境下,真相的认知更多体现了后现代主义的特点,其拒斥"客观真相",推崇怀疑、讽刺与个性。这在以"传播充裕"为主要特征的新媒体时代表现得尤为突出:传媒生态的变革使参与真相建构的主体更加多元,冲击传统机构媒体真相话语的同时,增加了真相的不确定性和生成过程的复杂性,众声喧哗而非一锤定音成为网络舆论的常态。真理观层面,后现代主义主要奉行解释学(hermeneutics)真理观。解释学真理观认为不存在客观事实或终极真相,存在的只是各种各样的阐释,反对真相问题上形而上学的、先验的和本质主义的倾向,否认存在绝对的、终极的、超验的、客观的真相,拒斥真理观上的基础主义和独裁主义,反对任何形式的一般规律和给定真相,强调真相的建构性。目前有关"后真相"的分析中,对解释学真理观的批判有余而建构不足,特别是忽视了解释学真理观中的民主化内涵,即真相的建构基于海德格尔所言的"开放"而非真理符合论的"一致",与人的阐释和社会分享密切相关。换言之,相较于符合论真理观,解释学真理观强调真相建构过程中的开放多元和社会分享。以新闻报道为例,解释学真理观认为新闻报道中的真相是新闻业与公众共建的结果,是一种"共识""同意"和"说服",涉及"信任",而不是媒体单方面对"客观事实"的挖掘和呈现。有关解释学真理观与新闻业的关联将在本书第五章结合具体案例详述,在此仅强调"后真相"的对立面不是"真相",而是推崇"客观事实"的符合论真理观及其以"客观反映"来把握真相的方式。

除了"后真相"语境下的真相认知问题,面对"后真相"现象该如何做也是学界和业界探讨的重要话题。目前,依靠专家系统提供真相是"应对后真相"的常见思路,包括发挥职业媒体的权威性,开展事实核查以及优化事实核查在检索结果中的展示次序等。然而在所谓的"后真相时代",完全依靠专家系统提供真相的作用有限。原因可能包含以下三方面:首先,通过前述文献回溯可知,"后真相"话语部分根源于结构性社会问题而非孤立个体的认知失败。当下,一些国家政治经济的不均衡发展带来了深层次的社会结构性问题,如贫富分化、环境污染和移民问题。这些结构性社会问题引发的社会不满情绪(特别是对精英阶层的不满)让民粹主义者有机会在"人民"的名义下攻击当权者,运用包括社交媒体在内的媒介宣传"后真相"话语,吸引公众和媒体的关注以实现自身的政治目的。换言之,仅仅开展以纠正孤立个体认知失败为目标的辟谣求证不能有效回应"后真相"话语所反映的深层次社会结构性问题和相关的

"真相政治",这是治标不治本的办法。其次,部分公众对媒体和政府等传统权威事实发布机构的质疑增多,存有"信任障碍",很难全盘接受这些机构提供的真相。如盖洛普2018年对美国一系列机构的信任度调查(Confidence in U.S. Institutions)显示:国会(-37%)、电视新闻(-25%)和报纸(-17%)排名15家机构中的倒数后三位。且历史数据显示,自1973年以来,公众对最高法院、国会、报纸等7家机构的平均信心总体上呈下降趋势。[1] 最后,一味依赖专家系统提供真相忽视了"后真相"下"另类认识论的影响",即注重个人阐释和社会分享的解释学真理观影响了人们对何为真相的判定以及对如何追求真相的思考。换言之,单纯的事实提供或事实核查是在用符合论真理观的思路来回应一个解释学真理观未曾提出的问题,效果注定差强人意。

由前述对"后真相"建设性作用的分析可知,"后真相"语境下,真相"接收侧"的重要性凸显,人们越来越意识到,真相作为一种社会共识需要发布者和接收者共同参与,而不是一方对另一方的被动接受。特别是在社交媒体时代,用户已由传统意义上的"受众"转变为信息的"产销者",真相与集体相关,由集体共建,并为集体所共享。这种对真相认知的转变也相应地带动了新闻实践领域的革新,比如媒体更加注重受众的反馈,强调与受众的互动。当下信息技术的发展为公众参与真相建构提供了便利,在所谓的"后真相时代",媒体可依托便利的信息技术,吸纳公众参与并发挥其在真相建构中的积极作用。当然"后真相"现象也表明:一方面,以"后真相话语"推行自身政治经济利益的宣传家们的造势能力依然不减,甚至在"传播充裕"的新媒体时代更胜一筹;另一方面,公众也不一定具备对所有问题都探究真相的强烈意愿和迅速鉴定真伪、洞悉现象背后可能涉及的利益纠葛和意识形态因素的强大能力。但这都不能成为排斥或规训公众意见的借口,公众的参与、质疑、批判以及反复试验和不断纠错仍是求真过程中不可缺少的重要环节。刘燕南和吴浚诚指出"一种朴素的经验判断是:一篇纪实报道未必比一本个人日记更加真实;同理,集体记忆也难说就比个人书写离真相更近,哪怕前者是媒体构建的碾压式主流表达,后者只是个体视角的独白式个性观察。因为问题的关键不在于简单地质问真实与虚妄,也不在于谁能收获所谓绝对公理的青睐,理解二者书写真相的认识论意义及差异并由此展开公共对话,才是求真实践的应有之义。"[2] 换言之,

---

[1] 盖洛普调查报告链接:https://news.gallup.com/poll/236243/military-small-business-police-stir-confidence.aspx.

[2] 刘燕南、吴浚诚:《"后真相"的理论谱系与现实反思》,《现代传播》第11期。

"后真相"的症结不在于完善符合论意义上的真假辨别，抑或是质疑公众在面对"假新闻"和"民粹主义"等问题时的可靠性，而在于如何打破公众与精英之间的信任壁垒，以更加开放和有效的形式容错和纠错，促进两者的良性互动、对话和协作。

综上，虽然"后真相"有消极影响，但却不能一味地只以批判的眼光看待，从探究"后真相"中生成对真相问题的建设性思考才是反思"后真相"的真正价值所在。换言之，"后真相"的重要意义在于驱动人们对何为真相及如何更好地追求真相进行重新的审视和反思，这实际上采用了一种建设性而非批判性的解读思路。上述审视和反思有利于人们在特定国际政治背景下和新的信息环境中更好地把握真相，反思其中的专横认知和默认霸权，探究更好的真相追求路径。

二、研究问题

基于对以上四个因素的分析，本书认为在当下重新探讨新闻真实有关问题具有必要性和紧迫性。此外，虽然哲学上对真相的探讨很多，但长期以来，在新闻行业，真相问题的讨论被大大简化了，似乎只要记者能够准确地报道事实，平衡各方观点，尽量做到客观公正，就能为公众呈现真相，新闻真实也随之被简化为报道与所报道对象的符合。

鉴于此，本书重新聚焦新闻业与真相的经典主题，遵循"是什么——为什么——怎么办"的一般认知逻辑，提出以下亟待解决的关键问题：新闻真实指的是什么（是什么）？为何需要新闻真实（为什么）？如何更好地追求新闻真实（怎么办）？换言之，本书致力于全面考察新闻真实的内涵、意义和实现策略。

三、研究方法

根据探究问题，本书主要采用两种研究方法：半结构式访谈法和多案例研究法。

（一）半结构式访谈法

半结构式访谈法是社会科学研究中一种常用的定性数据收集方法，通过"对少数受访者进行集中的个人访谈，以探究他们对特定观点、项目或情境的看法"。[1] 其应用范围广泛，包括"需求评估""项目改善""问题识别"和"策略性规划"。[2] 因此，本书将依据目的抽样原则，运用半结构式访谈法，深入了解新闻从业者和学者两个群体对新闻真实有关问题的看法，以了解他们对真相的认知，探究新闻业在追求真相中的困难（问题识别），并为相关问题的解决提供思路和方案（策略性规划）。

关于访谈的样本数量，学界并没有一个统一的标准。理论上来讲，一般以"饱和原则"（saturation）为指导确定访谈数量，即访谈对象提供的信息开始出现大量重复，不能再贡献新的观点或提出新的问题的时候，访谈即可终止。在具体的实践操作上，格斯特（Guest）等研究者2006年一篇引用率较高的论文为目的抽样等非概率抽样访谈数量的确定提出了实用建议：对于大多数研究来讲，如果其目的是了解一组相对同质化（relatively homogeneous）个体共同的看法和经验时，12个访谈数量应该足够，即信息饱和一般出现在前12次访谈中。[3] 由于本书的访谈对象主要分为新闻从业者和高校学者两个群体，各群体内部由于职业相似性相对同质化，但群体之间又由于职业的差别相对异质化，因此需要分别采样，即新闻从业者群体至少访谈12人，高校学者群体至少访谈12人。2019年3月至2019年9月期间，本书共访谈32人，其中新闻从业者16人，学者16人。

访谈采取面对面访谈（7人），微信和Skype语音通话访谈（17人），邮件访谈（6人）和微信文字/语音访谈（2人）四种形式。为保证访谈质量，获取足够的数据，面对面访谈和线上语音通话访谈的访谈时间一般控制在30分钟至60分钟。本书访谈遵循半结构式访谈法的一般操作流程和伦理原则，对于不愿具名的受访对象，本书依据受访对象意愿，对其相关信息进行模糊化处理。其中，单位、职务或职称指受访对象在接受本书访谈时所在的单位、所担任的职务或所具有的职称。

具体访谈名单参见附录B，分为新闻从业者和高校学者两组访谈对象。新

---

[1] Boyce C, Neale P. Conducting In-depth Interviews: A Guide for Designing and Conducting In-depth Interviews for Evaluation Input. Retrieved from http://dmeforpeace.org/sites/default/files/Boyce_In%20Depth%20Interviews.pdf.

[2] Guion L A, Diehl D C, McDonald D. Conducting an In-depth Interview. Retrieved from http://greenmedicine.ie/school/images/Library/Conducting%20An%20In%20Depth%20Interview.pdf.

[3] Guest G, Bunce A, Johnson L. How Many Interviews Are Enough? An Experiment with Data Saturation and Variability. *Field Methods*, 2006, 18（1）.

闻从业者方面，有来自亚洲、美洲、非洲、欧洲和澳洲的记者、编辑和评论员。受访对象所属媒体类型多样，既包括国家通讯社（如新华社）和党报（党报访谈对象要求对姓名和工作单位进行匿名处理），又包括市场化媒体（如《经济观察报》）；既包括公共服务媒体（如澳大利亚广播公司），也包括独立新闻机构（如 The Conversation）；既有全国性报纸（如《中国日报》），也有区域性报纸（如 The Buffalo News）。此外，还包含了区域性媒体联合新闻编辑室这一新机构类型（如 Lännen Media）[1]。本书通过对来自多个国家和地区、多种类型媒体机构的新闻从业者的访谈，努力实现新闻真实问题探究的全球化。高校学者方面，本书主要访谈了来自中国、美国和澳大利亚的学者，学科涉及语言学、哲学、政治学和新闻传播学，以上访谈对象的选取表明本书尝试对新闻真实问题进行跨学科的理论探索。

（二）多案例研究法

本书之所以选择案例研究法主要有两方面原因：一是对于本书的研究主题来讲，注重"语境"（context）的案例研究具有适切性。案例研究法专家、COSMOS 公司总裁罗伯特·K. 殷（Robert K. Yin）将案例研究定义为一种"在现实生活语境下研究当代现象的实证探究"。[2] 对于那些高度重视"语境"的研究，案例研究是一种有效的研究策略，其优势在于对复杂社会现象的"语境化"。本书在探讨新闻真实时尤其注重"语境"的作用，包括历史语境和地理语境对理解新闻真实和实现新闻真实的影响，因此案例研究法对本书具有适切性。二是过去有关真相问题的探讨往往是形而上学的、抽象的，不同哲学真理观间的冲突更是增添了人们在真相问题上的迷惑。在哲学上，抽象的理论探讨是普遍的、可接受的，但对于重视实践的新闻学科来讲，完全抽象的理论探讨不利于指导新闻实践。鉴于此，本书将通过具体案例来展示各行为主体如何理解新闻真实以及如何追求新闻真实。通过介绍各案例的经验，提升研究的实践指导价值。

需要特别指出的是，理论命题和理论建构在案例研究的数据收集和结

---

[1] Lännen Media 是芬兰部分区域媒体组成的全国性联合新闻编辑室，成立于2014年，主要联合了芬兰西部和北部地区发行的12份芬兰语报纸，这些报纸的读者总人数超过一百万。Lännen Media 为参与项目的各媒体机构所有，并为所有成员制作独家内容，包括国内和国际新闻、特稿和分析报道等。

[2] Yin R K. *Case Study Research*: *Design and Methods*. 3rd ed. Thousand Oaks，California：Sage Publications，2003，p.13.

论推广中发挥重要作用。罗伯特·K.殷认为，案例研究"从先前理论命题的发展中获益，以指导数据收集和分析"，并且在"分析性归纳"（analytical generalization）中，"努力将一组特定结果推广至更广泛的理论"。[1] 鉴于此，本书将运用不同的哲学真理观来理解和阐释各案例有关"真相"的看法，以挖掘案例的理论意义，并在综合各案例的基础上，贡献有关新闻真实研究的新理论视角。

单案例研究法与多案例研究法是案例研究法的两个变式，与单案例研究相比，多案例研究的长处为：从多个案例中推导出的结论往往被认为更具说服力，因此整个研究也常常被认为更能经得起推敲。[2] 本书为了增强研究结论的说服力，选取了四个中外典型案例进行分析，并通过这四个各具特点的案例来呈现新闻真实的四种模式。四个案例分别是：中国民营移动互联网公司一点资讯开发的辟谣算法；澳大利亚广播公司（ABC）与墨尔本皇家理工大学（RMIT）的事实核查合作项目 RMIT ABC Fact Check；通过"非突发新闻"（Unbreaking News）追求真相的荷兰会员制独立新闻机构 De Correspondent 以及中国共产党中央委员会机关报《人民日报》的深度调查性辟谣栏目"求证"。

选择以上四个案例的原因包括以下三方面：

一是四个案例有着不同的商业模式或所有制形式，有利于促进对新闻真实的全面理解。四个案例包括了以盈利为主要目的的民营互联网企业（一点资讯），主张独立和非党派的公共服务媒体（ABC），主要依托会员付费而不刊登广告的独立新闻机构（De Correspondent）以及政府主导下的大型党报（《人民日报》）。

二是四个案例均有着对真相的不同理解和追求真相的独特方式。技术驱动的一点资讯提出了算法式新闻分发下的"后验真相"概念，运用当下领先的算法技术实现真相还原；RMIT ABC Fact Check 代表了西方传统专业媒体对真相的倡导和坚持，通过对政治家、公众人物、游说团体和机构言论的核查实现舆论监督；荷兰独立新闻机构 De Correspondent 针对影响新闻真实的"抄闻"提出了颠覆性的"非突发新闻"理念，注重对事实的阐释，致力于深入报道那些影响世界的长期结构性问题；《人民日报》"求证"栏目从实践角度把握真相，

---

[1] Yin R K. *Case Study Research*: *Design and Methods*. 3rd ed. Thousand Oaks，California：Sage Publications，2003，pp.14-37.

[2] 罗伯特·K.殷：《案例研究：设计与方法》，周海涛主译. 重庆：重庆大学出版社，2004年版，第 51-52 页。

通过对资产阶级意识形态的质疑、批判与"祛蔽",追求有益于人民的建设性真相。

三是四个全球性案例体现了人们对新闻真实理解的多样性,警示未来的研究者有必要对新闻真实进行语境化和全球化的深入探究。

四个案例的具体情况、特色及选取原因如下:

1. 一点资讯辟谣算法

近年来,人工智能和算法技术在媒体行业崭露头脚,一系列算法驱动的新闻分发 APP 大量抢占国内资讯消费市场,成为人们主要的信息消费渠道之一。据今日头条创始人、首席执行官张一鸣在2016年世界互联网大会上的介绍,今日头条已累计拥有6亿激活用户,1.4亿活跃用户,每天每个用户的使用时长为76分钟,"这个数字在中国所有 app 当中,按人均时长来算,应该可以算前三名"。[1] 虽然许多算法式新闻分发 APP 不具有独立的采编权,不是严格意义上的媒体机构,但实际上大量的用户在这些平台上消费新闻和资讯,与此同时,它们又因虚假信息泛滥和过度推崇用户偏好等问题备受批评。鉴于此,在"万物皆媒"的背景下,探讨新闻真实问题时有必要考察这样的技术平台。

成立于2013年的一点资讯是一家技术驱动的移动互联网公司,也是国内领先的内容聚合平台之一。据一点资讯创始人兼 CEO 任旭阳发布的内部邮件,截至2018年年底,一点资讯总用户量超过6.4亿,日活用户量突破7000万。[2] 一点资讯辟谣项目成立于2018年3月,与其他同类辟谣平台对辟谣文章的集纳呈现不同,一点资讯辟谣项目的主要优势和特点在于依托公司自身的算法能力,将算法推荐技术应用于辟谣领域,对看过谣言的用户进行精准的辟谣文章推送,其谣言识别逻辑和算法智能化匹配逻辑在行业内相对领先。

2. RMIT ABC Fact Check

开展事实核查是当下许多西方媒体应对"真相危机"、保障新闻真实的重要路径,如英国第四频道(Channel 4)的 Fact Check,《华盛顿邮报》的 Fact Checker 和《坦帕湾时报》(*Tampa Bay Times*)的 PolitiFact。因此在探究新闻业与真相关系时,有必要选取事实核查的案例进行分析。

在众多事实核查网站中,本书选取 RMIT ABC Fact Check 作为研究案例的

---

[1] 新浪科技:《今日头条张一鸣:已有1.4亿活跃用户 每天平均用76分钟》,见 https://tech.sina.com.cn/i/2016-11-17/doc-ifxxwrwk1313520.shtml。

[2] 环球网:《一点资讯任旭阳发内部公开信:新一轮融资或将完成》,见 http://tech.huanqiu.com/internet/2019-01/14179640.html?agt=46。

原因主要有两个：

首先，就事实核查本身而言，其往往需要"独立"和"公正"的判断，虽然目前一些私营媒体和第三方机构的事实核查发展较为完善，但从其资助来源来看（如基金会或商业公司资助），不排除其在事实核查过程中有受商业资本影响的可能。从这个角度来讲，公共服务媒体似乎是进行事实核查的更好选择，因为公共服务媒体是"由社会建立的'契约'（pact）基础上的社会机构"，原则上独立于商业影响和政府干预。[1] 欧洲广播联盟（EBU）认为"随着当今世界假新闻和仇恨言论的激增，一个独立、可靠的新闻和信息来源变得前所未有的重要"。这样"独立、可靠的新闻和信息来源"在 EBU 看来正是公共服务媒体。[2] 世界知名公共服务媒体澳大利亚广播公司同样奉行"独立"和"公正"原则。根据《1983年澳大利亚广播公司法》（Australian Broadcasting Corporation Act 1983），目前 ABC 主要由议会拨付款项资助，财政部长可就向 ABC 支付的款项金额及支付时间作出指示。虽然其资金来源主要依靠政府，但《1983年澳大利亚广播公司法》明确规定了澳大利亚广播公司董事会确保公司的"独立和诚实"以及"根据客观新闻业公认标准收集和呈现准确和公正的新闻和信息"的职责。[3]

其次，目前有关事实核查的案例研究主要集中在欧美国家，尤其是美国的三家事实核查网站 Fact Check.org，Politifact.com 和 Fact Checker 以及爱尔兰主攻社交媒体信源核查的 Storyful。研究者对其他国家的案例鲜有触及，这样不利于完整勾勒事实核查研究的全球版图，因此本书希望通过吸纳澳洲的案例来丰富事实核查的研究成果。

3. De Correspondent

"抄闻"（churnalism）是阻碍记者追求和获取真相的主要障碍之一，在"抄闻"蔓延的媒介生态中，记者既不关心真相，也没有时间追求真相。以颠覆性"非突发新闻"理念起家的荷兰会员制独立新闻机构 De Correspondent 提供了应对"抄闻"问题的一剂良方，De Correspondent 关注长期的、反映社会深层

---

[1] Nissen C S. Public Service Media in the Information Society. Retrieved from https：//www.stjornarradid.is/media/menntamalaraduneyti-media/media/MRN-PDF-Althjodlegt/Public_service_media.pdf.

[2] EBU. What Is Public Service Media. Retrieved from https：//www.ebu.ch/about/public-service-media.

[3] Australian Broadcasting Corporation Act 1983（pp.7-45）. Retrieved from https：//www.legislation.gov.au/Details/C2013C00422/.

趋势的重要议题而非琐碎、零散的日常新闻报道。

  De Correspondent 创立于2013年9月30日，在筹备之初就创造了众筹新闻业的世界纪录。平台在八天时间内筹集到了必要的启动资金，在正式上线前，已经从近1.9万名订阅用户那里筹集到了170万美元。[1]2015年平台付费会员超过四万名，CEO 恩斯特·普福特（Ernst Pfauth）指出，"在1700万人口的荷兰，四万用户对荷兰语媒体来说相当于在美国拥有75万订阅用户。据我们所知，世界上只有两家新闻机构超过了这个数字：拥有超过100万数字订阅用户的《纽约时报》和90万数字订阅用户的《华尔街日报》"。[2]虽然 De Correspondent 的规模与《纽约时报》等媒体相差甚远，甚至可以说不在同一个量级上，但从其成立以来的数据来看，De Correspondent 的"非突发新闻"模式是成功的，其正在获得越来越多的支持者，并逐步扩大规模。目前，De Correspondent 已经拥有六万多名会员，52名全职员工，其中包括21位记者[3]，是欧洲规模最大、发展最快的会员制新闻平台之一。De Correspondent 的英文版网站 The Correspondent 有来自130多个国家的五万多名注册会员，并于2019年9月30日开始发布报道，主要关注"跨国问题"[4]。英文版网站的建立是 De Correspondent 迈进英语世界的重要里程碑。英文版网站的筹建同样采用了众筹方式，并在截止日期前34小时就达到了250万美元的众筹目标。30天内，共有45888名会员为平台贡献了260万美元，创造了"新闻业众筹活动支持人数的新世界纪录"。[5]值得注意的是，De Correspondent 并非个例，它正在拥有源源不断的追随者，如2014年成立的德语新闻网站 Krautreporter 和2015年成立于匈牙利的 Direkt36

---

  [1] Pfauth E. How We Turned a World Record in Journalism Crowd-funding into an Actual Publication. Retrieved from https：//medium.com/de-correspondent/how-we-turned-a-world-record-in-journalism-crowd-funding-into-an-actual-publication-2a06e298afe1.

  [2] Pfauth E. Dutch Journalism Platform De Correspondent Reaches Milestone of 40, 000 Paying Members. Retrieved from https：//medium.com/de-correspondent/dutch-journalism-platform-the-correspondent-reaches-milestone-of-40-000-paying-members-a203251c2de2.

  [3] Wallach E. An Interview with Rob Wijnberg, Co-founder of The Correspondent. Retrieved from https：//thepolitic.org/an-interview-with-rob-wijnberg-co-founder-of-the-correspondent.

  [4] 受全球新冠肺炎疫情影响，De Correspondent 的英文版网站 The Correspondent 出现经济困难，并决定于 2021 年 1 月 1 日起停止发布报道。总部位于阿姆斯特丹的 De Correspondent 则继续正常运营。

  [5] Pfauth E. The Correspondent Concludes Crowdfunding Campaign and Raises $2.6 Million Thanks to 45, 888 Members from More Than 130 Countries. Retrieved from https：//medium.com/de-correspondent/the-correspondent-hits-its-crowdfunding-goal-of-2-5m-1fc6a1597fb1.

非营利调查性新闻中心,这在一定程度上说明了该案例的研究价值。

4.《人民日报》"求证"栏目

以马克思主义新闻观为指导的中国党媒有着不同于西方媒体的真相认知和追求方式。长期起来,研究者主要关注了党媒的舆论引导和耳目喉舌功能,对其秉承的真理观和追求真相的实践缺乏深入探究。本书选取中国共产党中央委员会机关报《人民日报》"求证"栏目作为研究案例,探究党媒如何认识新闻真实以及如何实现新闻真实。

作为中国第一大报和世界上颇具影响力的报纸,《人民日报》于2011年1月27日起在要闻版第四版开设不定期更新的深度调查性辟谣栏目"求证"。"求证"栏目的特点体现在以下四方面:第一,与西方事实核查机构主要进行政治人物的言论核查不同,栏目求证主题多样,包括媒体报道偏差、社会争议事件、对政府的政策误读和生活常识误区等,并尤其注重在辟谣求证过程中凝聚社会共识,缓和社会矛盾,维护政府形象,捍卫国家利益。第二,"求证"毫不回避自己对所核查事件的价值判断,有时会在栏目中对所求证的事件直接发表"快评",进行舆论引导。第三,"求证"属于深度调查性辟谣栏目。深度调查性报道通常阻力较大,限制因素较多,但"求证"可依托《人民日报》庞大的驻全国各地记者群和驻外记者群,实地走访,直接联系所核查事件的核心当事人。第四,鉴于《人民日报》的强大舆论影响力,栏目有时会在调查求证过程中直接促进有关问题的解决。

栏目自成立以来成绩斐然,曾获第23届中国新闻奖文字专栏类一等奖,并受到国内政治高层的肯定和鼓励,是新闻真实领域中值得研究的典型案例。

四、本书框架及章节概要

本书采取"总-分-总"结构,即在对新闻真实的认知图景和研究现状进行总括性描述后,进入四个案例的具体分析,并最终回答研究问题,得出研究结论。

全书主要的研究路径为"案例介绍+相关哲学真理观阐释解析"。采取该研究路径主要基于以下两方面考虑:首先,新闻业具有突出的实践性,因此在研究新闻业相关问题时(包括新闻真实),不能理论到理论,而应理论结合实际。其次,大部分哲学真理观只是对真理问题的一般性论述,不是针对新闻领域的专门论述,因此在进行跨学科的理论借鉴时需要以具体案例为支撑,证明所借鉴理论的适切性与解释力。具体来讲,分析四个案例时运用的哲学真理观如下：一点资讯辟谣算法：卡尔·波普尔（Karl Popper）的证伪逻辑真理观；RMIT ABC Fact Check：理查德·罗蒂（Richard Rorty）的新实用主义真理观；De Correspondent：吉安尼·瓦蒂莫（Gianni Vattimo）的解释学真理观；"求证"：卡尔·马克思（Karl Marx）的实践真理观。

需要特别指出的是，每个案例与特定哲学真理观之间虽存在密切关联，但却没有强制对应关系或因果关系，两者之间不可画等号。本书的主要目的在于利用哲学真理观理解各平台对真相的看法，突出和强调各平台践行的新闻真实的核心特征。

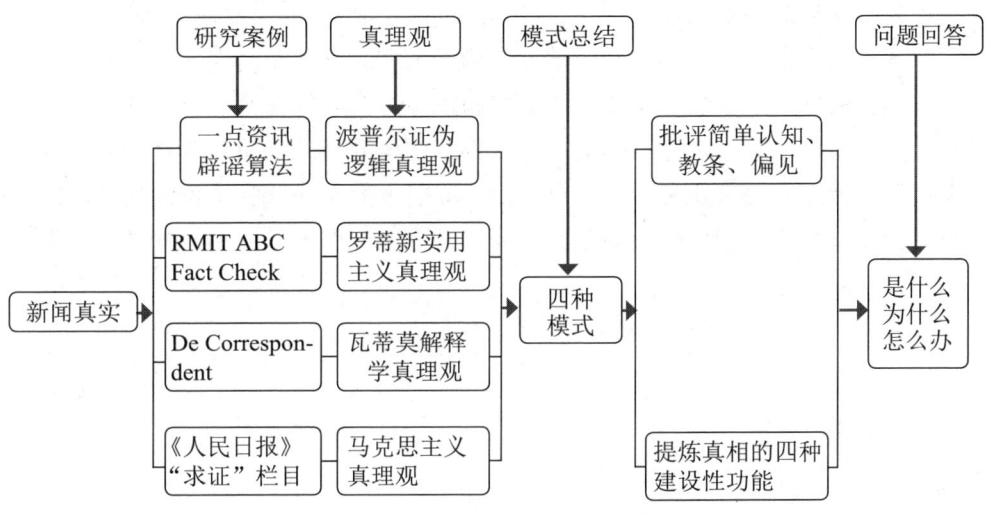

图 1.1　本书框架

本书框架如图1.1所示，全书围绕新闻真实的主题，结合不同真理观对相关案例进行分析，在此基础上提炼新闻真实的四种模式，进而批评有关新闻真实的简单认知、教条和偏见，总结真相的四种建设性功能。通过批评与建构，完成对三个研究问题的回答。

鉴于此，本书的章节安排如下：

第一章绪论介绍在当下重新探讨新闻真实的四方面原因，阐明研究的必要性和紧迫性。围绕研究主题，提出了有关新闻真实的"是什么""为什么"和"怎么办"三个研究问题。根据研究问题，详细论述了研究方法的选取原因，介绍了研究方法的操作流程，包括访谈法中访谈对象的数量确定和选取标准以及案例研究法中各案例之间的逻辑关系和案例特点。

为了为后续讨论奠定基础，第二章描绘了新闻真实的认知图景与研究现状，区分了真实、真相、事实和真理的语义分歧，回溯了新闻真实的哲学隐喻，批判性地介绍了当前主导新闻真实研究的"真理符合论",并提出开辟新闻真实研究新哲学视野的必要性。

第三至六章详细论述了四个案例与特定哲学真理观之间的密切关联,以波普尔、罗蒂、瓦蒂莫和马克思四位哲学家的真理观为指导,深入分析了各案例如何认识新闻真实以及如何追求新闻真实。研究总结了新闻真实的四种模式:"证伪模式"(一点资讯辟谣算法)、"实用主义公共服务模式"(RMIT ABC Fact Check)、"对话—阐释模式"(De Correspondent)和"社会和谐—实践模式"(《人民日报》"求证"栏目)。每章附小结,提炼和总结各模式的内涵、意义及对相关新闻实践的影响。

第七章为总结章,分为四个部分:第一部分对前述新闻真实的四种模式进行总结,提炼模式共性。第二部分解构和批评有关新闻真实的简单认知及相关教条和偏见,回答"是什么"和"怎么办"的研究问题。第三部分提出"传播充裕"下新闻业仍需要真相的四点理由,即发挥真相的四种建设性功能,回答有关新闻真实的"为什么"问题。最后,基于整个研究过程和研究经验对未来的研究方向进行展望。

第二章　新闻真实的认知图景与研究现状

一、新闻真实的语义分歧与认知图景

新闻真实涉及多个相关概念，包括真实、真相、事实与真理等，在探讨新闻真实问题时，这些概念经常会交叉使用，体现了"真"的语义多元性。

一般来说，"真实"与"虚假"相对，与语言相关，描述的是命题的一种属性特征，通常被归入认识论范畴。由于我们往往将新闻报道视作一种认识活动，因此相应地习惯于在认识论范畴把握新闻真实。新闻报道所依托的"事实"和呈现的"真相"往往被划入存在论范畴，事实和真相又存在区别。杨保军教授认为在新闻学中，"事实"是"实际发生和实际存在的事物状态或状况"，他在哲学层面上对"事实"和"真相"的区分代表了新闻学界对两者关系的一种主流认知，即"真相"与"假相"相对，两者都是"事实现象"，只不过"真相"和"事实的本质"一致，"假相"和"事实的本质"不一致，因此"真相是事实的实际情况、本来面目。真相都是事实，但事实并不都是真相"。[1] 事实和真相的其他区别将在本节的后半部分进行详细探讨，如受访对象谈到，相比于"宏大叙事"的真相，对媒体来说，事实的概念似乎更"清晰可辨"，也更易被展示、挑战和核验；媒体呈现真相意味着让公众不仅可以知道事实的发生，还可以知道事实背后复杂的社会脉络；报道真相是在事实基础上对事件的隐含意义进行阐释，从而启发受众。与真实、真相和事实相比，真理的概念更为抽象，通常在哲学探讨中使用。除事实外，真实、真相与真理均包含语素"真"，根据第六版《辞海》，"真"有八种解释，其中与本书相关的解释有四种，分别是：（1）与"伪""假"相对的"真实"或"真诚"；（2）本原或自身；（3）的

---

[1] 杨保军：《事实·真相·真实——对新闻真实论中三个关键概念及其相互关系的理解》，《新闻记者》2008 年第 6 期。

确或实在；（4）清楚或确实。[1]《辞海》的定义进一步说明了"真"的语义多元性。

通过以上辨析得出新闻真实研究可至少包含以下四方面内容：（1）新闻报道所应具有的文本特征（真实）；（2）新闻业的职业原则之一（真实）；（3）部分媒体致力于为公众提供的东西（真相）；（4）新闻实践蕴含的哲学思想（真理观）。第一种属于文本层面，第二、三种属于社会学层面，第四种属于哲学层面，以上四方面内容并非彼此割裂，而是相互关联。如文本特征是职业原则的体现，职业原则又驱使一些人相信提供真相是新闻业的部分职责所在，而既然提供的东西被称为"真相"，其必然表现出一些"真实"的文本特征。此外，文本和社会学层面的新闻真实还具有更深层次的哲学意涵，折射了人们对"何为真"以及"如何追求真"的思考和看法，即新闻真实与哲学真理观密切相关。本书对以上四方面内容都有涉及，但将主要关注社会学层面和哲学层面的新闻真实。

在新闻真实探讨中，事实和真相是经常被讨论而又极易混淆的一组概念。有关真相的特点、新闻与真相的关系、真相与事实关系，沃尔特·李普曼（Walter Lippmann）很早就提出了自己的看法，他说："新闻和真相不是一回事，必须清楚地加以区分。新闻的功能是突出（signalize）一个事件，真相的功能是揭示隐藏的事实，使它们相互联系起来，使人们能够根据现实采取行动。只有在那些社会条件具有可识别和可衡量形态的时候，真相的主体和新闻的主体才会重合。那只是整个人类利益领域的一小部分。"相较于"事件"和"事实"，真相是一个"模糊的领域"（vague realm），且每个记者都有自己的"真相版本"（version of the truth）。[2] 虽然李普曼的论述具有一定的合理性，但上述观点毕竟提出于20世纪，进入21世纪以来，信息技术迅猛发展，媒介环境极大改变，新闻边界逐渐模糊，因此有必要就当下人们对真相及真相与事实关系的认知进行重新考察。鉴于此，本书将基于对全球32位学者和新闻从业者的访谈，尝试完成以上图景勾勒，为接下来的新闻真实探讨奠定基础。

对于何为真相，访谈对象形成了如下几种认知：

（1）社会学上的真相是新闻业与公众共建的结果，是一种"共识"（consensus）、"同意"（agreement/consent）和"说服"（persuasion）并涉及"信

---

[1] 夏征农、陈至立：《辞海》（第6版）第四册，上海：上海辞书出版社，2009年版，第2909页。

[2] Lippmann W. *Public Opinion*. London：Routledge，2017，c1922，pp. 358-360.

任"（trust）。哥伦比亚大学新闻学院教授迈克尔·舒德森（Michael Schudson）认为"'真相'是人们可以在专门以追求真理为导向（truth-oriented）的领域（如科学）内建立的共识，并可以说服广大公众（但不是所有人）相信他们的真相是值得信任的。"[1]加州州立大学富勒顿分校传播学名誉教授、日本京都外国语大学公共外交教授南希·斯诺（Nancy Snow）提出"真相必须是达成共识的东西，例如，取决于社会，真相可能是对那个社会有效的东西，它成为那个社会的真相。"[2]The Conversation创始人安德鲁·贾斯潘（Andrew Jaspan）认为"真相在某种程度上是一种价值判断（value judgement）。如果你要问某人：你是否认为我说的是真相？你不是在说某事是真相而是在寻求信任。"[3]

（2）真相是新闻业的一种"志向"（aspiration）和"目标"（orientation）。悉尼科技大学新闻实务教授彼得·弗雷（Peter Fray）说："寻求真相（truth seeking）的行为比发现真相（truth finding）的行为更重要。记者有两种素质：一种是坚持不懈地提出问题，在此之前的另一种是好奇心。"[4]悉尼大学政治学教授西蒙·托米（Simon Tormey）认为"真相"是一种"目标"（orientation），"即使你知道真相有时非常非常难弄清也要尝试找出真相"。[5]

（3）真相复杂多元，本身具有不同层面且与认知主体的能力、局限和角度相关，因此不存在所谓的"单一真相"或"客观真相"。非洲多哥报纸*Chronique De La Semaine*记者、编辑艾尔维·梅森（Herve Mewenemesse）认为"从地缘政治的角度来看，一个国家的真相不可能是另一个国家的真相。真相有关每个人的经历。真相可能与文化、历史等有关。"[6]

（4）新闻业中的真相来源于多信源比对。《南方周末》经济新闻部资深记

---

[1] 访谈对象B7，迈克尔·舒德森（Michael Schudson），哥伦比亚大学新闻学院教授，访谈时间为2019年4月26日。

[2] 访谈对象B9，南希·斯诺（Nancy Snow），加州州立大学富勒顿分校传播学名誉教授、日本京都外国语大学公共外交教授，访谈时间为2019年5月14日。

[3] 访谈对象A9，安德鲁·贾斯潘（Andrew Jaspan），The Conversation创始人，访谈时间为2019年4月23日。

[4] 访谈对象B4，彼得·弗雷（Peter Fray），悉尼科技大学新闻实务教授，访谈时间为2019年4月5日。

[5] 访谈对象B1，西蒙·托米（Simon Tormey），悉尼大学政治学教授，访谈时间为2019年4月1日。

[6] 访谈对象A5，艾尔维·梅森（Herve Mewenemesse），非洲多哥报纸*Chronique De La Semaine*记者、编辑，访谈时间为2019年4月8日。

者张玥认为真相是"让事件的每一个相关方都发声"。[1] 一位来自党媒的记者认为真相"需要通过比对，通过看不同立场的说法，最后形成自己的判断"。[2]《经济观察报》记者李微敖认为要获取真相，记者需"多听听各方面当事人的意见，多听第三方独立的又对这个事情有一定发言权的人的意见"，努力做到"不偏颇、不偏信"。[3]

（5）真相与政治和权力密切相关，记者不享有追求真相的完全自由，因为新闻业有层层"把关"，政党和宗教团体等也会对真相进行操控。暨南大学新闻与传播学院支庭荣教授认为"真相是一个环境，一个语境，也可能是一部分利益群体有意识的话语运动。"[4]

（6）真相是事实基础上"意义"（meaning）的阐释，即通过对相关语境的分析让人们更好地理解事件。悉尼大学文学艺术与传媒学院高级讲师伯纳德塔·布雷维尼（Benedetta Brevini）认为"赋予语境意义"是"新闻业寻求真相的目标"。[5]《国会山报》（*The Hill Newspaper*）记者亚历克西斯·辛丁格（Alexis Simendinger）认为"真相是一种讲故事或分享信息的方式，既提供信息又启发。"[6]

综上，真相被视作新闻业追求的目标之一，与权力、共识、说服、阐释、信任等概念密切相关，本身具有复杂性。此外，并不是所有人都推崇"真相"话语，比如重庆大学新闻学院刘海明教授认为，目前学界和业界存在对真相话语的"滥用"，将其只作为一个"空洞的口号"[7]；来自深圳某大学传播学院的教师也谈到自己对真相这个词"不感冒"，在其看来，"不存在真相，那也就自然不存在什么'后真相'，在康德哲学里，即使人们利用理性，也认识不到真

---

[1] 访谈对象A12，张玥，《南方周末》经济新闻部资深记者，访谈时间为2019年4月17日。

[2] 访谈对象A3，匿名，某党媒记者，访谈时间为2019年4月2日。

[3] 访谈对象A14，李微敖，《经济观察报》记者，访谈时间为2019年4月20日。

[4] 访谈对象B10，支庭荣，暨南大学新闻与传播学院教授，访谈时间为2019年4月21日。

[5] 访谈对象B5，伯纳德塔·布雷维尼（Benedetta Brevini），悉尼大学文学艺术与传媒学院高级讲师，访谈时间为2019年5月3日。

[6] 访谈对象A16，亚历克西斯·辛丁格（Alexis Simendinger），《国会山报》（*The Hill Newspaper*）记者，访谈时间为2019年4月26日。

[7] 访谈对象B8，刘海明，重庆大学新闻学院教授，访谈时间为2019年4月10日。

正外边的世界"[1];《经济观察报》记者李微敖更是表示自己十分反感新闻标题里有"揭底""揭秘"或"真相"等字眼,他认为媒体不是公共权力也没有强制调查权,因此"很难获得一个事情的真正真相"。[2]

大多数受访对象认为事实和真相虽然关联密切,但两者不可等同。有关事实、事实与真相的关系,基于访谈对象的回答,可总结如下三点主要认知:

(1)事实并非"不言自明"、毫无争议和不可挑战。悉尼大学政治学教授西蒙·托米认为"当我们谈论历史事件和过去发生的事情时,显然我们把某些事情当作事实,但它们也可能受到挑战,这很重要。如果有人能够收集到大量有利于某一事情的证据,那么我们可能会得到一个不同的结果……事实是真相的基石,但我们也修辞地和推论地(rhetorically and discursively)使用它来建立融洽的关系(rapport)。"[3]

美国哲学教授约翰·塞尔(John Searle)曾区分过两种"事实":"原始事实"(brute fact)和"制度事实"(institutional fact)[4]。"原始事实"比如"珠穆朗玛峰峰顶附近有冰雪",其存在不需要以"人类制度"(human institutions)为前提。"制度事实"以"人类同意"为基础,需要"人类制度"才可以存在。在某种程度上,"制度事实"存在只是因为"我们相信它们存在",比如货币的交换价值以及结婚证书证明婚姻关系的效力需要依托一定的社会制度才能实现,否则两者就是毫无效力的废纸。换言之,货币和结婚证书的存在以"人类制度"为前提,两者是一种"制度事实"。相较于"原始事实","制度事实"的本体论具有"隐形结构",因为人们往往容易忽视"制度事实"实际上与"利益、目的和目标"相关。此外,两种事实并非截然分开。如为了陈述"原始事实",人们需要"语言制度"(institution of language),但是"被陈述的事实"(fact stated)和有关事实的"陈述"(statement)之间存在区别。[5]

虽然新闻业很少对事实进行如上的"技术性分割",其报道内容既有"原始事实"(如自然灾害)也有"制度事实"(如某一政党当选),但承认事实本

---

[1] 访谈对象B14,匿名,深圳某大学传播学院讲师,访谈时间为2019年4月28日。
[2] 访谈对象A14,李微敖,《经济观察报》记者,访谈时间为2019年4月20日。
[3] 访谈对象B1,西蒙·托米(Simon Tormey),悉尼大学政治学教授,访谈时间为2019年4月1日。
[4] "原始事实"和"制度事实"只是塞尔有关事实的一个粗略区分,关于"制度事实",塞尔在论著《社会现实的建构》(*The Construction of Social Reality*,自由出版社1995年版)的第五章中做了进一步区分,包括7个层面,详细图表见全书第121页。
[5] Searle J. *The Construction of Social Reality*. New York: The Free Press, 1995, pp.1-5.

身的复杂性，承认语言在形塑"制度事实"中的特殊作用以及"制度事实"在本体论上的"隐形结构"对新闻业充分把握事实十分必要。

（2）事实是真相的"基础""起点"和"前提条件"，真相是对事实网络化、逻辑性的关联与超越，两者类似于局部与整体，表象与本质的关系。中山大学张志安教授认为"真相是有复杂意义脉络的事实，是把事实背后的多重事实和更复杂的社会意义告诉公众，让公众不仅可以知道事实的发生，还可以知道事实背后的社会脉络，对事实形成更深层次、更复杂、更准确全面的理解……真相对事实有一种超越性，显然比事实的呈现和报道更有挑战性。"[1]

（3）真相是一个"大词"且涉及价值判断，相比之下，事实的争议更小，更"清晰可辨"，也更易被展示、挑战和核验。新华社对外部高级编辑王家全说："我可能在一些小事上，基本上不会有特别大争议的事情上用'事实'这个词；而在争议比较大的事情上，或者很容易有人干扰和蒙蔽的时候，我觉得'真相'这个词更合适，'真相'比'事实'更严肃一点。"[2]RMIT ABC Fact Check 主管拉塞尔·斯凯尔顿（Russell Skelton）认为"真相不是一个有用的术语。在一个议题高度政治化的两极分化的社会里，每个人都有自己的真相。在事实核查中，我们更喜欢用数据告诉人们什么是正确的，什么不是……对我来说，事实是没有矛盾的东西……事实核查员相信事实是可以被测量和评估的。"[3]The Conversation 创始人安德鲁·贾斯潘谈道："我不喜欢用真相这个词，因为一个人认为的真相可能对另一个人来说是不可接受的。我更感兴趣的是获取经过事实核查和验证的信息……相较于真相这个词，我更喜欢用可靠的信息或核验的信息的说法。"[4]

综上，事实和真相关联密切但存在区别，事实通常被视作真相的基础，鉴于真相内涵的广义性和模糊性，部分新闻从业者认为谈论具体的事实更容易也更具可操作性，与获取真相相比，获取事实的难度似乎更小，因此一些人认为记者的主要任务就是提供事实，让读者自己去做有关事实的价值判断。但需要注意的是，事实（特别是"制度事实"）本身并非无可争议或独立于人的利益

---

[1] 访谈对象B12，张志安，中山大学传播与设计学院教授，访谈时间为2019年4月14日。

[2] 访谈对象A2，王家全，新华社对外部高级编辑，访谈时间为2019年3月30日。

[3] 访谈对象A10，拉塞尔·斯凯尔顿（Russell Skelton），RMIT ABC Fact Check 主管，访谈时间为2019年5月7日。

[4] 访谈对象A9，安德鲁·贾斯潘（Andrew Jaspan），The Conversation 创始人，访谈时间为2019年4月23日。

与目标而存在，事实同样具有复杂性。

通过对当前人们有关真相、事实、真相与事实关系的认知描述，本书发现了悉尼大学政治学教授约翰·基恩所言的"真相的祛魅"（disenchantment of truth）现象，即相比于过去对真相的"绝对信奉"（absolute commitment），已经出现了"对真相不同理解之间的较量"和"对过去滥用真相的怀疑以及对真相是否真的必要的怀疑"。[1] 换言之，在"传播充裕"的时代，人们对何为真相，何为事实的思考更加复杂和多元，不再是真理符合论下与客观世界相一致那么简单。真相问题上的争议凸显，甚至出现了真相话语是否必要、是否有价值的反思和质疑。鉴于此，我们需要在新的时代背景下，拓宽哲学视野，引入新的理论工具来理解新闻真实问题。

二、新闻真实的哲学隐喻：柏拉图"洞穴隐喻"

（一）从走出洞穴到返回洞穴

柏拉图在《理想国》（*The Republic*）第七章开篇通过格劳孔（Glaucon）和苏格拉底（Socrates）对话的形式描述了著名的"洞穴隐喻"（allegory of the cave）。[2] 这是西方有关真相问题的经典寓言。

根据"洞穴隐喻"，有一群囚徒从小住在一个地下洞穴，手脚都被锁链铐着，无法回头，只能呆在同一个地方，唯一能看到的就是他们面前的东西。囚徒的后上方有一束火把，火把发出的光可将物品投射到囚徒面前的矮墙上。对囚徒来说，"真相只不过是图像的阴影"。如果将囚徒的锁链打开，让他们可以转过身来看火把投出的光线，他们会因为光线灼眼的痛感而无法看清现实，假设有人告诉他们，他们以前看到的不过是"幻影"（illusion），现在看到的才是"更真实的存在"（more real existence），囚徒们肯定会感到困惑，甚至会觉得以前的影子比现在呈现在他们面前的东西更真实。随后一名囚徒被不情愿地拽出山洞，直接拖到阳光之下，他可能会感到痛苦和生气，他的眼睛也会因为阳光而眩晕，从而无法立即看清现实。这名被解救的囚徒被迫适应洞穴外面的

---

[1] 访谈对象B16，约翰·基恩（John Keane），悉尼大学政治学教授，访谈时间为2019年9月23日。

[2] 本部分有关"洞穴隐喻"的介绍均来自柏拉图《理想国》的有关章节，具体参见：Plato. *The Republic*. Jowett B, trans. Minneapolis, Minnesota: Lerner Publishing Group, 2015, pp.168-170.

世界，最初他还只能看清影子，慢慢适应后，他最终可以看见太阳。他不再只能看到自己的影子，而是可以"注视自己的本来面目"，并开始作出理性思考。随后他可能会想起洞穴内的生活，庆幸自己改变的同时，同情还被蒙在鼓里的囚徒。此时，逃出洞穴的囚徒再次返回洞穴，他的眼睛重新陷入黑暗，在视线适应黑暗前，逃出者被要求与从未出过洞穴的囚徒一起比赛比较影子（洞穴里的囚徒有一种习惯，即表扬那些能够最快观察到影子并评说影子的人，这样的人被认为是能够最准推测未来的人），逃出者很可能会失败，他的同伴们会嘲笑他因为出了次洞穴就失去了视力，于是大家觉得还是不走出洞穴为好。如果这时再有人试图解救囚徒让他们走出洞穴，囚徒们很可能会抓住这个人并把他杀死。

（二）海德格尔的阐释：四种主导真相

柏拉图"洞穴隐喻"蕴含了祛除黑暗遮蔽，摆脱现实"幻影"的思想，这正体现了希腊语中象征真相的"无蔽"（aletheia）概念。海德格尔（Heidegger）曾以"洞穴隐喻"为依托，阐述了柏拉图的"真相学说"（doctrine of truth），说明了涉及其中的"真理本质的转变"。[1]

海德格尔认为"洞穴隐喻"的"解释力"主要集中在光源（火把和太阳）扮演的角色，因为光源使事物的可见成为可能。根据柏拉图学说，光源是"理念"（idea），太阳则是"最高理念"或"善的理念"，能够接触"善"（goodness）和"理念"的人正是"哲学王"（philosopher king）。海德格尔由此指出柏拉图真理学说的模糊性及其"真理地点"（locus of truth）的转变：真理由"无蔽"即"存在自身的根本性特征"（fundamental trait of beings themselves）转向了"看见/凝视的准确性"（correctness of seeing/gaze）。换言之，真相由"存在的无蔽"（unhiddenness of beings）转向了"认知与存在的符合"（adaequatio）或"凝视的准确"。

具体来讲，海德格尔认为"洞穴隐喻"涉及了四个栖居（dwell）场所，每个场所都有一种主导"真相"：

第一阶段，当所有囚徒被禁锢在洞穴时，投在墙上物品的影子被当作唯一的"无蔽"或"真相"，影子代替了事物本身。

---

[1] 本部分介绍的海德格尔对"洞穴隐喻"的阐释主要来自对以下文献内容的整合，参见：Heidegger M. *Martin Heidegger Pathmarks*. McNeill W, ed. Cambridge：Cambridge University Press，1998，pp. 155-182.

第二阶段，囚徒被打开锁链后可以转身看到那些以前影子被投射在墙上的物品，物品本身（在火把的光束下）以某种可见的形式显现，不再被影子遮蔽。当人们的目光从影子中解放出来时，他们便进入了一种"更无蔽"（more unhidden）的状态，然而他们却认为影子有可能比实物更真实，因为火把的光束灼痛了他们的眼睛使他们无法看清火把，也无法理解火把是如何把物品的影子投射到墙上的。相比之下，墙上的影子对囚徒们来说轮廓更清晰，更不易让他们产生疑惑。因此在海德格尔看来，打开锁链虽然是一种自由，却不是"真正的自由"。

第三阶段实现了"真正的自由"。这一阶段，囚徒被拖出洞穴，进入了"开放"（open）的世界，地表上的所有事物得以"显现"，这时的事物不是在人造光源（火把）下显现而是以其自身可见的形式显现，即"自我展示"（self-showing），这一阶段的真相是"所有无蔽中最无蔽的"（most unhidden of all）。

第四阶段，彻底解放的囚徒再次回到洞穴帮助其他囚徒，把他们从自己所认为的"真相"或"无蔽"中解放出来以接触"最无蔽"（the most unhidden）或"最真相"。但这个想解放他人的人却很可能因为要推翻洞穴中强大的、唯一的"标准真相"（normative truth）而面临被处死的风险。第四阶段同样涉及真相，而且是以一种更发人深省的方式说明教育对真相的影响，是寓言的真正隐喻所在。

综上，海德格尔根据出入洞穴的整个过程代表了真相的转变，即由影子阶段囚徒认为的"无蔽"（unhidden）到转身阶段的"更无蔽"（more unhidden）再到出洞穴后可以直视太阳的"最无蔽"（most unhidden），认为每个阶段的真相都是于遮蔽中攫取而来，真相存在于事物本身，而不是存在于哲学王等智者的"凝视的准确"之中。

（三）"洞穴隐喻"与新闻真实

在柏拉图"洞穴隐喻"中，洞穴可看作是对政治、经济和文化世界的隐喻而非单纯的物理世界。"洞穴隐喻"在某种程度上与新闻业相关，李普曼在《舆论》（Public Opinion）一书开篇对隐喻第一阶段的引用让该典故为新闻传播学界所熟知。

在将"洞穴隐喻"与新闻业关联时，我们可尝试借用李普曼《舆论》一书中的有关概念，对"洞穴隐喻"作如下大胆阐释：普罗大众可看作被锁链拴住的囚徒，锁链是现实条件（如技术条件）的制约，媒体从业者是举着火把的人，火把则是新闻报道中隐含的，被政治、经济和文化力量形塑的价值、传统和观念，墙上的影子则是新闻报道创造的"拟态环境"（pseudo-environment）。由于囚徒被锁链紧紧拴住，因此只能依靠墙上的投影即媒体创造的"拟态环境"来认识"外部世界"，"拟态环境"塑造着人们的"脑海图景"，让人们以为看到的影子即为"真相"或"无蔽"。

第二阶段是海德格尔重点阐释的一个阶段，但可能由于时代条件和媒介技术的限制，李普曼未对此阶段进行深入探讨。《舆论》一书出版于20世纪20年代，媒介环境与当下大不相同。虽然"火把"仍形塑着人们对真相的认知，但是依托于互联网，已经有越来越多的人可以挣脱锁链，转过身来看看被火把投射影子的物体。比如社交媒体的发展和公民新闻的兴起使人们可以"报道"亲身经历的事件，也使网友除媒体报道外，有机会获取超出自身经验的事件的"真相"。但这一阶段网友们看到的事物仍然受人造光源火把的影响，即事物的显现仍受制于洞穴内的政治、经济和文化氛围。此外，由于人们最初无法理解发出光源的火把所在（新闻报道中隐含的价值观念），他们看到的"无蔽"可能会让他们产生困惑。

本书认可海德格尔对"洞穴隐喻"中光源扮演的特殊角色的判定，并认为火把在第一和第二阶段发挥了完全不同的作用。第一阶段火把通过投射物品的影子，造成了一种浅表的遮蔽。而在第二阶段，当锁链打开，囚徒转过身来的时候，火把在显现物品的同时也灼痛了囚徒的眼睛，使囚徒无法发现火把的所在而变得迷惑，甚至让他们认为影子比实物更真实，这是火把更深一层的遮蔽。换言之，报道中隐含的政治、经济和文化观念已经深深影响了人们对何为真相的判定。这样更深一层次的遮蔽体现了海德格尔提出的"神秘"（mystery）概念，即"遮蔽被遮蔽的"（the concealing of what is concealed）。[1] 在隐喻中，"被遮蔽的"指的是影子对实物的遮蔽，而"遮蔽被遮蔽的"则是火把的灼痛感让囚徒们觉得影子比实物更真实。面临"神秘"，人们往往会陷入一种不自知状态，这是祛除遮蔽、发现真相的棘手所在。因此，隐喻的第二阶段仍然代表了一个人为痕迹明显的世界，仍存在被遮蔽的事物，但是相比于第一阶段，第二阶段的确代表了一种"更无蔽"的状态。

在柏拉图看来，不同于洞穴里的世界，洞穴外的世界是更高一层次的"理念"的世界，在这一阶段，不是人造光源而是自然光源照明事物，事物得以真正自然的形态显现。这是一个在"善的理念"指导下的、容易为人所理解的

---

[1] Heidegger M. *Martin Heidegger Pathmarks*. McNeill W, ed. Cambridge: Cambridge University Press, 1998, p.148.

世界。虽然柏拉图"善"(goodness)的理念很复杂，但在这里我们姑且可以把它当作一种人类认识所能达到的最高境界。此外，由于教育与真理密切相关，因此被解放的人需要转身返回洞穴，教育仍被锁链拴住的大众，尽管这个过程必然充满艰辛。

再次回到新闻传播领域，李普曼在《舆论》中对情绪化、非理性、具有刻板印象的公众自己摆脱枷锁，发现被遮蔽现实的可能持悲观态度，认为只有依靠"公民教育"(civic education)或"再教育"(Re-education)以及由专家组成的、独立于执行机构的"情报机构"(intelligence bureaus)的力量才能逐步祛蔽，拯救民主政治。"专家＋教育"的解决方案实际上也象征了洞穴隐喻的第三、四阶段，即解放者的逃出洞穴和返回洞穴。顺着柏拉图的思路，我们可以将逃出洞穴的解放者引申为包含哲学家在内的所有掌握系统知识的专家，他们往往拥有比公众逃出洞穴的更大机会。李普曼本人也十分信任和依赖"专家的力量"，认为在公众和其所处环境中需要加入"某种形式的专业知识"，因为人们认识到"受过专门训练的人在某种程度上比业余者头脑中自发形成的真理更适应一个更广泛的真理体系"。[1]可见，在李普曼看来，相较于易受操纵的媒体，由专家组成的、独立透明的"情报机构"可以为公众和决策者提供更真实的信息。

此外，"洞穴隐喻"的第四阶段也说明真相不能只停留于洞穴之外。正如教育的意义凸显于教育的贫乏，真相的作用正是为了拯救缺乏真相的状态，解放者需要返回洞穴教育公众，把"最无蔽"即真正的真相带给公众。李普曼认为"虽然人们愿意承认一个'问题'有两个方面，但他们不相信自己认为的'事实'有两个方面。他们从不相信，直到经过长时间的批判性教育，他们才充分意识到自己对社会数据的理解是多么的二手和主观"，因此，教育是"最好的解决办法(supreme remedy)"。[2]

三、新闻真实的主导哲学范式：真理符合论

符合论真理观是目前诸多真理观中最为大众熟知的一种真理观，符合论真理观认为真理可被具有理性的人准确反映出来。符合论真理观与现代性、理性主义、形而上学实在论(metaphysical realism)密切相关，一般用"对应"

---

[1] Lippmann W. *Public Opinion*. London：Routledge，2017，c1922，pp. 370-382.

[2] Lippmann W. *Public Opinion*. London：Routledge，2017，c1922，p.126；p.408.

（correspondence）、"一致"（congruence）和"表征"（representation）来描述命题与事实或事态之间的关系，即命题真的程度主要通过命题表征事实的准确程度来衡量。

亚里士多德（Aristotle）在《形而上学》（*Metaphysics*）一书中对"真相"与"虚假"的著名定义就体现了一种符合论真理观，他说"以是者为是，以非者为非，即为真"（To say of what is that it is, or of what is not that it is not, is true）。[1] 这段表述虽然有些拗口，但却体现了亚里士多德对于"真相"的一个基本观点，即真存在于"言说"与"实在"之间的一致或符合。20世纪30年代波兰逻辑学家阿尔弗雷德·塔斯基（Alfred Tarski）提出的"真理的语义理论"（semantic theories of truth）也被许多人归入真理符合论范畴，尤其是其著名的"约定 T"（Convention T），如"雪是白色"是正确的当且仅当雪是白色的。

柯卡姆（Kirkham）总结了两种基本的符合论真理观，分别是：以 J.L. 奥斯汀（J.L. Austin）为代表的"相关的符合"（correspondence as correlation）和以伯特兰·罗素（Bertrand Russell）为代表的"一致的符合"（correspondence as congruence）。"相关的符合"认为"每一个真相承载者（truth bearer）都与一种事态相关"，陈述和事实之间的相关是一种"语言习惯"（linguistic conventions），因此不能忽视语言的历史发展。而"一致的符合"认为"真相承载者"和"事实"之间存在"结构同构"（structural isomorphism），即信念（命题和句子等）的结构"反映或描绘"了事实的结构。虽然奥斯汀"相关的符合"与罗素"一致的符合"存在区别，但柯卡姆认为两种符合论存在共同之处：一是现实/事实/事态独立于"心灵"（mind）存在，具有"客观性"和"实在性"；二是"真相承载者"（突出表现为命题或陈述）与事实之间存在关联。[2]

作为一种理论流派，真理符合论不乏批评者，批评的观点主要集中在两方面：一是符合论实现的逻辑可能性，二是符合论隐含的负面意义。

逻辑可能性方面，有学者认为符合的对应物"事实"本身不能作为真与假的参照体系，因为事实不超脱于语言，其本身受语言形塑，不具有真理符合论所推崇的"客观性"。如 P. F. 斯特劳森（P. F. Strawson）在与 J.L. 奥斯汀就真相问题开展论战时指出"事实是陈述（当真实时）所陈述的；它们不是陈述的

---

[1] Aristotle. *Metaphysics*. Reeve C, trans. Indianapolis, Cambridge: Hackett Publishing Company, 2016, p.1011b25.

[2] Kirkham R. *Theories of Truth: A Critical Introduction*. Cambridge, Massachusetts: The MIT Press, 1992, pp.119-140.

内容"(facts are what statements (when true) state; they are not what statements are about)，"真"（true）这个词实际上作为一种"断言性策略"（assertive device）发挥作用。也就是说，为了明确或指定一个事实，我们首先需要使用一个"真"的陈述。[1] 此外，还有学者提出由于客体自身无法回答认识是否与其相符的问题，因此很难说明主观与客观如何符合以及符合程度如何才算得上真理。[2] 综上，符合论真理观中命题与事实之间的"符合"关系是模糊的，逻辑上未被严明清楚。

负面意义方面，由于独立于"心灵"的"客观事实"是命题得以实现符合并验证真伪的重要条件，因此符合论真理观容易将真相去历史化，去时空化，具有形而上学和绝对化倾向。所谓的"客观真相"也由于与事实"更接近"或"更符合"而被认为天然优于其他真相版本，从而导致对真相强势、简单和绝对的认知。新南威尔士大学哲学教授保罗·巴顿（Paul Patton）在接受本书访谈时说："真理符合论有多种解释。其中之一就是形而上学的实在论，认为真相就是世界是怎样的（what's true is how the world is）。我真的很怀疑这一点，主要是因为我认为即使是对世界最高级的科学理解也随时间变化……判断真理的那些标准会改变，它们在某种意义上是历史的……我们是宇宙中某一特定区域的一种特定生物，我们对它的理解完全取决于我们是谁，我们在哪里。我认为以下想法是傲慢的：我们拥有洞悉事物是怎样的上帝视角。"[3] 尼采在《论非道德意义上的真理和谎言》（On Truth and Lies in a Nonmoral Sense）的开篇也通过寓言的形式描绘了人们对自然"悲惨、模糊、短暂、漫无目的和专断"的认知态度，批评人们有一点"认知的力量"（power of knowing）就会如"气球般膨胀"和"傲慢"，仿佛世界的轴心围绕自己转动。[4]

符合论真理观成为认知新闻真实的主导哲学范式与20世纪二三十年代以来新闻界对客观性原则的强调密切相关。从真理符合论角度认识新闻真实，主要强调记者的主观认知与客观事实之间的契合程度。对新闻真实有深入研究的学

---

[1] Strawson P F. Truth// Pitcher G. *Truth*. Englewood Cliffs，N.J.：Prentice-Hall，1964，pp.38-53.

[2] 倪志安：《论从实践理解马克思主义真理的本质和属性观》，《北京联合大学学报（人文社会科学版）》2011年第4期。

[3] 访谈对象B2，保罗·巴顿（Paul Patton），新南威尔士大学哲学教授，访谈时间为2019年4月2日。

[4] Nietzsche F. *Philosophy and Truth: Selections from Nietzsche's Notebooks of the Early 1870's*. Breazeale D，trans. Atlantic Highlands，N.J.：Humanities Press INC，1979，p.79.

者杨保军在《新闻真实论》中写道"新闻真实的本质只能是认识论意义上的真实。我们用来理解新闻真实性的基本理论工具就是辩证唯物主义的认识论。认识论意义上的真实，在辩证唯物主义的视野里，是以真理论中的'符合论'进行阐释的，因而，我们也将运用辩证唯物主义的真理'符合论'来分析新闻的真实性。"[1] 因此，杨保军认为新闻真实就是指"新闻（报道）与其（报道）对象（新闻事实）的符合性及其符合程度；符合，就是真实，不符合，就是不真实"。[2] 此外，他还在真理符合论的基础上区分了"事实""真相""真实"，认为与类似于哲学意义上"存在"概念的"事实"相符合是"新闻真实的基本要求"，而与"具有客观性"、"真实地表现了一定对象的实际情况或本质"的"真相"相符合是"新闻真实的最高境界"。[3] 随着媒介技术的演进，在其划分的以网络新闻为主的"后新闻业时代"，杨保军还提出了基于"多元新闻传播主体共同再现、塑造"的"有机真实"概念，但这个概念实际上仍受制于推崇客观事实的真理符合论，如杨保军认为"不管这种认识论意义上的新闻'有机真实'有着怎样的面目，我们依然承认总有一个本体意义上的客观本真事实存在，它永远是新闻有机真实的本源。"[4]

对于新闻真实中的真理符合论，学者王辉提出了不同观点，他认为"在实际项（即被表述的生活事实）与表述项（即符号呈现）之间存有天然断裂"。这种"断裂"一方面来源于"表述项"：从索绪尔结构主义语言学的观点来看，承担能指作用的符号本身不是所指事物，具有"间接特性"，且这种"间接特性"需要"经由符号体系内部差异来表明含意"。因此，能指（新闻报道）和所指（被报道的对象）之间的关系不是天然和固定的。"断裂"的另一方面来源于"实际项"，即"确凿本身作为一种存在、也必然处于变化着的时空进程中"，新闻报道不能把"被表述的生活事实当作事物，进而又将事物去时空化"。[5]

因此，虽然真理符合论为媒体认识和报道复杂的世界提供了一种看似可行的范式和方法，但实际上"符合"过程本身问题重重。一方面，主体（记者）、本体（新闻报道）和客体（报道对象）之间存在"天然断裂"，很难做到完全

---

[1] 杨保军：《新闻真实论》，北京：中国人民大学出版社，2006年版，第5页。

[2] 杨保军：《论新媒介环境中新闻报道真实的实现》，《编辑之友》2017年第4期。

[3] 杨保军：《事实·真相·真实——对新闻真实论中三个关键概念及其相互关系的理解》，《新闻记者》2008年第6期。

[4] 杨保军：《新媒介环境下新闻真实论视野中的几个新问题》，《新闻记者》2014年第10期。

[5] 王辉：《瞬间与无限：新闻真实的两种理解方式》，《国际新闻界》2012年第2期。

"符合"。另一方面，符合的参照物"事实"本身并非不言自明、毫无争议和不可挑战，尤其是约翰·塞尔所言的"制度事实"以"人类同意"为基础，以"人类制度"为存在前提，受语言形塑。此外，以符合论真理观把握新闻真实，还容易将真相看作某种超越并外在于人和具体社会历史语境的东西，具有形而上学和绝对化倾向。

综上，符合论真理观主导着当下新闻真实的认知与研究，即通过强调记者的主观认知与客观事实之间的契合程度来获取和呈现"客观真相"。虽然学界不乏对符合论真理观的反思，特别是对"符合"的逻辑可能性的质疑及其去历史化、去时空化倾向的批判，但却"破"有余而"立"不足，即在研究新闻真实问题时，缺乏对其他真理观的深入阐发。本书证明，除符合论真理观外，其他真理观对把握新闻真实问题同样具有贡献，需要在对符合论真理观进行批判性反思的同时，进一步开拓新闻真实研究的理论视野。

四、开辟新闻真实研究新哲学视野的必要性

（一）单一真理观无法充分解释真相的历史

人们对真相的认知并非天然的"实证"或"经验"，而是具有一个历史演变过程，真相的含义具有"历史偶然性"，单一哲学真理观无法解释复杂的真相历史。由于新闻业中的真相属于真相概念的子范畴，因此新闻真实的内涵也不可避免地受制于具体的历史语境，并非永恒和绝对。本节仅以西方哲学真理观的历史演变为例，说明真理观的变迁与新闻业的关联。

对哲学有深入研究的 De Correspondent 创始编辑罗伯·温伯格（Rob Wijnberg）曾在《被出售的真相：真相如何变成一个产品》（Truth Be Sold: How Truth Became a Product）[1] 一文中对西方哲学真理观的发展历史做了精要

---

[1] 此文章为英文翻译版，译者为 Joy Phillips，英文版链接见 https://thecorrespondent.com/322/truth-be-sold-how-truth-became-a-product/42629323044-1c1afdf1?pk_campaign=sneak-peek&pk_kwd=truth，文章原文为荷兰语，最早发布在 De Correspondent 的网站上，刊发时间为 2014 年 5 月 29 日，荷兰语文章链接见 https://decorrespondent.nl/957/hoe-waarheid-een-product-werd/511208247429-7d26524a。

梳理，认为其历史演变大致经历三个阶段[1]：将真理视为"信仰"（faith）的"前现代阶段"，将真理视为"知识"（knowledge）的"现代阶段"和将真理视为"建构"（construct）的"后现代阶段"。三个阶段又分别代表了三种不同性质的真相："前现代阶段"是宗教主导下"给定的"（given）、形而上学的真相；"现代阶段"是实证经验下"找到的"（found）客观真相；"后现代阶段"是主观阐释下"创造的"（created）真相。三个阶段中真理概念的内涵、确立方法、类型、性质和相关时代精神详见表2.1。通过表2.1可知，不同历史阶段真相的内涵不同，适应不同的时代精神并以不同的方式发挥作用。

本书认为，新闻业跟以上真理概念演变的三阶段都有关联，三个阶段的具体阐释及其与新闻业的关联如下：

第一阶段，宗教主导下"给定的"真相在人类的控制范围之外，是一种形而上学的、超验的真相。如《圣经》中多次提到"真理"一词，在"根据圣约翰的福音书"（The Gospel According to St. John）（14：6）中，耶稣说"我就是道路，真理和生命"（I am the way, the truth, and the life）。即基督教认为耶稣是真理的化身，是为人类传播真理的使者。宗教把持真相话语权最突出的阶段在中世纪，宗教广泛渗透进教育中，罗马教皇主导着对圣经的阐释，并对不符合其阐释的"异端"学说和思想进行严酷的宗教审判，如提出"日心说"的哥白尼曾遭受教会迫害。直到16世纪资产阶级和接受资产阶级思想的基督教徒发动宗教改革，才逐步瓦解天主教会和罗马教皇对《圣经》教义的独断阐释。时

---

[1] 实际上，温伯格还在文章中进一步探讨了1960到现在的真相特征，他称当下为"后-后现代时代"（post-postmodern era），在该阶段，真相被视作一种"产品"（product），被"商品化"，其目的只是"满足我们的需求"。温伯格认为这一阶段的真相没有"哲学核心"（philosophical core），因为"真相是任何能卖出去的东西"，对真相认知的变化也相应影响了新闻实践，特别是"信息供应的商业化"以及公关和广告影响下"传播的职业化"趋势。温伯格认为当前时代区别于之前三个真理阶段的"最重要特征"是缺乏"解放的核心"（liberating, emancipatory core），过去三个阶段都在某种程度上寻求解放。如第一阶段是通过想象一个提供救赎的超验世界将人们从被疾病和贫穷所困扰的世界中解放；第二阶段是通过想象一个可知的、进步是可能的世界将人们从前一阶段的被动和顺从中解放；第三阶段是通过想象一个个体能有更大话语权的解构的世界将人们从"现代阶段"的"普遍主义"和"乌托邦主义"的消极影响中解放。本书认为，当下真相的"商品化"现象的确存在，比如一些媒体机构越来越习惯称"受众"为"用户"，用推荐算法来满足"目标用户"的兴趣和需求，为他们提供定制化的内容，商业利益对新闻生产的影响也日益增加等，但目前还缺乏有关这一现象深入的、广为接受的哲学阐释，因此，本节对哲学真理观历史发展的梳理只着重分析前三阶段。

至今日，宗教对何为真相仍有很大话语权，根据盖洛普调研数据，2010-2019年期间，超过半数或接近半数的受访者（除2018年为49%外，其余年份均超过50%）认为宗教"可以解答当今全部或大部分的问题"。[1]在某些教权强大的地区，宗教还是影响新闻真实的重要因素。巴基斯坦联合通讯社记者穆罕默德·付甘·拉奥（Muhammad Furqan Rao）认为"在宗教的名义下，你可以影响成千上万的人，不管它是不是真相。"[2]巴基斯坦宗教保守势力强大，比如旨在惩治亵渎神灵言行的"亵渎法"（blasphemy law）在巴基斯坦就受到一些秉承宗教保守思想的民众拥护。2011年旁遮普省省长萨勒曼·塔西尔（Salman Taseer）因试图改革亵渎法而被保镖杀害。评论人士认为媒体在这场谋杀中扮演了关键角色，包括歪曲塔西尔的形象和观点，采取与宗教极端主义者相同的立场，通过大篇幅对宗教极端主义者观点的报道，鼓励穆斯林民众"惩戒亵渎者"，这降低了社会容忍度，助长了暴力因素。[3]可见，宗教因素可影响部分媒体对真相的判断。

表2.1 西方历史上真理概念的演变

内涵	时间	确立方法	类型	性质	时代精神
信仰	前现代阶段 300BC-1600AD	启示	超验的 神话的 宗教的	形而上学的（给定的）	希望救赎 顺从 被动 屈服
知识	现代阶段 1600-1900	发现	世俗的 经验的 理性的	客观的（找到的）	希望进步 可塑性 乐观 控制
建构	后现代阶段 20世纪	构建	语言的 文化的 关系的 社会建构的	主观的（创造的）	怀疑 讽刺 自我创造 自我发展

资料来源：根据温伯格的文章《被出售的真相：真相如何变成一个产品》整理而成。

---

[1] Gallup. In Depth: Topics A to Z: Religion. Retrieved from https://news.gallup.com/poll/1690/religion.aspx.

[2] 访谈对象A1，穆罕默德·付甘·拉奥（Muhammad Furqan Rao），巴基斯坦联合通讯社（The Associated Press of Pakistan Corporation）记者，访谈时间为2019年3月28日。

[3] Khurram S. The Media's Role in Taseer's Murder. Retrieved from https://tribune.com.pk/story/99460/the-medias-role-in-taseers-murder/.

第二阶段，实证主义下可被认知的、经验的、"找到的"真相，存在于世界之中并等待人们去发现，如科学家通过实验和数据等实证手段发现"客观真相"。"客观真相"类似于一面镜子，是对现实究竟如何的表征。在实证阶段，观察和实验成为获取真相的主要途径，掌握技术和系统知识的专家取代神学家成为新的真相定义者和传播者。这种对真相认知的变化可追溯至17世纪、发源于欧洲并对世界产生深远影响、推崇理性的启蒙运动。目前很多新闻从业者对真相的认知属于这一"实证阶段"或"现代阶段"，即认为世界上存在着可被认知的客观真相，记者的任务就是挖掘并呈现这一客观真相。如20世纪七十年代从美国发源并在世界范围内日趋流行的"精确新闻"（precision journalism）就主要以数据为依托，运用调查和内容分析等实证方法来凸显报道的"客观性"和"科学性"。[1] 西方新闻专业主义传统推崇的就是"实证阶段"或"现代阶段"的真相，即在客观性原则指导下为公众提供"客观"和"精确"的真相。

第三阶段，人们"创造的"（created）真相既不是上帝给定的，也不客观存在于自然界等待人们去发现，而是由人们主观建构而来，其反对世界上存在唯一的、绝对的客观真相，突出话语和权力在真相建构中的作用。在此阶段，何为真相的裁定权由牧师和专家转向普通大众。这一阶段对真相的认知与后现代主义反对再现文化、理性和宏大叙事的特征密切相关。后现代主义思潮下，真相不是客观的，而是建构的；不是唯一的，而是多元的。甚至在许多后现代主义支持者眼中，根本就不存在所谓的"真相"，存在的只是对"真相"不同版本的阐释。相比于"客观真相"，后现代主义更推崇怀疑、讽刺与个性。以对真相采取建构主义态度的美国后现代主义哲学家纳尔逊·古德曼（Nelson Goodman）为例，其反对"语言的图像论"，认可"图像的语言论"（language theory of pictures）。古德曼认为"存在许多不同的对世界同样真实的描述，而它们的真相是它们真实的唯一标准。"[2] 后现代主义代表人物鲍德里亚（Baudrillard）更是提出虚拟先于现实、比现实更真实的"超真实"（hyperreal）概念，媒体对海湾战争的报道就可看作是一种"超真实"，它不属于实证主义视阈下的真相。鲍德里亚说："我们不再处于从虚拟到现实的过渡逻辑中，而是处于虚拟对现实威慑（deterrence）的超现实逻辑中。"整个战争是一场"古老虚构的媒体过度炒作……通过在一个抽象的、电子的和信息的空间中推测

---

[1] 李隽琼、易晓斌：《探索精确新闻的生成模式》，《新闻界》2003年第4期。

[2] Goodman N. The Way the World Is. *The Review of Metaphysics*，1960，14（1）.

性展现来衡量，这个空间也是资本流动的空间"。[1] 后现代阶段"建构的真相"反对媒体一直以来秉承的客观性原则，认为媒体不是客观地报道世界，而是在特定框架下建构和阐释世界。近年来，新闻业中也出现了以建构和阐释为核心的实践探索，如本书选取的 De Correspondent 就以"透明的主观性"（transparent subjectivity）原则代替了"客观性"原则，提倡真相的多元与共享。

但总的来看，相较于将真理视为"信仰"，将真理视为"知识"和"建构"的认知似乎在新闻业中更普遍。比如史安斌和钱晶晶通过对以美国为核心的西方新闻理论体系演变的分析后发现，西方新闻理论大致可分为两大主要体系，分别为：秉承现代主义传统的"客观新闻学"和体现后现代主义思潮的"对话新闻学"。前者体现了印刷媒介时代"单向度""线性传递"的新闻生产特点，后者则是以数字媒介为主的新型传媒生态的产物，其承认多种话语建构的可能性，认为报道是双方甚至是多方对话和沟通的结果。[2] 换言之，"客观新闻学"采用了典型的实证主义思维方式，认为媒体的重要道德追求之一就是在价值中立的前提下，运用客观性原则，挖掘并为公众呈现"客观真相"。而"对话新闻学"则是以"传播充裕"为主要特征的新传媒生态的产物，体现了后现代主义的核心主张，质疑客观性原则，包容公民个人的怀疑、讽刺与个性，鼓励公众参与真相建构。

综上，不同哲学真理观发挥主导影响的时期不同，同一历史阶段多种哲学真理观可并行交错，人们对真相的认知也因此呈现多元性和差异性。正如前述单一哲学真理观无法解释复杂的真相历史一样，新闻真实研究也亟需开辟除符合论真理观外更广阔的哲学视野。

（二）符合论真理观非解释新闻真实的唯一路径

虽然目前符合论真理观在新闻真实研究中占主导地位，但它并非是可以解释新闻真实的唯一哲学思想，与新闻真实密切相关的真理观还包括马克思主义真理观，解释学真理观，实用主义真理观和融贯论真理观等。由于前三个真理观会在本书的随后章节结合具体案例详述，在此只以融贯论真理观为例，说明其如何解释新闻真实有关问题。

---

[1] Baudrillard J. *The Gulf War Did Not Take Place*. Patton P, trans. Sydney: Power Publications, 1995, p.27; p.56.

[2] 史安斌、钱晶晶：《从"客观新闻学"到"对话新闻学"——试论西方新闻理论演进的哲学与实践基础》，《国际新闻界》2011 年第 12 期。

"斯坦福哲学百科"（Stanford Encyclopedia of Philosophy）对"真理融贯论"（The Coherence Theory of Truth）的定义是"任何（真）命题的真在于它与某一特定命题集的融贯"。词条进一步指出融贯论与符合论的主要差异在于：两者对"命题与它们真值条件的关系"存在分歧，融贯论认为这种关系是"融贯"（coherence），符合论认为这种关系是"符合"（correspondence）。另一差异是两者有关"真理条件"的认知，融贯论认为"命题真的条件存在于其他命题中"，而符合论认为"命题真的条件不是命题，而是世界的客观特征"。[1]

　　"融贯论"的支持者之一奥托·纽拉特（Otto Neurath）认为"陈述是与陈述对比，而非与经验、世界，或任何其他东西对比……每一个新的陈述面对的是现存陈述的总体，而这些陈述相互间已和谐一致。一个陈述如果可以被包含进这个总体则被称为是正确的（correct），反之则作为不正确的而予以拒绝。为了不拒绝一个新陈述，一个人可以修改整个现存陈述系统直到这个新陈述能被包含进来；但是，一般的，这个决定要慎重。"[2] 陈晓平认为"真之融贯论主要适合于公理系统"，命题的真需要符合特定命题集即"一个理论体系的公理或基本原理"。[3] 换言之，逻辑上的不自相矛盾是融贯论真理观判断命题真伪的主要依据。

　　对于新闻业来说，这个现存的、内部已经和谐一致的"陈述的总体"或"公理系统"突出表现为社会上业已形成的、特定价值判定标准下的主流话语体系。甘斯曾总结过美国社会的八大"恒久价值"（"民族优越感""利他的民主""负责任的资本主义""小城镇的田园主义""个人主义""温和主义""社会秩序"以及"国家领导权"），认为这些"恒久价值"反映着"准意识形态"（paraideology）。[4] 社会主导意识形态通常具有一套完备的陈述，构成一种范式，鼓励人们在范式内思考，并与范式内的已有命题融贯。因此在美国社会，与上述八大"恒久价值"相融贯的报道更容易被大众接受为真实的报道。无怪乎迈克尔·舒德森曾坦言"新闻业并非真相的完美容器（a perfect vessel of truth），

---

[1] Stanford Encyclopedia of Philosophy. The Coherence Theory of Truth. Retrieved from https://stanford.library.sydney.edu.au/entries/truth-coherence/.
[2] 转引自：李主斌：《符合论 VS 融贯论？》，《自然辩证法研究》2011 年第 9 期。
[3] 陈晓平：《真之统一多元论》，《科学技术哲学研究》2014 年第 2 期。
[4] 甘斯：《什么在决定新闻：对 CBS 晚间新闻、NBC 夜间新闻、〈新闻周刊〉及〈时代〉周刊的研究》，石琳、李红涛 译，北京：北京大学出版社，2009 年版，第 52-85 页。

它对政治的报道建立在未说明的,通常是无意识的,有时甚至是不合理的假设之上。"[1]

综上,从真理融贯论出发,新闻真实的判定主要取决于新闻报道与特定社会价值观念下惯常表述的相融程度,而非与客观事实的相符程度。这种判定方法有一定的合理性,为了不引起记者本身和受众的认知不适感,新闻报道通常与特定的社会语境、权力体制、认知框架和文化背景等相协调、相融贯。此外,由于不同地域和不同时代下"公理系统"的变化,媒体呈现的"真相"也具有地域差别和时代差别。加姆逊(Gamson)等研究者认为媒体通过"边界"(boundary)和"潜在结构"(latent structure)对新闻内容进行选择、重组和建构。[2]因此运用框架理论对新闻报道进行分析的研究者经常会得出这样的结论:媒体的报道是对现实的一种"建构",这种建构得以以"事实"的形态呈现并被受众接受为"真实的"重要原因在于报道与其产生和传播的社会语境相融贯,即与特定"公理系统"下的命题集合相融贯。

其中,权力(power)是形塑社会"公理系统"的重要因素,真相历来与权力密切相关。福柯(Foucault)在接受采访时说:"真相不在权力之外或缺乏权力……每个社会都有自己的真理体制(régime),其真相的'一般政治'(general politics),也就是,它接受并使之成为真实的话语类型;使人能够区分真假陈述的机制和实例,以及每一种陈述被认可的方式;在获取真相方面被赋予价值的技术和程序;那些被指说真话的人的地位。"[3]依据福柯的观点,真相与权力勾连,权力形塑社会辨别真实性陈述的"真理体制"。

当然,学界也不乏对融贯论真理观的质疑,学者曾志就认为"正如符合论的最大问题是它的解释力和覆盖面十分有限一样,融贯论的最大困难则莫过于它的约束力和有效性十分勉强",如其更适用于形式真理而非经验真理;命题之间的融贯性是真理的一种必要条件而非充分条件;由于命题需要依赖系统的"基础部分"来判定融贯与否,因此如何确保这一"基础部分"的真实性就成为融贯论真理观不得不面临的一个棘手问题。[4]

---

[1] Schudson M. *Why Democracies Need an Unlovable Press*. Cambridge: Polity Press,2008,pp.2-3.

[2] Gamson W A,Croteau D,Hoynes W,et al. Media Images and the Social Construction of Reality. *Annual Review of Sociology*,1992,18(1).

[3] Foucault M. *Power/Knowledge: Selected Interviews and Other Writings 1972-1977*. Gordon C,ed. New York: Pantheon Books,1980,p.131.

[4] 曾志:《西方知识论哲学中的真理融贯论》,《社会科学辑刊》2005年第1期。

虽然融贯论真理观具有理论局限（毕竟每一种理论并非在任何情况下都绝对正确），但不可否认，它为人们理解新闻真实提供了新思路，也从侧面反映了新闻真实的复杂性（并非只是与客观现实相符合），进一步说明了开拓新闻真实研究新哲学视野的必要性。

（三）真相是"无蔽"而非"符合"

海德格尔曾在《论真相的本质》（On the Essence of Truth）一文中详细讨论了真相问题和古希腊指代真相的"无蔽"一词。[1]海德格尔认为真的概念通常在以下两种情况中使用：一种是"真正的"（genuine）和"实在的"（actual），如"真正的快乐""真正的朋友"；另一种就是符合论意义上命题真伪的判定，即"知识与事物的符合"，在这种情况下，真实性被看作"准确性"（correctness）。第二种情况是哲学论述的重点，但是命题与事物这两个截然不同的东西是如何联系起来的呢？海德格尔认为命题首先需要"呈现"（present）事物，"呈现"意味着事物需与命题相对立，而对立的事物要建立起联系则必须"穿越一个开放的领域（open field）"，"举止"（comportment）就是命题与事物在开放领域中"开放的关联"。虽然海德格尔尝试说明命题与事物相联系的原理（他命名为"举止"），但这种"开放的关联"究竟是如何运作的还是一个类似于"黑匣子"一样的谜题。当然，海德格尔的重点不在于阐述命题与事物如何符合，而在于挖掘这一"开放的关联"形成的前提条件。

海德格尔认为在实现"开放的关联"前，事物首先需要显现自身，这一显现过程遵循的不是"符合"逻辑，而是涉及了真相讨论中更深一层次的东西，即"真相的本质"。海德格尔认为"真相的本质"是"自由"（freedom），这里的"自由"指的不是个人可以享有无限制的选择，而是一种"绽出的、揭露的让存在成为存在"（ek-sistent, disclosive letting beings be）的状态。换言之，"自由"就是释放存在以使它作为存在向人们显现。既然"真相的本质"是"揭露的让存在成为存在"的"自由"，那么"虚假"（untruth）就是"隐瞒"（concealing）。经过前述铺垫，海德格尔终于引入了与真相关联的"无蔽"概念，即"不遮蔽"（disclosedness）或"不隐藏"（unhiddenness）。

本书认为"无蔽"下的真相与真理符合论下的真相存在至少以下两点分

---

[1] 本段介绍的海德格尔有关真相问题的论述主要来自对以下文献内容的整合，参见：Heidegger M. *Martin Heidegger Pathmarks*. McNeill W，ed. Cambridge：Cambridge University Press，1998，pp.136-154.

歧：一是符合论真理观中的真假处在分化的两极，要么一致，要么不一致，而"无蔽"中的真相与非真相是关联在一起的，都源自于使"存在成为存在"的"自由"。正如海德格尔所言，"错误和掩盖被掩盖的东西（errancy and the concealing of what is concealed）"也属于"真相的原始本质"（primordial essence of truth）。[1] 这是"无蔽"从否定意义上界定真相的重要原因，即真相来源于祛除遮蔽，人们需从遮蔽中攫取真相。二是符合论真理观将真的重点放在命题上，注重认知的正确性，从认识论角度把握真相，而"无蔽"将真的重点放在"存在"上，即真相是"存在"祛蔽后的显现，更偏向存在论。

实际上，除古希腊外，其他地区也存在用"无蔽"来理解真相的情况，如14-16世纪中美洲的阿兹特克人（Aztec）就以"neltiliztli"一词代表真相。詹姆士·马菲（James Maffie）认为"neltiliztli"包含了"良好的根基"（well-rootedness）和"无蔽"（aletheia）的内涵，阿兹特克人在存在论意义上而非认识论意义上理解真相，即真相是一种"存在方式"（way of being）、"活动方式"（way of doing）和"生活方式"（way of living），真相"组织人们的生活"。[2]

近年来，在新闻传播学领域，也有学者提出要以"无蔽"概念来理解新闻真实。如美国伊利诺伊大学厄巴纳分校传播学院教授克利福德·克利斯琴斯（Clifford G. Christians）将真相置于道德框架内，反对真理符合论，认为"真实是一个关于价值论而非认知论的问题"，主张用"对被覆盖的事物的真正、真切的披露"的"无蔽"来理解真相，强调语境的作用，并据此提倡新闻业坚持"阐释的充分性"原则而非真理符合论下的"客观性"原则，如运用各种形式的"三维调查法"来报道。[3] 克利斯琴斯教授的"阐释的充分性"原则在一定程度上体现了解释学真理观的思路，并再次印证了新闻真实研究突破真理符合论窠臼、拓宽理论视野的必要性。

---

[1] Heidegger M. *Martin Heidegger Pathmarks*. McNeill W, ed. Cambridge: Cambridge University Press, 1998, p.151.

[2] Maffie J. *Aztec Philosophy: Understanding a World in Motion*. Boulder: University Press of Colorado, 2014, p.102.

[3] Christians C:《全球语境下的新闻真实伦理》，徐佳译，《全球传媒学刊》2015年第1期。

第三章　证伪逻辑真理观下的新闻真实
——基于辟谣算法的案例研究

"不管我们观察到多少白天鹅的例子，都不能证明所有天鹅为白的结论的正确性。"[1]

——卡尔·波普尔

证伪主义（falsificationism）是英国哲学家波普尔关于科学分界标准（科学与非科学）的学说。在波普尔看来，"科学的"意味着命题存在一定的适用范围并在逻辑上存在反例。反例可以对命题进行证伪，如"所有天鹅都是白色的"可以被"看到一只黑天鹅"证伪。换言之，证伪主义认为命题只能被证伪，不能被证实。证伪主义主张运用"猜测－反驳"的方法或试错法无限逼近真理，即对最初大胆的假设或猜测进行不断地批判、质疑、试错与修正。证伪主义反对归纳主义和证实原则下真理的普遍适用性和永恒性，承认真理的暂时性、不确定性和演进性。此外，这一不断逼近真理的知识增长过程在波普尔看来是开放的而非封闭的。

一直以来，谣言被认为是公众追求真相的主要障碍之一，通常表现为对社会现象的不确定性猜测。辟谣被视作还原真相的重要手段，是对包含猜测性内容的质疑、反驳与验证，因此辟谣过程本身在一定程度上体现着证伪思路。目前算法在新闻分发领域的应用引发了一系列问题，其中就包括虚假信息泛滥。如何辨别谣言、及时传递和呈现真相已成为当下算法驱动的资讯平台面临的重要问题之一。鉴于此，一点资讯开发了辟谣算法，并在辟谣过程中提出了"先发布信息、后核验真相"的"后验真相"理念，作为算法式新闻分发下新出现的一种真相还原趋势，其与波普尔的证伪逻辑真理观存在密切关联。因此本章

---

[1] Popper K. *The Logic of Scientific Discovery*. London and New York: Routledge Classics，2002，p.4

运用波普尔证伪逻辑真理观来理解和阐释辟谣算法案例中的真相问题，提炼新闻真实的第一种模式："证伪模式"，即真相是暂时的、不确定的、演进的，真相的获取需不断地反驳、质疑和修正。

此外，本章还致力于解答以下问题：技术演进本身是否会对谣言的产生和传播起到催化作用？算法式新闻分发下如何利用技术促进真相还原？如何看待智慧媒体下的真相及其实现方式？

由于谣言是本章论及的重要概念，因此有必要对其进行清楚界定。一直以来，公众对何为谣言存在困惑。中国社会科学院舆情调查实验室曾对北京、上海、广州、沈阳、武汉五个城市进行整治网络谣言舆情的专项调查，根据其发布的《合力构建聚民心尚理性的网络舆论空间》调查报告，自认为对网络谣言清楚的受访者仅占14.6%，"比较清楚"的占48.2%，而"不太清楚"的则占37.2%。[1] 学界对谣言的定义也莫衷一是。中国社会科学院新闻与传播研究所副研究员雷霞曾对谣言的十种定义进行梳理，包括"虚假说""故意说""未经证实说""即兴新闻说""解释与评论说""神话说""都市传说""反映与投射说""对抗说"与"不确定信息说"（最后一种为雷霞本人提出）。[2] 其中，"虚假说"传播最为广泛，即认为谣言就是虚假信息，该定义具有明显的局限性，因为一些谣言事后被证明为真，即谣言既可为真也可为假。相较于前九种谣言的定义，雷霞提出的"不确定信息说"较具解释力，即认为"谣言是被广泛传播的、含有极大的不确定性的信息"。该定义强调谣言的"广泛传播"和"不确定性"。基于此定义，"辟谣"的过程就是对"信息的不确定性的消除过程"。[3] 本章论及的谣言概念将采用雷霞的"不确定信息说"，但将更关注谣言中对真相构成威胁的虚假成分。

一、算法式新闻分发下的真相问题

算法式新闻分发降低了信息分发门槛，谣言可在短时间内触达众多用户。谣言由来已久，并不是个性化算法推荐下的新现象。但作为一种日益流行的信息分发模式，算法式新闻分发的确降低了信息分发门槛，大量入驻平台的自媒

---

[1] 中国社会科学院中国特色社会主义理论体系研究中心：《合力构建聚民心尚理性的网络舆论空间》，见 http://media.people.com.cn/n/2013/1114/c14677-23533737.html。

[2] 中国互联网联合辟谣平台：《[辟谣课堂]网络谣言的界定和成因》，见 http://www.piyao.org.cn/2018-12/10/c_1210011419.htm。

[3] 雷霞：《谣言：概念演变与发展》，《新闻与传播研究》2016年第9期。

体账号与传统媒体一样享有在平台上分发内容的权利,广泛多元的信息生产来源大大增加了被分发信息的不确定性。此外,点击率是算法判断用户偏好的重要依据。相较于"真实性"信息,谣言由于涉及事件的重要性、与用户自身利益的相关性、表现形式和话语方式的耸人听闻性以及信息本身的模糊性等因素,往往更易吸引公众眼球,也更易被算法分发,可在短时间内触达众多用户。

依托算法进行内容分发的平台每天需处理来源广泛的海量信息,鉴于时间成本和人力成本,前期审核对信息真伪的判定有限。在算法驱动的资讯分发平台,内容运营需在机器协助下,承担编辑的职责,负责内容审核工作。内容审核一般包括政治安全审核和文章质量审核两方面。[1]目前通过前期审核鉴别信息真伪至少面临两方面现实困境:一是算法驱动的内容分发平台汇聚的海量信息使审核的人力成本和时间成本偏高。与传统媒体和门户网站不同,运用算法分发的资讯平台每天需要处理进入内容池的海量信息。编辑由于人力成本和时间成本等,除对文章的政治安全和基本质量审核外,不可能对每篇文章都进行细致的真假辨别,且专门领域资讯的真伪辨别对编辑的审核能力要求较高。因此平台基本上先将资讯发布,再利用虚假信息可能引发用户负面反馈(如用户对内容进行举报或文章评论里出现负面评论)的特点,进一步判定信息真伪,真相的追寻和呈现表现出一种"后验"趋势。机器捕捉用户负面反馈后可在接下来的信息分发阶段减少虚假信息的分发权重,比较严重的还会进行撤回和下架处理,从而控制虚假信息在平台的扩散和影响。二是现阶段机器对虚假信息的智能识别有限。虽然平台可基于"先验"数据,积累一些经典谣言素材建立模型和数据库,让编辑将新入库的信息与之前的数据进行比对,但谣言的各种变种会很大程度上影响机器识别的准确率。[2]因此,传统媒体过去用于保障新闻真实"先验"的"前期审核"在算法式新闻分发下面临现实困境。

目前算法推荐技术在解决"信息茧房"问题时仍有较大局限,成为人们获取真相的障碍。计算机科学家、MIT媒体实验室创始人兼名誉主席尼古拉斯·尼葛洛庞帝(Nicholas Negroponte)在1995就预言了一种名叫"The Daily Me"(我的日报)的个性化报纸的出现。这种个性化报纸既包括头条新闻,也包括一些不那么重要但确是个体用户密切关心的信息。如果用户认为这种个性化报纸为他们提供了"正确的信息",那么比起传统的报纸,他们会更愿意为这种个性

---

[1] 刘沫潇:《从"把关人"到"守望人"——算法式新闻分发下人工编辑的功能角色定位》,《电视研究》2019年第2期。

[2] 一点资讯算法产品总监刘浩访谈,访谈时间为2019年1月8日。

化报纸支付费用。[1] 当前算法在新闻分发领域的应用已经很大程度上实现了尼葛洛庞帝的预言：用户可在手机 APP 信息流里看到大量根据自己兴趣定制和推荐的内容。然而，哈佛大学法学院教授凯斯·桑斯坦（Cass Robert Sunstein）指出，这种"The Daily Me"的个性化报纸涉及的一个"核心问题"就是"信息茧房"（information cocoons），即一个"我们只听到我们选择的和我们感到舒适和高兴的交流的世界"。[2] "信息茧房"下同质信息的过度接触和社交圈子的窄化均有可能加剧认知偏见，成为人们获取真相的障碍。据一点资讯算法产品总监刘浩介绍，目前算法参与信息分发时有三种基本推荐技术：一是根据文章特征和用户画像、基于内容标签的推荐算法；二是类似于"圈子"文化、"人以群分"的协同过滤算法；三是基于深度学习的模型推荐算法。三种算法"本质上都是基于用户已有的一些行为给用户推一些东西"，其推荐逻辑基于相似性（如用户过去与现在信息消费行为的相似性和用户之间的相似性）而非差异性。因此，刘浩认为"完美解决这个问题（信息茧房）还有很长的路要走"。[3]

二、实地考察：中国一点资讯辟谣算法

一点资讯正式成立于2013年，是一家技术驱动的移动互联网公司，国内领先的内容聚合平台之一。2019年1月28日，一点资讯创始人兼 CEO 任旭阳发布内部邮件称，截至2018年年底，一点资讯总用户量超过6.4亿，日活用户量突破7000万。[4] 其技术核心理念是"兴趣引擎"，在底层技术架构上融合了搜索和个性化推荐技术，以用户"兴趣"为核心，以"人机结合"为运营模式。其初创时的品牌理念为"私人定制，价值阅读"，当下"有趣更有用"的品牌定位是其"价值阅读"理念的进一步延伸。2017年10月，一点资讯成为首家获得《中华人民共和国互联网新闻信息服务许可证》的民营互联网企业，其旗下的内容创作平台"一点号"是首家具备互联网新闻信息服务许可资质的自媒体平台。

一点资讯辟谣项目成立于2018年3月，项目成立的原因包括：算法推荐下虚假信息泛滥的现实问题；一点资讯品质阅读、价值阅读的品牌理念自省；国

---

[1] Negroponte N. *Being Digital*. London：Coronet Books，Hodder & Stoughton，1995，p.153.

[2] Sunstein C. *Infotopia：How Many Minds Produce Knowledge*. Oxford：Oxford University Press，2006，p. 9.

[3] 一点资讯算法产品总监刘浩访谈，访谈时间为 2019 年 1 月 8 日。

[4] 环球网：《一点资讯任旭阳发内部公开信：新一轮融资或将完成》，见 http：//tech.huanqiu.com/internet/2019-01/14179640.html?agt=46.

家加强信息监管的大环境和公司提升用户体验以稳定并扩大用户规模的发展策略。[1] 与其他同类辟谣平台对辟谣文章的集纳呈现不同，一点资讯辟谣项目的主要优势和特点在于依托算法能力，将算法推荐技术应用于辟谣领域，对看过谣言的用户进行精准的辟谣文章推送。其谣言识别逻辑和算法智能化匹配逻辑在行业内相对领先。截至2018年12月底，辟谣项目已发送精准辟谣推送904条，制作辟谣数据库专题26个，更新谣言粉碎机主题801条。总计展示数267120987次，点击数4651689次，总分享数201029次，总评论数48020条。[2]

（一）人机协同：精准定位谣言，推送辟谣文章

1. 谣言识别：先验、后验数据结合，优化识别模型

先验数据方面：由编辑首先确认哪些领域易产生谣言，标明谣言文本的典型特征，如耸动性、夸张性和绝对性，结合人工编辑的经验，不断训练算法，优化机器识别能力，并依托一点资讯的海量数据，建立谣言样本数据库。后验数据方面：基于用户大数据和个性化推荐，结合用户点击、评论等维度，定期召回用户反馈（特别是用户在评论里的负面反馈）进行人工复审，通过"机器+人工"的筛选和评估确定"疑似谣言池"内的文章是否为虚假信息，进而训练机器，优化谣言识别模型。目前，辟谣项目以后验数据为主。

2. 真相找寻：人机协同，多渠道、分层级寻找

通过模型召回和关键词召回（如文章里有"辟谣"二字），将内容池内的辟谣文章召回入辟谣后台的"辟谣池"。其中包括签署版权协议的官方媒体发布的辟谣文章和入驻平台的自媒体账号发布的辟谣文章。所有"辟谣池"内的文章来源会根据原创度、垂直度、活跃度、发文质量、与用户互动情况和知名度划分为从一到六不同等级的"源级别"，人工会优先关联和推送权威来源或优质账号生产的辟谣文章。此外，辟谣项目也会接入专家和专业平台，借助权威媒体及专业平台的力量，向用户输入辟谣内容。对于一些严重威胁用户切身利益或易产生重大社会影响的谣言，如辟谣池内没有对应的辟谣文章，运营编辑会邀约相关领域专家进行核验和论证，或及时关注权威机构和官方媒体的信息发布，向看过谣言的用户及时推送辟谣信息。

3. 谣言治理：正反方向联合推演，精准辟谣

由于谣言和辟谣文章涉及的内容主题通常是相似或相近的，因此可通过查

---

[1] 一点资讯副总编辑白兰访谈，访谈时间为2019年1月8日。

[2] 一点资讯辟谣项目运营负责人武碧璇访谈，访谈时间为2019年1月8日。

看相似文章的方法将两者匹配。首先,"反向推演":以"辟谣池"为依据寻找对应的谣言文章。点击"辟谣池"中"相似文章"下的"查看"按钮,即可查看由机器算法识别出来的跟选定的辟谣文章相关的所有文章,其中可能包含需要匹配的谣言文章。通过这种方法可有效缩小编辑的找寻范围,提升编辑定位谣言和匹配辟谣文章的效率。需要指出的是,算法识别的相似文章并非完全准确,需要人工进一步核验。当编辑在相似文章中确定了跟辟谣文章关联的谣言文章后,即可点击"操作"菜单下的"关联"按钮,将辟谣文章与谣言文章匹配。同理,还可通过谣言文章进行"正向推演",即以"疑似谣言池"为依据,通过点击"相似文章"下的"查看"按钮寻找对应的辟谣文章。

当辟谣文章与谣言文章匹配后,一方面,平台会利用算法自动在看过谣言用户的信息流中优先推送辟谣文章;另一方面,编辑也可主动选择某些辟谣文章,向看过相关谣言的用户直接发送弹窗推送。这样即便用户不打开客户端也可及时收到辟谣信息,更精准、更迅速地减弱谣言对用户的影响。如看过《宋美龄坚持断食60年,居然治愈了乳腺癌,到底断食有什么好处呢?》谣言文章的用户,会被推送由《北京晚报》发布的相关辟谣文章《"饥饿疗法"能饿死癌细胞吗?》。

此外,确定为虚假消息的谣言会受到平台的处理和打压,平台会降低其推荐权重或直接删除该文章,阻断谣言的进一步扩散并警告和处罚谣言文章作者,从源头上治理谣言。谣言的精准匹配和推送让谣言触及的用户即使不订阅专门的辟谣频道也可及时获取辟谣信息,缩短内容到用户的传递路径,提升内容转化率。针对被动辟谣的局限,一点资讯计划建立谣言预警机制:通过海量用户画像和大数据分析技术,将老人、儿童等易受谣言影响的人群,以及近期频繁阅读谣言信息的人群识别出来,向以上用户主动推送辟谣文章,实现定向辟谣和预警。

以上谣言识别、真相找寻和谣言治理全过程均体现了"人机协同"理念:谣言识别中,编辑训练谣言分类器,优化谣言识别模型;真相找寻中,如在"辟谣池"内找不到对应的辟谣文章,编辑会及时关注权威发布或邀约相关领域专家澄清和论证;谣言治理中,编辑人工核验和匹配谣言,并运用算法技术向看过谣言的用户精准地推送辟谣文章。

(二)部门联动:建立辟谣后台,优化辟谣逻辑

算法驱动的内容分发平台处理的信息较多,工作节奏较快,不论是算法工程师还是运营人员均可能承担多个并行的项目组,辟谣项目组的运营人员也不例外，均为兼职运营。据辟谣项目运营负责人武碧璇介绍，约15人参与了辟谣项目，包括算法工程师、内容运营人员、产品经理、数据分析师和前端工程师。项目初创时期，各参与人员共同协商辟谣模型的关联逻辑，辟谣文章的前端样式和辟谣池后台的挖掘工具。[1] 项目日常运营期间，运营编辑会就辟谣后台使用过程中产生的问题与算法工程师沟通，寻求技术支持，不断优化辟谣模型关联逻辑。如在运营编辑建议下，辟谣后台增加了关联逻辑删除按钮，方便运营编辑及时修改关联操作。[2]

（三）创新形式：提升用户兴趣，扩大辟谣影响

目前辟谣文章大部分为简单的图文文章，形式单一，且标题和语言较为僵硬，一定程度上影响了辟谣内容的点击率。一点资讯辟谣项目组致力于开发多种辟谣形式，提升用户兴趣，通过线上线下联动，扩大辟谣项目影响。目前一点资讯创新的辟谣形式包括：《拯救爸妈朋友圈，就靠你了》H5答题测试挑战；微信小程序"一点辟谣数据库"；平台自制的辟谣短视频；基于用户画像和海量谣言样本制作的"谣言趋势分析"长图；医学和科学领域辟谣文章的有奖线上征文活动；分专题集锦的"每周辟谣库"；向业界介绍一点资讯辟谣经验的个性化推荐算法技术沙龙；与京东旗下美食超市7FRESH（七鲜）合作，在7FRESH北京广安门店通过桌贴、货品标签、购物车等店内场景布置开展"辟谣现场"活动，将辟谣项目的影响扩展到线下。

三、辟谣中的"后验真相"与证伪逻辑真理观

（一）"后验真相"的内涵及实现过程

一点资讯在运用辟谣算法过程中提出了"后验真相"的理念，意为"先发布信息、后核验真相"，即基于用户负面反馈和权威辟谣信息，对之前发布的信息进行证伪。其证伪是一个开放的过程，专家和公众共同参与真假鉴别，容忍一定范围的不确定信息，通过事后证伪逐步消除谬误而不是事前就对不确定信息进行大范围"阉割"。"后验真相"下，真相是暂时的、不确定的、演进的，真相的获取需不断质疑、反驳和修正。

"后验真相"是海量信息下追求真相的一种现实选择。这是因为：与进行

---

[1] 一点资讯辟谣项目运营负责人武碧璇访谈，访谈时间为2019年1月8日。

[2] 一点资讯总编室运营编辑孙炜访谈，访谈时间为2019年2月25日。

多层级事前审核的传统媒体不同，算法驱动的内容分发平台每天需处理海量信息，考虑到人力成本和时间成本，除人机结合的政治安全审核和文章质量审核外，内容运营对文章的真假判定有限。鉴于此，为弥补前期审核的不足，内容分发平台采取了先发布、后核验的策略。

"后验真相"的具体实现过程如下：基本审核后，内容分发平台将海量信息分发，由机器及时捕捉用户负面反馈等后验数据，通知内容运营对可疑文章进行核验。核验后如发现确为虚假信息则利用算法控制问题文章的影响，减少其分发权重或对文章进行下架处理，停止分发。与此同时，内容运营利用辟谣后台将辟谣文章与谣言文章关联匹配，通过算法将辟谣文章定向精准地推送给看过相关谣言的用户（通过弹窗推送或推荐信息流展示），实现谣言的"精准打击"，至此完成一次真相还原。

（二）用证伪逻辑真理观解读"后验真相"

波普尔的证伪逻辑真理观可帮助我们理解"后验真相"。波普尔在《猜想与反驳》（*Conjectures and Refutations*）一书中曾提出"逼真性"（verisimilitude）的概念，他认为："最终，我们知道我们必须使用最接近（at best approximations）的理论——也就是说，我们实际上知道它们不可能是真实的情况下，逼真性的概念是最重要的（在社会科学领域，情况往往如此）。在这些情况下，我们仍然可以谈论对真相更好或更差的接近（因此我们不需要在工具主义意义上解释这些情况）。"[1] 根据波普尔的观点，通过不断证伪逼近真理是追求真理的可行路径。波普尔的真理观反对确定性，承认不确定性，但他不支持真理问题上的虚无主义，而是强调正是因为真理的不确定性，才更应秉承批判性态度，通过反复试错无限逼近真理。波普尔在参加英国Channel 4一个名为"不确定的真理"（Uncertain Truth）的系列访谈中谈到："我们必须以批评的形式寻求真理，以取代它（确定性）"，"相对主义源于我们尚未完全理解的谦逊认识。但这不应该导致无法理解的虚无主义态度，而只是意识到我们的任务还非常困难……应该投入许多工作，许多想法和许多想象力"。[2]

无限逼近真理需要不断证伪，使命题接受"证据"（evidence）的检验。以

---

[1] Popper K. *Conjectures and Refutations*: *The Growth of Scientific Knowledge*. London: Routledge and Kegan Paul，1963，p.235.

[2] Popper K. Karl Popper-Uncertain Truth. Retrieved from https://www.youtube.com/playlist?list=PL9738F013050B79E2.

科学领域为例，托勒密曾依据观察和推理提出"地心说"，基于当时可获取的证据，"地心说"具有一定程度的合理性，比如它成功解释了人们观察恒星时没有视差的现象。但支持"地心说"的人却把"地心说"当作一种权威和不可更改的真理，拒绝任何修正甚至是推翻的可能。随着天文知识的累积和观测条件的改善，伽利略在17世纪通过天文望远镜观察到了一些支持"日心说"的新天文现象，促使"日心说"逐步取代"地心说"，获得越来越多的关注和传播。抛开其中牵涉的宗教和政治因素不谈，"地心说"被"日心说"取代的过程本身就反映了证伪逻辑真理观追求真理的思路：命题不具有不可更改性和绝对正确性，需要不断接受证据的检验，不断试错和证伪，只有这样才能无限逼近真理，当命题不能经受新证据检验时，人们需要修正命题，这是对真相更好的接近。

需要指出的是，"证据"和"事实"存在区别，法学学者曾对"证据"和"事实"的关系进行深入探讨。李·洛温格（Lee Loevinger）认为"回忆、文件和与过去事件有关的东西构成了法院和律师行动的'证据'，也是建构'事实'的材料"，法律诉讼的裁决依据是"证据"而不是"事实"。[1] 根据洛温格的观点，先有"证据"，后有"事实"，"事实"由"证据"建构而来。实际上，法律上还存在"非证据事实"（Non-Evidence Facts）[2] 或"没有证据的事实"（Facts Not in Evidence）[3]。如法官裁决会依赖一定的背景信息，这些背景信息虽然作为"事实"被接受但并非都有证据佐证，如生活中的一些常识性信息。有学者提出，在司法实践中这种"非证据事实"很难避免但要限定在一定范围内。[4]

在追求真相过程中，强调"证据"意味着承认真相是暂时的、不确定的、演变的，需要不断接受新证据的检验。"后验真相"同样基于证据的检验，真相之所以被"后验"是因为新证据的增加（用户对可疑消息的负面反馈）或与之前相左证据的出现（辟谣信息的产生）。

苏格兰爱丁堡大学哲学教授米凯拉·马西斯米（Michela Massimi）通过回顾各理论流派有关科学与真相问题的看法，给出的真相问题解决方案

---

[1] Loevinger L. Facts, Evidence and Legal Proof. *Case Western Reserve Law Review*, 1958, 9（2）.

[2] 参见：Fraher R M. Adjudicative Facts, Non-Evidence Facts, and Permissible Jury Background Information. *Indiana Law Journal*, 1987, 62（2）.

[3] 参见：Levin A L, Levy R J. Persuading the Jury with Facts Not in Evidence: The Fiction-Science Spectrum. *University of Pennsylvania Law Review*, 1956, 105（2）.

[4] Mansfield J H. Jury Notice. *Georgetown Law Journal*, 1985, 74（2）.

是"把事情弄正确"（get things right），这是一种"现实主义的承诺"（realist commitment）。马西斯米认为"把事情弄正确"首先要从"把证据弄正确"开始，这也是为什么持有不同科学视角的科学家们并不会产生"视角事实"（perspectival facts）的原因，因为他们都需要经历"证据的裁决"（tribunal of evidence）。[1] "后验真相"也是"把事情弄正确"的一种尝试。

反映波普尔社会哲学的著作《开放社会及其敌人》（*The Open Society and Its Enemies*）也体现了其包含批判思维的试错法思路。根据"斯坦福哲学百科"对《开放社会及其敌人》的阐释，"只有当个体公民能够批判性地评估政府政策实施结果，然后根据这种批判性审查放弃或修改政策时，开放社会才能实现"。[2] 可见，在波普尔推崇的理性的、批判的"开放社会"中，"真相"的获得不仅需要证伪，还要依赖一个开放的体系，让千千万万的公民质疑、批判与反复试验。一点资讯"后验真相"的实现同样是一个开放的过程：对信息真假的鉴别不仅依赖专家等专业人员的判断，也包含了用户的参与。用户点击和评论等反馈是其真伪鉴别的重要考量指标，这在一定程度上承认了公众在信息真伪鉴别中的地位和作用。此外，一点资讯对真相的"开放"态度还体现在对不确定信息的容忍：平台允许一定范围的不确定信息存在而不是对不确定信息进行大范围"阉割"，借助证伪的试错法逐步消除谬误。这在一定程度上有助于保障信息的自由流动，公众也可在"试错"过程中逐步成长成熟，培育批判性思维，理性地进行信息消费。

（三）辩证批判地看待"后验真相"

对于"后验真相"，需要辩证批判地看待。

首先，"后验真相"的提出具有一定积极意义。它提醒用户在接收信息时保持警醒，明白平台呈现的所有信息并非都经过事前多重把关和完善的真假核验，鼓励用户对信息保持批判性态度，让用户在深入思考的同时做好接收"后验真相"的准备。正如一点资讯副总编辑白兰在访谈中谈到，"后验真相"可培育用户"鉴别真相的能力或者是等待真相的耐心"，是提升用户媒介素养的

---

[1] Massimi M. Getting It Right. Retrieved from https：//aeon.co/essays/its-time-for-a-robust-philosophical-defence-of-truth-in-science.

[2] Stanford Encyclopedia of Philosophy. Karl Popper. Retrieved from https：//plato.stanford.edu/entries/popper/#SociPoliThouCritHistHoli.

契机，也促使用户从信息接触时的情绪冲动期尽早过渡到处理信息的冷静期。[1]当然，"后验"的期限不能过长，对信息的及时更正和精准推送有助于降低虚假消息产生的负面影响。

其次，"后验真相"并非真相还原的完美方案，也不应成为媒体追求真相的首选方案。对真相的过度"后验"和反复纠正会损害发布平台的公信力，给社会造成危害的同时，导致不信任文化的滋生和蔓延。因此需要警惕毫无事前审核、毫无底线的信息发布，避免把"后验真相"的概念庸俗化和绝对化。

最后，由于互联网自身的特点，即使真相出现后发布平台撤销了虚假文章，其他平台也可能在辟谣前就进行了转载，扩大了虚假消息的影响范围，甚至在真相发布后，被转载的虚假消息仍会保留在转载网站上。因此，"后验真相"只是一种现实选择，研究者一方面需要肯定"后验真相"哲学真理观意涵的合理性和在信息过载时代的适切性，另一方面也应对"后验真相"的现实应用状况进行谨慎评估。

四、智媒时代真相追寻的三点思考

（一）利用技术还原真相需妥善处理牵涉其中的商业利益

对于平台来讲，还原真相不是单纯的技术问题，还牵涉商业利益。相较于吸引眼球的虚假信息，辟谣带来的真实性信息有时会在浏览量、点击量和转发量方面处于劣势。比如 BuzzFeed News 2016年的一项分析发现，美国总统竞选的最后三个月，排名靠前的虚假选举新闻报道在脸书上的用户参与度（包括分享和评论）比19家主要新闻机构（包括《纽约时报》《华盛顿邮报》《赫芬顿邮报》等）排名靠前的选举新闻报道的用户参与度总和还高。[2]假新闻不仅给造假者带来了收益，还为发布平台吸引了流量，流量的增加往往意味着可观的广告收益，而广告仍然是当下内容分发平台的主要盈利来源。

因此，如何平衡商业利益与公共利益关系着辟谣项目能否长久运行。以一点资讯辟谣项目为例，其目前处于尝试阶段，暂无盈利计划。面对虚假信息带来的经济利益的诱惑，一点资讯副总编辑白兰和算法产品总监刘浩在访谈中均

---

[1] 一点资讯副总编辑白兰访谈，访谈时间为2019年1月8日。

[2] BuzzFeed News. This Analysis Shows How Viral Fake Election News Stories Outperformed Real News on Facebook. Retrieved from https：//www.buzzfeednews.com/article/craigsilverman/viral-fake-election-news-outperformed-real-news-on-facebook.

谈到这实际上取决于公司更看中短期利益还是长远发展。用虚假、暴力和黄色的信息吸引用户可短时间内实现点击量的提升，带来流量和收益。但这样的产品制作门槛较低，用户体验较差，很难在用户中形成口碑，甚至造成用户流失，不利于维持用户对产品的忠诚度，属于短期利益行为。同时，面对用户资讯消费升级的趋势，如果平台发布的信息不能持续地给用户带来价值，产品本身在日益激烈的内容分发市场会逐渐丧失竞争力。相反，保证平台上分发内容的真实性有利于稳定并逐步扩大用户规模，由于用户规模是广告商投放广告的重要考量指标，因此及时让用户获取真实性信息事关公司的长远利益。

此外，算法驱动的真假鉴别还面临"市场审查"（market censorship）的挑战。市场审查是指"根据主流媒体的预期利润和/或对企业价值和消费主义的支持，在主流媒体的传播中对选定的思想、观点、体裁或文化形式的生产和分发进行例行过滤或限制的做法"。[1] 市场审查是所有以广告为主要盈利模式的机构进行报道时都无法回避的问题。市场审查一旦建立，通常会以一种无形但却根深蒂固的形式影响机构对信息的选择和呈现。既然目前内容分发平台仍以广告为主要利润来源，那么理论上来讲，它们同样面临市场审查的挑战。

综上，虽然近年来内容分发平台加强对虚假信息的治理离不开外因作用即大的国家监管环境的影响，但维持行业自省的长效机制即内因作用的发挥同样不容忽视。如何正确看待虚假信息带来的商业利益，如何评判涉及广告商利益的信息真伪以及如何决定相关信息的推送和呈现力度等都是智媒时代促进真相还原时不能回避的关键问题。

（二）人工智能促进真相还原面临三大现实障碍

1. 情感障碍

公众的信息处理历来存在"情感过滤机制"，提供真相本身无法消除这些机制，这在情感和个人信仰至上的"后真相时代"表现得尤为突出。比如人们对某些信息的接受有"情感障碍"，或因为强烈的情感依赖而难以放弃一些根深蒂固的想法。桑斯坦就曾提出人们对信息会进行"偏颇吸收"（biased assimilation），即"以一种有偏见的方式来吸收和消化信息"。在描述"偏颇吸收"时，桑斯坦指出"那些已经接受了虚假谣言的人不会轻易放弃相信谣言，特别是当人们对这种信仰有着强烈的情感依赖时，谣言就更加不容易被放弃。

---

[1] Jansen S. Ambiguities and Imperatives of Market Censorship: The Brief History of a Critical Concept. *Westminster Papers in Communication and Culture*，2010，7（2）.

在这种情况下，要驱逐人们头脑中的固有想法，简直困难至极。即便是把事实真相呈现在人们面前，他们也很难相信"。[1]一点资讯算法产品总监刘浩在访谈中也谈到平台能做的就是"更及时地把更权威的声音更精准地触达到用户"，但用户接受与否是"用户自己选择的事情"，平台在这方面能力有限。[2]

2. 信任障碍

一点资讯辟谣项目采用的辟谣文章以主流媒体报道和政府的官方发布为主，即其认为与虚假消息对标的真相主要来源于传统事实发布机构。但是当下，部分公众对媒体和政府等传统事实发布机构的质疑增多，存有"信任障碍"，很难全盘接受这些机构提供的真相。如盖洛普2018年对美国一系列机构的信任度调查（Confidence in U.S. Institutions）显示：国会（-37%），电视新闻（-25%）和报纸（-17%）排名15家机构中的倒数后三位。以报纸为例，只有23%的美国公众对报纸"极有信心"或有"相当多的信心"，"不太有信心"或"毫无信心"的占40%。且历史数据显示，自1973年以来，公众对最高法院、国会、报纸等7家机构的平均信心总体上呈下降趋势。[3]因此，利用人工智能促进真相还原时面临以下关键问题：在部分公众对传统事实发布机构的信任和信心逐步流失的情况下，如何回应这部分人的信任障碍，寻找和选择与虚假信息对标的真相？

3. 技术障碍

以目前自然语言处理技术和人工智能发展水平来看，完全依靠机器进行谣言的准确识别还存在困难。一点资讯算法产品总监刘浩介绍，虽然一点资讯有前期积累的谣言数据库，可将新入库的文章与数据库内的相似文章比对，但谣言文章会有各种各样的变种，内容和形式的变化均会影响机器识别的准确率。卡内基梅隆大学机器人研究所特约教授汉斯·莫拉维克（Hans Moravec）认为，虽然在计算能力方面，机器人和人工智能已经超越了人类大脑，但在"识别"（recognition）和"导航"（navigation）能力方面仍无法与人类匹敌，这是因为"人类的大脑，就其整体而言，并不是一个真正可编程的、通用的（general-

---

[1] 桑斯坦：《谣言》，张楠迪扬 译，北京：中信出版社，2010年版，第9页。

[2] 一点资讯算法产品总监刘浩访谈，访谈时间为2019年1月8日。

[3] Gallup. Military，Small Business，Police Still Stir Most Confidence. Retrieved from https://news.gallup.com/poll/236243/military-small-business-police-stir-confidence.aspx.

purpose）计算机"。[1]因此，机器对信息真伪的准确鉴别还存在技术方面的挑战。此外，处理真假信息还涉及人类生活中"默会知识"或"隐性知识"（tacit knowledge）的运用，有时候人们会依赖直觉或隐藏于头脑中不可名状的想法来判断信息真伪。"默会知识"的概念由英国哲学家迈克尔·波兰尼（Michael Polanyi）提出，即"我们知晓的比我们能言传的多（we can know more than we can tell）"。[2]爱尔兰国立大学学者约翰·达纳赫（John Danaher）对此的解释是"我们执行的许多任务依赖于隐性的（tacit）、直觉的（intuitive）知识，而这些知识很难被编码和自动化"。[3]也就是说，"默会知识"是人类区别于机器的独特之处，机器和算法很难模仿，这或许可在一定程度上解释为什么一些有经验的编辑能一眼就识别出虚假信息。

（三）完善的行业规范是智媒时代追求真相的重要保障

还原真相的辟谣是被动行为，内容分发平台除了要及时发布辟谣信息，警告和处罚虚假信息制造者外，还应主动推进行业规范建设，构建良性媒介生态。如为建立虚假消息预警机制，弥补分发端应对虚假信息的不足，2018年12月19日，一点资讯在北京启动塑造自媒体行业标准的"清朗计划"。该计划对入驻"一点号"的自媒体账号依据内容安全、发文数量和发文质量进行B、A、S三个等级的评估，对达到S级的自媒体账号授予"信用等级认证证书"，并给予一定的站内权益（如享有平台的优先审核权，文章获得更多的展示推荐曝光，取得加倍收益等）。在"清朗计划"发文规范中，"发布虚假消息"成为底线违规项之一。此外，除一点资讯辟谣项目外，还有许多其他的辟谣平台，如新浪新闻的《捉谣记》，腾讯新闻的"较真平台"和微信的辟谣助手等，各平台应在保持竞争的同时加强沟通与合作，构建全行业的辟谣协同机制。

五、小结

本章依托波普尔的证伪逻辑真理观，以一点资讯开发的辟谣算法为例，提

---

[1] Moravec H. Rise of the Robots-the Future of Artificial Intelligence. Retrieved from https：//people.cs.kuleuven.be/~danny.deschreye/RiseofRobots.pdf.

[2] Polanyi M. *The Tacit Dimension*. London：Routledge & K. Paul，1966，p.4.

[3] Danaher J. Polanyi's Paradox：Will Humans Maintain Any Advantage Over Machines?. Retrieved from https：//philosophicaldisquisitions.blogspot.com/2015/10/polanyis-paradox-will-humans-maintain.html.

炼总结了新闻真实的第一种模式："证伪模式"。"证伪模式"下，真相是暂时的、不确定的、演进的；相应地，真相的获取需不断地反驳、质疑和修正。"证伪模式"对把握新闻真实的启示在于：

首先，强调以批判的眼光看待真相。证伪逻辑真理观虽然与符合论真理观一样，承认客观真相的存在，但却批判客观真相的给定性和绝对性，突出真相的不确定性。在批判性思维方式主导下，"证伪模式"的真相获取不基于证实归纳逻辑，而是基于证伪演绎逻辑。特别是在海量信息快速传播的当下，公众要有等待真相的耐心，认识到某些暂时性的"真命题"有被反驳和推翻的可能。

其次，证伪需要依托一个"开放"的系统，反对真相问题上的专制主义，倡导社会尊重个体公民的理性参与和批判性评估，致力于培养具有怀疑精神和批判性思维的公民，这是波普尔"开放社会"理念的体现，也启示着新闻业在追求真相过程中要尊重公众的地位，发挥公众的作用。

最后，"传播充裕"的时代背景和智能化媒介环境为信息的试错和证伪提供了有利条件，一方面可依托技术缩短证伪周期，另一方面也增加了公众参与真假评估的机会。

第四章　新实用主义真理观下的新闻真实
——基于事实核查的案例研究

"我们没有任何方法来确定一种信仰的真实性或一项行动的正确性，除非通过为我们所思考或所做的事情提供正当理由。正当理由和真相之间的哲学区别似乎没有实际的后果。"[1]

——理查德·罗蒂

罗蒂的新实用主义真理观强调真相话语的"偶然性"，拒斥普遍真理，反对用"客观"和认识论上的"基础主义"（foundationalism）看待真相。在罗蒂看来，真相总是与基于语言的"正当理由"（justification）密切相关，受特定的语境、实践和对象影响并在社会生活中发挥实际效用。

近年来，在西方社会尤其是传媒领域，"真相焦虑"和"真相危机"凸显为关键词（比如"后真相"和"真相崩塌"的提出）。面对"真相焦虑"和"真相危机"，事实核查（fact-checking）似乎阶段性演变为西方许多机构包括新闻媒体在内应对虚假信息、保障真相的某种重要手段。既然如此，事实核查与真相究竟存在怎样的关联？即对于事实核查机构来说，真相意味着什么？如何获取真相？真相发挥着怎样的功能和社会作用？厘清以上问题，对于深入理解西方的事实核查实践以及探究新闻真实议题具有重要意义。鉴于此，本章将运用罗蒂的新实用主义真理观来理解和阐释西方事实核查实践，总结新闻真实的第二种模式："实用主义公共服务模式"，即真相等同于提供"正当理由"，关注真相的有用性。

---

[1] Rorty R，Engel P，Savidan P. *What's the Use of Truth?*. New York: Columbia University Press，2007，pp.44-45.

一、事实核查的概念探讨与历史溯源

媒体的事实核查，最早可追溯至20世纪20年代的美国，《时代》周刊率先成立了由女性组成的事实核查团队，在文章发表前核验日期、名字等基本事实，最初她们被称作"研究员"（researcher）而非"事实核查员"（fact-checker）。[1] 这种核查符合牛津大学出版社出版的《新闻学词典》（A Dictionary of Journalism）中有关事实核查的两重含义的第一重：在一篇新闻作品发表或播出前确定其所含信息的真实性。根据词典，核查事实是所有记者都应做的工作，这是他们工作的一部分，但也是助理编辑（sub-editors）的一项特殊职责，这项职责现今仍然存在，美国媒体历来有聘用一些人（通常是资历相对较浅的员工）专门从事事实核查的传统。[2]

可见，事实核查的第一重含义指的是媒体机构内部的核查实践，核查发生在报道正式发布前，是新闻生产流程的一个环节。这种事实核查主要检查报道中事实性信息的准确性，以保障报道质量、提升媒体公信力，如德国《明镜》周刊和美国《纽约客》的事实核查部。

词典提及的事实核查的第二重含义主要是指一些博客和媒体机构的做法，它们在信息发布后对其真实性进行调查，然后将结果公之于众。目前，进行这种事实核查的机构来源广泛，包括附属于媒体的，附属于智库和大学的，附属于公民社会组织的以及独立运营的。在此类事实核查中，对公众人物公开发表言论的核查较为常见，如宾夕法尼亚大学安纳博格公共政策中心（Annenberg Public Policy Center）的 FactCheck.org，其主要核查美国政治人物公开发表的言论。

基于以上事实核查的两重含义，有学者提出近年来事实核查已从"一种原本内生于媒体机构的业务实践逐渐独立出来，成为一种备受关注的创新新闻样式"，经历了从"新闻事实核查"到"事实核查新闻"的"结构性转变"。前者是20世纪20年代为"抵抗政治、经济、意识形态影响，建立和维护新闻业'内部自主性'的'策略性仪式'"，是"新闻专业主义的内部要求"；后者则是顺

---

[1] Fabry M. Here's How the First Fact-Checkers Were Able to Do Their Jobs Before the Internet. Retrieved from http：//time.com/4858683/fact-checking-history/.

[2] Harcup T. *A Dictionary of Journalism*. Retrieved from https：//www.oxfordreference.com/view/10.1093/acref/9780199646241.001.0001/acref-9780199646241-e-483?rskey=0DBxvk&result=1，2014.

应公民社会发展和新媒体技术进步而出现的一种"新的报道形式"。在此转变过程中，核查主体范围不断扩大，核查时间由内容发布前变为内容发布后，核查结果也由仅限于媒体内部发展到向公众开放。[1]

可见，事实核查的发展变迁与政治、经济、社会和技术等因素密切相关。在多种信息平台并存、信息实时传送的新媒体时代，面对全球新一轮鼓吹政治主张、激化社会情绪的民粹主义浪潮和受利润驱使，日益产业化、规模化和全球化的新闻造假，事实核查需要从媒体机构内部的新闻实践中突破出来，包含更多核查主体并面向公众，帮助公众在各种鱼龙混杂的信息中辨别真伪。这就有必要对以往的事实核查机制进行深入研究，并适时引入新的视角应对新的形势要求。

二、事实核查的研究现状与研究局限

目前，已有研究主要集中在事实核查的历史溯源、发展现状介绍以及经验总结和借鉴等方面。如张滋宜和金兼斌回顾了事实核查的起源和演变，并以美欧三个典型的事实核查机构为例介绍了西方事实核查的发展现状与趋势[2]；王君超和叶雨阳在回溯事实核查制度起源的基础上，通过分析《明镜》与《纽约客》的事实核查制度得出事实核查对国内媒体的借鉴意义[3]；郑晓迪通过引介西方事实核查的研究与实践成果，为解决当前国内网络新闻的失真问题提供思路[4]。事实核查的历史回溯和现状介绍对该主题的研究具有奠基性的学术价值，特别是经验总结基础上的思路借鉴还体现了学者们鲜明的现实关切。

此外，已有研究还探究了事实核查存在的现实问题，对事实核查的现状进行了批判性思考。如虞鑫和陈昌凤通过对《华盛顿邮报》Fact Checker 2016年美国总统大选期间核查报道的方差分析发现，事实核查新闻存在"效果困境"，其在揭露谎言的同时也增加了说谎的政治候选人的曝光率，形成了事实核查机

---

[1] 周炜乐、方师师：《从新闻核查到核查新闻——事实核查的美国传统及在欧洲的嬗变》，《新闻记者》2017年第4期。

[2] 张滋宜、金兼斌：《西方媒体事实核查新闻的特点与趋势》，《中国记者》2017年第1期。

[3] 王君超、叶雨阳：《西方媒体的"事实核查"制度及其借鉴意义》，《新闻记者》2015年第8期。

[4] 郑晓迪：《西方新闻事实核查的研究与应用成果引介》，《编辑之友》2018年第1期。

构越揭露说谎行为，民众越支持说谎者的怪现象"[1]。李希光和吴艳梅也通过对美国两家事实核查机构 PolitiFact 和 Check Your Fact 核查报道的量化分析发现，事实核查机构在操作中可能存在党派倾向，比如针对不同党派言论采用宽严不同的核查标准[2]。

总体而言，将事实核查与西方新闻专业主义传统相联系的研究较多，比如认为事实核查是"新闻专业主义传统在社交媒体时代'新瓶装旧酒'的尝试"[3]，是"新闻专业主义的抗争"[4]，严密的事实核查有利于"保障新闻客观性和新闻专业主义"[5]等。但探究事实核查所关联的哲学真理观的研究较少，换言之，虽然事实核查与真相关联密切，但目前却鲜有研究对两者关系进行专门的、深入的探讨。

究其原因，可能主要根源于许多研究者倾向于采取长期主导新闻真实研究的哲学范式——真理符合论来考察事实核查。由于"客观事实"在真理符合论中居于核心地位，坚持客观性原则本身意味着承认大多数真理符合论所坚持的主客体分离的可能性，因此将事实核查置于符合论真理观框架内的学者通常会认为事实核查机构的主要任务与其他秉承"新闻专业主义"的西方媒体类似，即坚持客观性原则，使记者的主观认知与客观事实"相符"，为公众寻找和呈现"客观真相"。这种思路对于事实核查的第一重含义即"新闻事实核查"来讲或许是恰当的，因为其长期以来就是西方专业媒体内部的一个例行工作程序。但对于事实核查的第二重含义即"事实核查新闻"来讲（这恰恰是目前世界上许多事实核查机构提供的主要产品），则似乎有些不太合适，原因主要有以下两方面。

首先，已有学者提出事实核查新闻本身是一种"对'他说、她说'客观性报道模式的反思与批判性实践"，并不完全拥护搁置主体判断和平衡各方观点

---

[1] 虞鑫、陈昌凤：《美国"事实核查新闻"的生产逻辑与效果困境》，《新闻大学》2016年第4期。

[2] 李希光、吴艳梅：《"后真相"时代的事实核查新闻：发展与局限》，《全球传媒学刊》2018年第2期。

[3] 史安斌、饶庆星：《事实核查类新闻的兴起：救赎还是纵容？》，《青年记者》2016年第16期。

[4] 虞鑫、陈昌凤：《美国"事实核查新闻"的生产逻辑与效果困境》，《新闻大学》2016年第4期。

[5] 王君超、叶雨阳：《西方媒体的"事实核查"制度及其借鉴意义》，《新闻记者》2015年第8期。

的客观性原则。[1]因此将事实核查新闻置于推崇客观性原则的真理符合论的框架内考察不太妥当。其次，传媒生态变革下，参与真相建构的主体更加多元，真相认知的不确定性增加。人们对何为真相、何为事实的思考更加复杂多元，不再仅仅是真理符合论下与客观世界相一致那么简单。因此对于分析事实核查新闻这样一种适应新技术发展、核查主体范围不断扩大、相对较新的新闻样式而言，单一、线性的符合论真理观存在局限。鉴于此，有必要在已有研究基础上进一步开拓理论视野，跳出真理符合论的固有框架，以新的理论视角深入探究事实核查与真相的关系，深化人们对事实核查的理解。当然，事实核查作为近年来新闻真实研究图景的重要组成部分，对其的创新性解读也有利于进一步丰富新闻真实研究的理论成果。

长期以来，符合论真理观主导了新闻真实的认知与研究。比如一些记者认为新闻真实就是"客观报道事实"，以记者的主观认知与客观事实之间的契合程度来评估报道的真实程度。对新闻真实有深入研究的学者杨保军也认为"我们用来理解新闻真实性的基本理论工具就是辩证唯物主义的认识论。认识论意义上的真实，在辩证唯物主义的视野里，是以真理论中的'符合论'进行阐释的，因而，我们也将运用辩证唯物主义的真理'符合论'来分析新闻的真实性"。[2]然而在新的媒介环境下，新闻真实的研究视野在被不断开拓。有研究者指出，数字时代的新闻真实有了新的"理念流变、阐释语簇与实践进路"，比如媒介技术层面的"体验真实"、认知心理层面的"收受真实"和权力关系层面的"协商真实"，这些围绕新闻真实的探讨往往与"新新闻样态"的出现相关。[3]鉴于此，针对事实核查这种"新新闻样态"的重新解读很可能会进一步助力开拓数字时代新闻真实的研究视野，充实新闻真实的理论成果。

三、创新事实核查研究的理论与视角：新实用主义

为弥补以上研究局限，本章致力于在研究视角和相关理论应用方面实现创新突破。研究视角选择上，突破经验性的历史梳理、现状介绍和问题分析，从哲学真理观的角度探究西方事实核查实践，着力阐发事实核查与真相的关系。理论应用方面，突破真理符合论的固有框架，尝试引入其他更具解释力的哲学

---

[1] 申金霞：《事实核查新闻：内涵、实践与挑战》，《新闻与写作》2017年第11期。

[2] 杨保军：《新闻真实论》，北京：中国人民大学出版社，2006年版，第5页。

[3] 杨奇光、周楚珺：《数字时代"新闻真实"的理念流变、阐释语簇与实践进路》，《新闻界》2021年第8期。

真理观。

具体而言，本章选取实用主义真理观进行分析。之所以选取实用主义真理观，主要基于以下三方面考虑：事实核查报道的内在逻辑，事实核查机构的社会功能和事实核查机构的发展趋势。

首先，事实核查报道的内在逻辑：事实核查报道一般需要在特定语境内为公众提供某条信息是错还是对、是真还是假的价值判断，这是当前事实核查报道的主要表现形式，其内在逻辑符合实用主义真理观对价值判断的强调，即真相与价值的相互勾连和渗透，而非符合论真理观下对价值判断的"驱逐"，即真相与价值的分离和对立。

其次，事实核查机构的社会功能：虽然对公共权力的监督并不是事实核查机构所独有的，但相较于其他许多媒体，蓬勃发展于2016年美国总统竞选期间的事实核查机构的确体现了更为鲜明的民主监督特色。这一年有关美国政治候选人的虚假言论和假新闻大量涌现，迅速发展的事实核查机构某种程度上可以算得上是对上述"真相危机"的"紧急应对"，其致力于对社会实践（如投票）产生直接的实际影响，提供的"真相"呈现典型的"实用性"。

最后，事实核查机构的发展趋势：2019年6月，三家事实核查机构——非洲的 Africa Check、阿根廷的 Chequeado 和英国的 Full Fact 在各自的网站上发布联合声明称"认为事实核查可以只通过大规模纠正公众错误信念的方式发挥作用的想法是站不住脚的"，以"发布和祈祷"（publish and pray）为特点的第一代事实核查有必要向以"发布和行动"（publish and act）为特点的第二代事实核查转变。第二代事实核查以"权力与责任"为核心，倡导事实核查员成为"行动主义者"，不仅要教育公众，更要"鼓动"和"组织"公众来挑战那些不负责任地提供和传播虚假信息的权势人士和组织。第二代事实核查的可能性举措包括：利用各种形式的道德、公众和监管压力阻止错误信息的进一步传播；通过事实核查积累的有关错误信息的"证据基础"为相关行动者提供决策依据；通过教育公众和倡导政策改革等方式争取"系统变革"；改变随意接受错误信息的社会文化，引导公众辩论更加贴近现实。[1] 从第一代事实核查到第二代事实核查的转变凸显了典型的实用主义倾向：事实核查机构希望自己由冷静的"观察者"转变为积极的"行动主义者"，不止于发布具体的核查结果，还要为社会带来积极的变革和影响。

---

[1] Chequeado，Africa Check，Full Fact. Fact Checking Doesn't Work（The Way You Think It Does）. Retrieved from https：//fullfact.org/blog/2019/jun/how-fact-checking-works/.

综上，用实用主义真理观分析事实核查具有适切性。但实用主义有不同的分野，代表人物也众多，因此具体采用哪种流派、哪位学者的理论进行分析是本章接下来要探讨的一个重点。

实用主义有古典实用主义（classical pragmatism）[1]和新实用主义（neo-pragmatism）之分。真理问题是古典实用主义和新实用主义的共同关切点之一。对真理的实用主义取向（判断某一想法的真实性需考虑其对实践是否产生实际影响、对生活是否具有实用价值）和对绝对真理怀疑的民主化立场是古典实用主义和新实用主义的共识。但两者也存在明显区别：古典实用主义注重"经验"（experience），新实用主义强调"语言"（language）。《布莱克威尔西方哲学词典》（*The Blackwell Dictionary of Western Philosophy*）就以"经验"和"语言"的不同焦点来区分古典实用主义和新实用主义。[2] 大卫 L. 霍尔（David L. Hall）也曾指出"新实用主义"与"实用主义"的主要区别之一就在于从"经验"到"语言"的转变[3]，对于以上焦点的转移，奥洛夫·松丁（Olof Sundin）和詹妮·约翰尼斯森（Jenny Johannisson）认为这意味着"与其把注意力集中在个人头脑的经验上，还不如强调通过语言来交流这些经验"。[4]

具体而言，相较于古典实用主义真理观对作为"人的生存和生活本身"、实践活动意义上"经验"的关注[5]，新实用主义更强调"对话"（conversation）在获得真理中的作用，认为真理"起源于问题"，"中介于假设"，"获得于认

---

[1] 古典实用主义是在美国语境中创立的哲学流派，三位哲学家在古典实用主义的创立和发展过程中发挥了重要作用。他们分别是：实用主义的第一个"代言人"——皮尔斯（Charles Sanders Peirce），将实用主义传播向更广泛受众的"译者"——詹姆士（William James）和实用主义最著名的"倡导者"——杜威（John Dewey）（参见：Sundin O, Johannisson J. Pragmatism, Neo-pragmatism and Sociocultural Theory: Communicative Participation as a Perspective in LIS. *Journal of Documentation*, 2005, 61（1））。

[2] Bunnin N, Yu J. *The Blackwell Dictionary of Western Philosophy*. Malden, MA: Blackwell Publishing, 2004, p.467.

[3] Hall D. *Richard Rorty: Prophet and Poet of the New Pragmatism*. Albany: State University of New York Press, 1994, p.101.

[4] Sundin O, Johannisson J. Pragmatism, Neo-pragmatism and Sociocultural Theory: Communicative Participation as a Perspective in LIS. *Journal of Documentation*, 2005, 61（1）.

[5] 陈四海：《论古典实用主义和新实用主义的范式转变》，《华南农业大学学报（社会科学版）》2010年第3期。

同"[1]。学者苏珊·哈克（Susan Haack）指出，罗蒂虽然也使用"真理"（truth）、"问询"（inquiry）、"正当理由"（justification）等概念，但是他"通过剥离这些概念在世界上的所有支柱，将它们仅仅简化为对话性"。[2] 换言之，新实用主义中，真理是一种"协同真理""说服真理"，不是绝对的也不是客观的，在开放的对话中有被挑战和修正的可能。事实核查的部分操作理念和方法与上述新实用主义对真理的看法契合，比如质疑权威对真相的宣称，挑战既有的真相叙事，以透明的核查流程增进与受众的对话，从而说服公众，与公众在真相问题上达成共识。

新实用主义理论家中，最重要的代表人物是美国哲学家理查德·罗蒂（Richard Rorty）。除了罗蒂，新实用主义学派中的代表性学者还包括普特南（Hilary Whitehall Putnam）和罗蒂的学生布兰顿（Robert Brandom）。学者陈亚军通过对以上"新实用主义三大家"理论的分析发现：即使是在新实用主义内部，也存在"语言派"和"经验派"的分歧。三位学者中，罗蒂将语言置于最优先、最重要的地位，比如他用"社会实践和语言内部的融贯性，解释语言的语义内容"，使"关于语言的谈论取代了对经验的谈论"，即"以语言代替了经验"。与罗蒂相比，另外两位学者对语言的作用持相对保守的态度，如普特南通过对经验的概念化改造，认为对关于世界的语言谈论，必然受到世界的制约，布兰顿也不愿意放弃世界，试图将语言和世界统一。[3] 鉴于此，在运用新实用主义解读事实核查时，本章将采用最鲜明体现该理论"语言学转向"（linguistic turn）的罗蒂的思想作为主要理论工具。

概括来讲，罗蒂拒斥普遍的、先验的、绝对的真理，反对用"客观"和认识论上的"基础主义"把握真相，认为以"客观反映世界"的符合论来认知世界是二元对立的、肤浅的，也是危险的、专制的。在罗蒂看来，真相总是与基于语言的"正当理由"密切相关，受特定的语境、实践和对象影响并在社会生活中发挥实际效用。罗蒂对真相话语"偶然性"和"对话"作用的强调，相较于"与客观世界更相符"的符合论真理观，可能更有利于人们的理解和交流。这为在民意撕裂的"后真相时代"和多元主体参与真相建构的数字化时代进行

---

[1] 陈锋：《罗蒂新实用主义真理观评析》，《内蒙古大学学报（人文社会科学版）》2001年第6期。

[2] Haack S. Pragmatism, Old and New. *Contemporary Pragmatism*, 2004, 1（1）.

[3] 陈亚军：《"世界"的失而复得——新实用主义三大家的理论主题转换》，《中国社会科学》2012年第1期。

新闻真实研究提供了一种有益的理论参考。

四、实地考察：澳大利亚 RMIT ABC Fact Check

为更透彻地阐明新实用主义视阈下西方事实核查与真相的关联，本章将以澳洲目前规模最大、运营时间最长的事实核查机构——墨尔本皇家理工大学（The Royal Melbourne Institute of Technology，RMIT）和澳大利亚广播公司（Australian Broadcasting Corporation，ABC）合作运营的 RMIT ABC Fact Check 为例。

RMIT ABC Fact Check 旨在提供独立、无党派的信息，服务澳大利亚所有公众，位于墨尔本皇家理工大学校园内，前身是成立于2013年8月的澳大利亚广播公司事实核查部（ABC Fact Check）。2016年6月，ABC Fact Check 资金断裂，暂停运转。[1] 一年后，RMIT 作为合作伙伴加入，RMIT ABC Fact Check 正式启动运行[2]，由 RMIT 和 ABC 联合资助[3]。项目遵循 ABC 的编辑政策和投诉处理程序，ABC 保留对 RMIT ABC Fact Check 核查内容的最终编辑控制权。由于 ABC 是公共资助的媒体机构，因此 RMIT ABC Fact Check 对澳大利亚议会负责。

RMIT ABC Fact Check 主要核查政治家、公众人物、游说团体和机构公开

---

[1] 2013年8月至2016年6月期间，ABC Fact Check 由澳大利亚广播公司资助，资助金额约每年100万澳元。2016年6月至2017年3月，鉴于 ABC Fact Check 的资金断裂，原 ABC Fact Check 项目主管致力于寻找新的合作伙伴和资助来源。

[2] 根据 RMIT 网站2017年2月14日发布的新闻（https://www.rmit.edu.au/news/all-news/2017/feb/rmit-and-abc-news-relaunch-fact-check），RMIT ABC Fact Check 将于2017年3月启动。但据项目主管拉塞尔·斯凯尔顿（Russell Skelton）介绍，RMIT ABC Fact Check 于2017年6月正式启动。本书作者在 RMIT ABC Fact Check 官方网站检索后发现，其首篇核查报道发布于2017年6月5日，另据国际事实核查网络 IFCN（International Fact-Checking Network）对 RMIT ABC Fact Check 的评估报告，网站重新发布核查报道始于2017年6月，IFCN 也以2017年6月作为对 RMIT ABC Fact Check 进行评估的时间起点。因此，本书将2017年3月至6月视作 RMIT ABC Fact Check 正式启动前的准备期，项目正式启动时间以项目主管的访谈和官方网站发布的第一篇核查报道为准，即 RMIT ABC Fact Check 正式启动于2017年6月。

[3] 联合资助金额约每年60万澳元。其中 RMIT 为主要资助方，占比80%，资助内容包括项目经费、办公室和办公设备。ABC 主要通过提供录影棚、兼职主持人和发布平台等形式进行资助。

发表的言论的准确性，不核查包括 ABC 在内的新闻媒体报道[1]。目前，RMIT ABC Fact Check 包含实习生在内共12人（8位全职人员，4位兼职人员）。由于 ABC 总部位于悉尼，RMIT ABC Fact Check 的办公地点位于墨尔本 RMIT 校园内，因此在悉尼工作的成员每天通过视频连线与墨尔本的工作人员交流。

本章选择 RMIT ABC Fact Check 开展研究的主要原因包括以下三方面。

（一）稀有的"双公共机构"核查模式

之所以选择 RMIT ABC Fact Check，是因为自成立以来，其不仅因优秀的核查报道在第五届全球事实核查峰会（Global Fact 5）中获奖[2]，还作为世界上少有的"双公共机构"事实核查模式（由公共服务媒体澳大利亚广播公司和公立大学墨尔本皇家理工大学联合资助）实现了公共服务媒体和公立大学的优势互补，为未来事实核查的发展提供了可资借鉴的组织形式。

依托公共服务媒体开展事实核查的优势如下：

首先，公共服务媒体受众群体广泛，对所有公众平等开放。以 ABC 为例，其以服务本国所有公众为目标，这让 RMIT ABC Fact Check 得以借助 ABC 的广阔平台，在地域上覆盖包括乡村在内的整个澳洲，并出现在电视、广播、脸书、推特、ABC 官网和手机客户端等多个媒介平台，实现了核查结果的多平台发布，极大拓宽了受众范围。

其次，公共服务媒体通常以启迪教育公众为重要目标，以为公众输出"高质量"的节目著称，因此公共服务媒体主导下的事实核查也需符合公共服务媒体"高质量"的标准要求，确保所核查内容与公共利益密切相关和核查结果的准确性。

---

[1] ABC 内部已存在核查媒体报道的栏目 ABC Media Watch，RMIT ABC Fact Check 在定位上与 ABC Media Watch 相区别。根据 ABC Media Watch 官网，ABC Media Watch 成立于1989年，致力于揭露利益冲突、新闻欺骗（journalistic deceit）、误传（misrepresentation）、操纵和剽窃。栏目的关注焦点集中在"制造新闻"的人（记者、网络编辑、制片人和摄影师等）和试图操纵媒体的人（公关顾问、说客和社会影响者等）。据 RMIT ABC Fact Check 项目主管拉塞尔·斯凯尔顿介绍，许多受众曾向他们提出请求，希望 RMIT ABC Fact Check 扩大核查范围，核查假新闻以及社交媒体上广泛传播的虚假信息和错误信息，然而虚假信息和错误信息的传播来源广泛，且通常具有匿名性特点，因此核查难度更大，需要投入更多的时间、人力和资源，目前 RMIT ABC Fact Check 还没有充足的能力和资源开展这方面的核查。

[2] 2018年，在国际事实核查网络 IFCN 组织的第五届全球事实核查峰会上，RMIT ABC Fact Check 获得了"核查过的最荒谬的事实"（most absurd fact checked）奖。

再次，公共服务媒体是非盈利的、公共资助的、具有法律保障的社会公共机构，原则上独立于国家审查和市场审查，享有编辑自主权，这有利于保障事实核查机构所需的独立性。独立性对事实核查来说具有重要意义，IFCN事实核查准则[1]的首条要求即是坚持"无党派和公平"（nonpartisanship and fairness）。RMIT ABC Fact Check在申请成为IFCN事实核查准则签署方（signatory）时就承诺，为保持独立性，坚持无党派原则，RMIT ABC Fact Check的工作人员不会加入任何政党或政治团体。研究员埃伦·麦卡坎（Ellen McCutchan）在访谈中也谈到"我认为这（ABC）是一个非常棒的工作场所，因为你从来没有感到受除了新闻或公共利益之外其他事情的驱动。"[2]虽然ABC目前主要由澳大利亚政府资助，这在一定程度上决定了ABC（尤其是其对政治人物起着明显监督作用的事实核查项目）无法完全摆脱来自当权者政治方面和经济方面的影响[3]，但据埃伦·麦卡坎介绍，大学和ABC的合作资助很大程度上缓解了RMIT ABC Fact Check的政治压力和经济压力，让其享有了更大的独立性。

最后，公共服务媒体与公众和社区（而非消费者和市场）的密切"契约"关系使其往往更易成为公众信任和依靠的媒体机构。公众信任对事实核查意义重大，没有公众信任，事实核查机构就很难行使"真相裁定权"，因此依托公共服务媒体开展事实核查具有优势。

吸纳公立高校参与事实核查的好处如下：

首先，项目将为公立高校带来媒体的实践经验，为学生提供事实核查的实习机会，提升学生的媒介素养，培养学生的批判性思维。如RMIT中对事实核查感兴趣的学生可申请在RMIT ABC Fact Check进行三周左右的实习。

---

[1] IFCN事实核查准则包括五方面，分别是：无党派和公平（nonpartisanship and fairness），信息来源透明（transparency of sources），资金和组织透明（transparency of funding & organization），方法透明（transparency of methodology）以及公开和诚实的纠正（open and honest corrections）。参见：International Fact-Checking Network. Fact-checkers' Code of Principles. Retrieved from https://www.poynter.org/ifcn-fact-checkers-code-of-principles/.

[2] RMIT ABC Fact Check研究员埃伦·麦卡坎（Ellen McCutchan）访谈，访谈时间为2019年5月6日。

[3] ABC面临的政治方面的影响：据报道，由于时任总理Malcolm Turnbull的抱怨，ABC董事长Justin Milne要求前总经理Michelle Guthrie解雇知名主持人Emma Alberici。ABC面临的经济方面的影响：2018年，澳大利亚政府宣布，从2019年7月起冻结澳大利亚广播公司三年的年度资金指数（annual funding indexation），约8400万澳元。

其次，近年来传统媒体收入下滑，位于媒体内部"耗时耗力"的事实核查也不免面临资金困境。与公立高校合作可使事实核查项目在获取新资金来源的同时最大程度地保持"独立性"。

最后，与公立高校合作可让事实核查机构获得高校专家、数据库等学术资源支持，为核查的开展提供便利。此外，大学的学术氛围也符合事实核查对严谨性的追求。这在一定程度上解释了为什么 RMIT ABC Fact Check 称自己的工作人员为"研究员"而非"事实核查员"。RMIT ABC Fact Check 研究员埃伦·麦卡坎也认为事实核查"一半是研究，一半是新闻……在事实核查办公室工作的每个人都会成为很好的学者，因为他们必须进行研究"。[1]

（二）组织架构完善，核查流程严密

RMIT ABC Fact Check 组织架构完善（组织架构如图 4.1），核查流程严密，具有代表性。RMIT ABC Fact Check 设有项目主管（Director）、办公室主任（Chief of Staff）、首席事实核查员（Chief Fact Checker）、悉尼地区编辑（Sydney Editor）、研究员（Researcher）、高级研究员（Senior Researcher）、创意内容主管（Creative Content Lead）和网站编辑（Online Editor）等职位。成员之间的工作任务有交叉，如办公室主任和网站编辑也会从事具体的调研和核查工作。其中，项目主管主要负责与 ABC 方面的接洽并统领整个项目组，办公室主任负责与 RMIT 的接洽。首席事实核查员在整个核查过程中起关键作用，所有核查报道都需经过首席事实核查员的审核。悉尼地区编辑主要负责事实核查项目在悉尼地区的事务，受项目主管直接领导。在 RMIT ABC Fact Check 中，研究员即事实核查员，高级研究员通常具有某一领域的丰富经验和数据分析知识。创意内容主管主要负责核查报道的呈现，包括添加动画、视频、图片等多媒体元素，进行脸书直播和数据可视化等。网站编辑负责核查报道的在线发布，同时也参与报道的可视化工作。

---

[1] RMIT ABC Fact Check 研究员埃伦·麦卡坎（Ellen McCutchan）访谈，访谈时间为 2019 年 5 月 6 日。

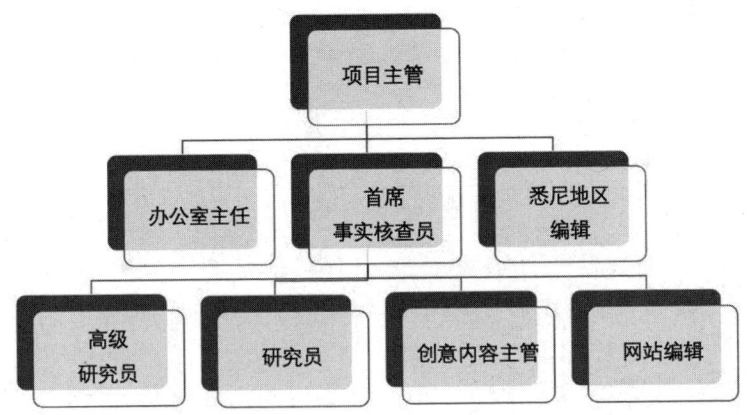

图 4.1　RMIT ABC Fact Check 组织架构

RMIT ABC Fact Check 的核查流程严谨周密，从言论监测到结果发布需经历十个阶段，具体核查流程如图 4.2。

言论监测（claim monitor）阶段，所有成员监测各渠道（电视、广播、社交媒体、新闻发布会和竞选广告）的言论，将潜在核查言论（potential claim）导入团队协作软件 Slack。受众、政治人物和 ABC 内部人员也会提供核查线索，但是否对某一言论进行核查最终取决于核查团队的独立判断。言论选取（claim selection）通过每日新闻例会（daily news conference）[1]进行。例会前，负责人员将 Slack 中的潜在核查言论导出并放入当天的"新闻列表"（news list），供所有成员讨论。讨论后初步确定具有核查价值的言论，提交项目主管审批，审批通过的言论才能开始核查。

---

[1] RMIT ABC Fact Check 每周一至周五上午召开例会，本书作者全程参加了其于 2019 年 5 月 6 日和 7 日举行的两场新闻例会。例会在墨尔本当地时间上午 11 时（北京时间上午 9 时）左右召开，位于悉尼的工作人员通过视频连线的方式参加会议，每次会议持续半小时左右。首先，负责制作"新闻列表"的工作人员向大家介绍列表上列出的重点国内新闻及主要广播和电视新闻节目，让大家熟知当下重要的信息并预告当天需要重点关注的节目和事件。随后，所有成员一起浏览和讨论"新闻列表"上的候选核查言论。讨论完成后，各核查员汇报自己所负责言论的核查进度。此外，"新闻列表"中还列出了 RMIT ABC Fact Check 的出版日程和已核查为假但仍被不断重复的"僵尸言论"。出版日程包括过去一周已发布的核查报道、本周的任务和下周的计划。

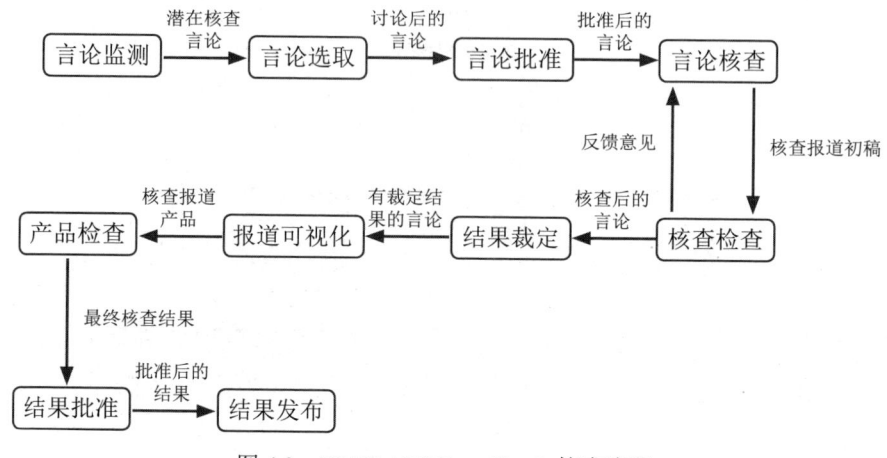

图 4.2　RMIT ABC Fact Check 核查流程

言论核查（claim check）阶段，研究员（或高级研究员）首先在谷歌上搜索言论的准确表述和发布语境（谁在哪发出的言论和该言论是否被重复了多次），检查其他核查网站是否已做过相关核查。接着，研究员会寻找言论涉及的相关数据，将权威机构发布的一手信源而非新闻报道等二手信源作为主要核查依据。当研究员无法找到权威信源时会直接联系言论发出者，让其提供言论所涉及信息的出处。接着，研究员会对言论发出者提供的信息来源进行核验，看其是否存在对数据和信息的错误引用。研究员只向言论发出者询问信息来源而不会邀请其发表任何评论，避免言论发出者对公开发表的言论出尔反尔。此外，研究员还会访谈专家，综合各方资料后形成核查报道初稿。

所有核查报道初稿都需经过首席事实核查员的检查和把关。首席事实核查员核查检查（check review）后提出反馈意见，包括报道中存在的问题和核查过程的纰漏等。研究员根据反馈意见修改和完善稿件并再次提交首席事实核查员审阅。审核通过的核查报道进入结果裁定（verdict decision）阶段。在该阶段，负责本篇报道的研究员（或高级研究员）将与项目主管和首席事实核查员一起商定裁定意见，包括言论所属颜色和具体裁定词（verdict word）。结果裁定后，报道的文案部分基本完成，进入可视化阶段。网站编辑和创意内容主管对稿件进行编辑并添加图片、视频和动画等多媒体元素，将文稿转化成可供发布的报道产品。随后，首席事实核查员对完成编辑的报道产品再次进行检查，防止编辑过程中产生偏差，确保核查报道产品的完善和准确。通过检查的产品将作为最终核查结果提交项目主管审批，审批后的核查结果由网站编辑发布，至此完成从言论监测到报道发布的全过程。

（三）裁定灵活准确，重视受众反馈

与 Fact Checker 和 PolitiFact 详细的等级量表[1]相区别，RMIT ABC Fact Check 在裁定言论真伪时采取了更加灵活的处理方式，之所以这样做，原因主要有以下两方面：首先，由于谎言是一种有意的欺骗行为，因此 RMIT ABC Fact Check 认为用"测谎"量表（如 Fact Checker 的匹诺曹评级）来核查言论涉及对言论发出者意图的推测。项目主管拉塞尔·斯凯尔顿在访谈中说："作为公共服务媒体，我们不想指责人们说谎。"[2]其次，用"测真"的量表（如 PolitiFact 的"真实性测量仪"）来核查言论，会遇到所核查言论无法完全对应量表等级的情况，给具体裁定带来限制。因此，RMIT ABC Fact Check 在三个颜色（绿色代表正面裁定，红色代表负面裁定，橘色代表错误和正确之间的状态）的分类基础上，根据言论的具体情况细分裁定结果，商定不同的裁定词，阐释言论错误或正确的缘由，体现每篇报道的特点和裁定之间的"细微差别"（nuance），以争取最大程度、如实恰当地反映言论的实际情况，保持裁定结果的灵活和精确。如在红色的页面裁定中，RMIT ABC Fact Check 的裁定词多达 30 多种，包括"误导性的"（misleading）、"缺乏根据的"（baseless）、"夸张的"（exaggerated）和"不全面的"（not the full story）等。裁定结果取决于核查报道当时可收集到的证据，证据补充后如发现核查报道有误，则更正报道，如有必要，还会修订裁定结果。经 RMIT ABC Fact Check 办公室主任苏西·达斯（Sushi Das）和研究员埃伦·麦卡坎确认，截止本书访谈时，RMIT ABC Fact Check 从来没有更改过任何言论的裁定结果，保持了较高的核查准确性。[3]

此外，RMIT ABC Fact Check 十分重视并认真对待受众反馈。在每日新闻

---

[1]《华盛顿邮报》事实核查栏目 Fact Checker 以一至四个匹诺曹（Pinocchio）来描述言论的虚假程度，一个匹诺曹代表言论"大部分真实"（mostly true），四个匹诺曹则指言论为"弥天大谎"（Whoppers）。PolitiFact 以包含六个等级（true，mostly true，half true，mostly false，false，pants on fire）的"真实性测量仪"（Truth-O-Meter）来反映言论的相对准确性。

[2] RMIT ABC Fact Check 项目主管拉塞尔·斯凯尔顿（Russell Skelton）第一次访谈，访谈时间为 2019 年 5 月 6 日。

[3] 裁定结果的准确离不开核查员的深入调研。由于严谨周密的事实核查通常需要花费较长的时间，因此言论事实核查员没有类似于日报记者那样严格的发稿截止期限，也不用追逐 24 小时不间断的新闻周期。RMIT ABC Fact Check 的正常工作时间为周一至周五早九点至晚五点，充裕宽松的工作时间为研究员开展细致核查、保证核查报道的准确性提供了有利条件。

例会接近尾声时，项目主管会询问受众投诉情况，即是否有公众对已发布的核查结果提出异议。如有投诉，项目主管和负责相应报道的研究员会共同起草回复信息。据项目主管拉塞尔·斯凯尔顿介绍，"我们回复每个人……我们没有收到很多（投诉）。但当我们收到的时候，我们想让人们觉得我们在倾听他们"。[1] 此外，RMIT ABC Fact Check 鼓励受众在项目的社交媒体账号和官网的"联络"（contact）页面留言，提供他们想要核查的言论或对已发布的核查报道提出意见和建议。如受众希望得到其母机构 ABC 的答复，可在 RMIT ABC Fact Check 的"联络"页面点击"ABC 观众和消费者事务"（ABC Audience & Consumer Affairs）链接，填写信息并提交，进入 ABC 的投诉处理程序。[2]

严谨周密的核查报道使 RMIT ABC Fact Check 得到了受众青睐。RMIT ABC Fact Check 内部数据显示，其核查报道是 ABC 网站上受众最深入阅读的报道之一，受众在 RMIT ABC Fact Check 报道上平均花费的时间为2分38秒，高于 ABC 墨尔本新闻频道（ABC News Melbourne，平均阅读时长为1分47秒）和 ABC 悉尼新闻频道（ABC News Sydney，平均阅读时长为1分40秒）。此外，其社交媒体账户的用户活跃度也在不断提升[3]。

作为 IFCN 的成员，RMIT ABC Fact Check 已与谷歌完成多次洽谈，优化了核查报道在谷歌中的检索结果。当用户检索公众人物言论时，如 RMIT ABC Fact Check 对此言论进行了核查，相关报道会优先出现在谷歌的检索结果中，这大大增加了 RMIT ABC Fact Check 报道的浏览量和点击量。展望 RMIT ABC Fact Check 未来的发展方向，项目主管拉塞尔·斯凯尔顿介绍，鉴于目前受众媒介消费习惯的变化（逐步由传统的广播、电视和网站转向移动化和社交化的信息消费平台），RMIT ABC Fact Check 正考虑建立"交互式存档"（interactive archive），开展事实核查的"语音检索"（voice retrival）业务，以适应技术变化，保持与受众的密切联系。拉塞尔·斯凯尔顿认为对事实核查来说，语音将是下

---

[1] RMIT ABC Fact Check 项目主管拉塞尔·斯凯尔顿（Russell Skelton）第一次访谈，访谈时间为2019年5月6日。

[2] 作为依法设立的公共服务媒体，ABC 原则上不能忽视受众的投诉，然而根据 ABC 按比例处理投诉的方式（proportionate approach to complaint handling），并非所有投诉都会获得回复。

[3] 据 RMIT ABC Fact Check 内部数据，脸书方面，2019年2月13日至3月12日，贴文参与次数为16534，上升了137%；贴文到达次数为39797，上升了68%；页面浏览量为1456，上升了143%。推特方面，2017年8月至2019年2月，获得了近700万（6988300）的推文点击量，提及次数为13180，平均每天新增粉丝3.6个。

一个重要领域。目前 RMIT ABC Fact Check 正与 RMIT 的计算机科学家团队合作，研发事实核查的语音检索算法，使 RMIT ABC Fact Check 的核查报道可以更好地被多平台兼容。相关算法研发成熟后，RMIT ABC Fact Check 会进一步与提供语音检索服务的主要平台（如 Amazon Alexa，Google Assistant 和 Apple Siri）洽谈合作。[1]

五、新实用主义视阈下事实核查与真相的关联

基于对 RMIT ABC Fact Check 的实地考察，本书发现，新实用主义视阈下，西方事实核查实践与真相的关联体现在以下六方面，涉及真相的内涵（第一、二点）、真相获取的方式（第三、四点）以及真相的功能（第五、六点）。

（一）搁置真相是什么的探讨，关注更具可操作性的事实

由于真相的概念宏观且富有争议，RMIT ABC Fact Check 倾向于追求微观层面、更具可操作性的"事实"，认为相较于真相的各种开放性阐释，事实的争议更小也更不易被反驳，如其在官网上写明自己不是"'真相'的传播者"（dispenser of "truth"）。对此，RMIT ABC Fact Check 项目主管拉塞尔·斯凯尔顿的解释是"真相不是一个有用的术语。在一个议题高度政治化的两极分化的社会里，每个人都有自己的真相。在事实核查中，我们更喜欢用数据告诉人们什么是正确的，什么不是……对我来说，事实是没有矛盾的东西……事实核查员相信事实是可以被测量和评估的"。[2] 可见，RMIT ABC Fact Check 搁置真相是什么的探讨，关注更具可操作性的事实，从实用性的角度使用"事实"的概念。

许多事实核查机构之所以称自己为"事实核查"而非"真相核查"，很可能与 RMIT ABC Fact Check 的考虑一样：相较于宏观且抽象的"真相"，微观且具体的"事实"更具可操作性，更易被"测量"和"评估"。此外，由于"事实"长久以来在许多人的心目中形成了无可争议的印象，因此对公众来说，"事实"有时可能比"真相"和"真实"等话语更有力也更权威。这实际上与新实用主义真理观对待真相的态度类似。以新实用主义来看，真相和事实的概念虽然存

---

[1] RMIT ABC Fact Check 项目主管拉塞尔·斯凯尔顿（Russell Skelton）第一次访谈，访谈时间为 2019 年 5 月 6 日。

[2] RMIT ABC Fact Check 项目主管拉塞尔·斯凯尔顿（Russell Skelton）第二次访谈，访谈时间为 2019 年 5 月 7 日。

在区别，但很大程度上可归入同一语簇，重要的不是概念本身，而是概念的有用性。罗蒂在访谈中说："我认为不幸的是，实用主义被认为是一种有关真相的理论或定义。我认为这样更好些：如果实用主义者说我们能告诉你什么是正当理由，但我们不能告诉你什么是真相，关于它（真相）没有什么可说的。"[1] 换言之，新实用主义真理观倡导人们搁置有关"真相是什么的"探讨，对真相采取"诊治的"（therapeutic）而非"建构的"（constructive）探索路径。[2] 这种对真相"诊治的"而非"建构的"探索路径突出表现在大多数事实核查机构只将"真相"作为论证自身合法性、获取公众信任和树立自身形象的实用修辞而非需要深入阐明内涵的复杂概念，比如《华盛顿邮报》的 Fact Checker 在官网标识下注明其为"修辞背后的真相"（The Truth Behind The Rhetoric）；事实核查网站 PolitiFact 将核查等级量表叫作"真实性测量仪"（Truth-O-Meter），并在2017年发起了一个名为"真相小队"（Truth Squad）的会员活动，鼓励读者和事实核查爱好者为项目捐款。

（二）真相非简单正误判断，需考虑对象和语境

一篇完善的事实核查报道不是简单的正误判断，而是需要做到对象化和语境化。RMIT ABC Fact Check 不仅核查具体言论的正确与否，还会在核查报道中提供大量的分析来说明言论提出的背景、牵涉的相关信息以及核查此言论对公众的意义，为公众更好地理解言论、做出判定提供指导。RMIT ABC Fact Check 研究员埃伦·麦卡坎在接受访谈时说："如果事实完全脱离了语境，我们需要把它语境化（contextualize）。我们需要说，是的，这是对的，但是我们现在可以告诉你所有那些你没有被告知的信息，然后你可以对他说的话做出不同的判断。"[3]

以研究员乔希·戈登（Josh Gordon）的报道《事实核查：减少国际学生签证会为澳大利亚人创造大学入学机会吗？》（Fact check：Would Reducing International Student Visas Create University Places for Australians？）[4] 为例，报

---

[1] Rorty on Truth. Retrieved from https：//www.youtube.com/watch?v=CzynRPP9XkY&feature=youtu.be.

[2] Rorty R. *Philosophy and the Mirror of Nature*. N.J.：Princeton University Press，1979，p.7.

[3] RMIT ABC Fact Check 研究员埃伦·麦卡坎（Ellen McCutchan）访谈，访谈时间为2019年5月6日。

[4] 报道原文链接见https：//www.abc.net.au/news/2018-08-23/fact-check-fraser-anning-university-places-international-student/10147364.

道首先给出了言论提出的背景和具体内容：参议员弗雷泽·安宁（Fraser Anning）认为移民是澳大利亚面临的一个"关键问题"，他在议会提出的一系列解决方案中就包括通过大幅削减国际学生签证来为澳洲本国学生创造更多的入学机会。这则言论迅速受到了时任公民和多元文化事务部长（citizenship and multicultural affairs）阿兰·塔吉（Alan Tudge）的反对，鉴于本条言论引起了公众争议，RMIT ABC Fact Check 对其进行核查，此部分还配发了 ABC 新闻提供的弗雷泽·安宁发表该言论时的视频。接着，报道给出了本条言论的裁决结果，认为其在分类上属于红色，原因是本条言论没有掌握全部信息，属于"孤陋寡闻"（ill-informed）。经调研，澳洲国内学生和国际学生的录取名额之间不存在平衡问题。随后，报道详细介绍了澳洲大学公共资助由"供应驱动"转变为"需求驱动"的过程，学生需要支付的课程费用，决定澳洲本国学生数量和国际学生数量的因素以及 RMIT ABC Fact Check 此前发布的另一篇相关报道。报道中"近几年"（recent years）和"历史上"（historically）等词也说明研究员从时间跨度上对言论涉及的相关内容进行了语境化分析。最后，报道引述了三位专家的意见对言论进行分析。专家意见一方面可帮助研究员判断言论的准确性，另一方面也可为言论的隐含意义提供深入阐释，如言论涉及的现象对公众来说意味着什么，产生该言论的经济、政治和社会原因等。

综上，事实核查的真伪鉴别非简单绝对的正误判断，而是基于语境的充分阐释和论证，这有利于让公众了解所核查言论背后的深层含义。实际上，对对象和语境的强调构成了新实用主义真理观的重要内容，罗蒂曾指出"我们使用'真'这个词的唯一标准是正当理由，而正当理由总是与受众有关。因此，它也与受众的角度有关——受众想要达到的目的及其所处的情境"。[1] 可见，新实用主义真理观下，真与否不是孤立的也不是绝对的，而是与特定的对象和语境密切相关，特别是受制于不同的社会语境和道德语境，脱离了具体对象与语境的真相不能对实际生活产生有用指导。对"语境真相"的追求要求包括事实核查机构在内的新闻生产主体履行对公众"语境的告知义务"，即在提供事实性信息的同时，为传播对象提供"所处的社会语境和价值判断标准"。[2]

---

[1] Rorty R. *Truth and Progress：Philosophical Papers，Volume 3*. UK：Cambridge University Press，1998，p.4.

[2] 虞鑫：《语境真相与单一真相——新闻真实论的哲学基础与概念分野》，《新闻记者》2018 年第 8 期。

(三)"正当理由"在核查言论选取中起关键作用

鉴于没有任何一家事实核查机构可以核查所有言论,核查边界的框定和核查选择的论证意义重大。其中,"正当理由"在事实核查的言论选取环节起关键作用,即核查员需要对选择的言论进行分析解释、对选择的合理性进行充分论证。罗蒂认为:"我们没有任何方法来确定一种信仰的真实性或一项行动的正确性,除非通过为我们所思考或所做的事情提供正当理由。正当理由和真相之间的哲学区别似乎没有实际的后果。"[1]这凸显了"正当理由"在新实用主义真理观中的核心地位。

RMIT ABC Fact Check每日新闻例会对候选核查言论的探讨和遴选正是"正当理由"在事实核查机构言论选取环节发挥重要作用的体现。在每日新闻例会中,RMIT ABC Fact Check的所有成员一起浏览和讨论"新闻列表"上的候选核查言论,他们不仅介绍自己所选取言论的背景、来源及选取原因,为选取的言论提供"正当理由",还会共同讨论是否对该言论进行核查。讨论主要基于两条标准:一是言论的重要性,即言论是否对公众具有重要意义和公众是否对其感兴趣。言论的重要性可通过民意调查结果反映,选民关心的事务往往构成核查的重点,包含争论和矛盾的"争辩言论"(contest claim)通常具有较大的核查价值。二是言论的可核查性(checkable or not)[2],包含特定时间框架或数据的言论更易被核查(但并非所有被核查的言论都必须包含时间节点或数据)。此外,事实核查机构主要核查言论提及的具体信息而非言论发出者的观点或对未来的预期。

(四)真相的共识基于核查的透明而非客观

数字新闻时代,记者或编辑很难再单方面宣称何为真相,真相更多表现为一种传受双方沟通后、集体共识的产物。"透明"而非"客观"为双方的沟通

---

[1] Rorty R, Engel P, Savidan P. *What's the Use of Truth?*. New York: Columbia University Press, 2007, pp.44-45.

[2] 对于那些特别复杂的言论以及虽然重要但却不能立即判断核查难度的言论,项目主管会要求研究员在正式核查前提交"研究简报"(research brief)。具体而言,研究员首先做一些初期调研,在"研究简报"上列出待访的专家和可以找到的数据资料,写明调研思路,主管批准后方可进行正式核查。通过"研究简报"的方式判断言论的可核查性可节省时间,提升工作效率。并非所有核查都需经过"研究简报"环节,"研究简报"只适用于少数复杂言论或缺乏核查经验的实习生。

对话提供了更大可能。对于许多事实核查机构来说，与客观相比，透明的报道流程更有利于记者与公众对话，搭建彼此信任的桥梁。在国际事实核查网络（IFCN）设立的五条事实核查准则中，与透明有关的准则就有三条，分别为：信息来源透明、资金和组织透明以及方法透明。[1]事实核查机构也通常通过透明的核查流程与受众对话，建立联系，赢取信任。作为IFCN事实核查准则的签署方之一，RMIT ABC Fact Check尤其强调核查的透明。其核查报道所涉及的信息来源均会在网上公布，让受众掌握核查员论证过程中的每条线索和论据来源，并嵌入超链接，方便受众回溯和核验；坚持不采用匿名信源；在报道末尾注明负责核查的研究员；在机构网站上公开详细的核查方法、核查团队背景资料以及资金来源和所有权情况以确保核查结论的可信性。RMIT ABC Fact Check办公室主任苏西·达斯在访谈中谈到"透明度非常重要，因为它是信任的起点……获得信任的最好方法就是完全透明"。[2]可见，有利于媒体与公众对话的"透明"而非"客观"成为事实核查机构建立自身专业性和权威性、引导公众在核查判定上形成共识的重要途径。

实际上，事实核查机构对"透明"操作理念的强调与新实用主义真理观对推崇客观性的表征理论和"镜式"反映论的批判以及对"对话"的赞同不谋而合。罗蒂持与维特根斯坦（Wittgenstein）、海德格尔和杜威相似的立场，反对对外在世界进行准确描绘的表征理论和"镜式"反映论，与后现代主义思潮一样，拒斥基于再现逻辑的"客观真相"[3]。罗蒂指出"'准确表征'（accurate representation）的概念只是我们对信念的一种自动的和空洞的赞美，这些信念成功帮助我们做自己想做的事"。[4]在罗蒂看来，强调主观与客观相符的"客观真相"是一种享有特权的描述，在真理符合论外衣下，"客观真相"由于与世界"更相符"而被认为天然优于其他对世界的描述。罗蒂曾说："将所谓的后现代哲学家与戴维森（Davidson）、布兰顿（Brandom）和后来的维特根斯坦联系在一起的是对以下观点的拒斥，即认为某些话语、文化的某些部分与其他

---

[1] International Fact-Checking Network. Fact-checkers' Code of Principles. Retrieved from https：//www.poynter.org/ifcn-fact-checkers-code-of-principles/.

[2] RMIT ABC Fact Check办公室主任苏西·达斯（Sushi Das）访谈，访谈时间为2019年5月7日。

[3] 后现代主义对"真相"的态度比实用主义更激进，其不仅拒斥"客观真相"，甚至拒斥"真相"本身，相比于"真相"，后现代主义更强调"符号"和"阐释"。

[4] Rorty R. *Philosophy and the Mirror of Nature*. N.J.：Princeton University Press，1979，p.10.

话语相比与世界的联系更紧密或与世界更相符。"[1]

相比于"符合"和"客观",新实用主义更加重视"对话"在获得真知中的作用。罗蒂提出"对话是理解知识的终极语境。我们的焦点从人们与他们所探究的对象之间的关系转移到不同正当理由标准之间的关系"。[2] 可见,新实用主义强调真相的"主体间性"而非"客观性"。如果以新实用主义指导新闻实践,则要求媒体与公众对话,通过对话引导公众更好地理解报道并形成共识,这与新闻真实中强调人与人关系的"收受真实""协商真实""信任性真实"等理念相关。这些理念均说明一个共同的问题,即数字化时代新闻真实的实现不再仅仅依赖于真理符合论下媒体一方对事实的"客观再现",而是越来越需要传受双方的对话沟通。透明的报道流程为对话沟通提供了可能。

(五)提供"有用"的真相

RMIT ABC Fact Check 等事实核查机构致力于提供有用的"事实"或"真相"。首先,其核查内容通常与公共政策密切相关,核查的重要功能之一就在于让普通民众了解公共政策的变化,并根据核查结果作出理性决策(如投票)。其次,由于政治人物言论往往构成事实核查的主要内容,因此事实核查还发挥着民主监督的重要功能。以 RMIT ABC Fact Check 为例,据研究员埃伦·麦卡坎介绍,当核查员联系言论发出者让其提供证据来源时,他们同意的可能性很大,因为"他们不想被逮到犯错误"。[3]RMIT ABC Fact Check 项目主管拉塞尔·斯凯尔顿也谈到目前澳洲两个主要政党——偏左的工党和偏右的自由党和国家党联盟均会引用 RMIT ABC Fact Check 的核查报道以监督对方言论。[4] 这一方面提升了 RMIT ABC Fact Check 在公共事务讨论中的地位和作用,另一方面也是事实核查民主监督功能的重要体现。强调真相的功能、关注真相的"有用性"是古典实用主义与新实用主义的共识。罗蒂曾指出"实用主义者认为,如果

---

[1] Rorty R, Engel P, Savidan P. *What's the Use of Truth?*. New York: Columbia University Press, 2007, p.36.

[2] Rorty R. *Philosophy and the Mirror of Nature*. N.J.: Princeton University Press, 1979, pp.389-390.

[3] RMIT ABC Fact Check 研究员埃伦·麦卡坎(Ellen McCutchan)访谈,访谈时间为 2019 年 5 月 6 日。

[4] RMIT ABC Fact Check 项目主管拉塞尔·斯凯尔顿(Russell Skelton)第一次访谈,访谈时间为 2019 年 5 月 6 日。

某件事对实践没有影响，那么它也应该对哲学没有影响"。[1] 实用主义真理观下，真相或事实不是抽象的，而是需要在现实生活中发挥作用，具备社会有用性和实际价值，这正是事实核查的重要功能和价值所在。

（六）培育具有批判性思维的"反讽主义者"

美国记者、作家塔-内希西·科茨（Ta-Nehisi Coates）曾撰文表示"事实核查的诚实文化与实际的事实核查同样重要"。[2] 可见，除提供具体言论的核查结果外，事实核查的重要功能还在于提升公众的媒介素养，培养公众的批判性思维，抵制傲慢、懒惰与偏见，助力培育诚实、批判的社会文化氛围。以 RMIT ABC Fact Check 为例，其设计开发了事实核查数字证书项目（RMIT Creds- Fact Check）[3]，以在线学习和测试的形式培养 RMIT 学生的事实核查技能和批判性思维，学生完成各模块学习并通过测试后可获得项目的电子认证徽章。此外，2019年下半年，RMIT 还开设了专门的事实核查课程"事实核查

---

[1] Rorty R. Is Truth a Goal of Enquiry? Davidson vs. Wright. *The Philosophical Quarterly*，1995，45（180）.

[2] Coates T. In Praise of Fact-Checkers. Retrieved from https: //www.theatlantic.com/national/archive/2012/08/in-praise-of-fact-checkers/261368/.

[3] RMIT Creds 指的是 RMIT 数字证书（Digital Credentials）。这是一个在线课程学习系统，当前仅对 RMIT 在读学生开放，目的是使学生适应迅速变化的就业市场，学习和获取当下雇主所需的技能和经验。学生可选取自己感兴趣的科目完成在线学习和测试，获取相应的电子徽章（digital badge），并在专业求职网站和社交媒体平台上分享。RMIT Creds 覆盖领域广泛，截至 2019 年，共有 106 个项目，Fact Check 是其中之一。每个项目都有相应的行业合作伙伴（industry partner）为其背书，以增加证书的专业性和权威性。RMIT Creds -Fact Check 的行业合作伙伴是 ABC。项目设计者、RMIT ABC Fact Check 办公室主任苏西·达斯从教师端为本书作者现场演示了事实核查数字证书项目的操作流程。事实核查数字证书项目用时大约 90 分钟，采用在线学习和测试的形式，包含三大模块：第一模块为"事实与观点"（Facts and Opinions），学生在此模块中学习如何区分事实与观点，如何定位原始信源和可靠信源以及判断偏见。第二模块为"伪造与社交媒体"（Fakery and Social Media），通过学习此模块，学生可对假新闻、错误信息（misinformation）和虚假信息（disinformation）进行区分，学习甄别虚假图片、虚假视频和虚假社交媒体账号的技能。第三模块为"事实验证"（Fact Verification），此模块主要讲授核实言论（verifying claim）与揭露假新闻（debunking fake news）的区别，向学生介绍误导性信息的危害及虚假信息和错误信息产生的原因，并为学生列出主要的事实核查机构和可利用的核查资源。每个模块都包含概念介绍、案例讲解和在线测试等环节，学生完成各模块学习并通过测试后，可获得项目的电子认证徽章。

与查验"(Fact Checking and Verification)[1]。课程设计者戈登·法雷尔(Gordon Farrer)既是 RMIT 媒体与传播学院的讲师也是 RMIT ABC Fact Check 的首席调研员(Chief Investigator)。据法雷尔介绍,"事实核查与查验"课程将成为 RMIT 新闻专业本科一年级学生的必修课。在授课过程中,法雷尔计划邀请 RMIT ABC Fact Check 的工作人员来课堂授课,并推荐部分学生到 RMIT ABC Fact Check 实习,还会要求学生完成事实核查数字证书项目的在线学习和测试。[2]

事实核查的发展之所以有助于培养公众的批判性思维,主要在于其内在的包含了对权威的质疑。事实核查不赞成过去许多媒体搁置主观价值判断、机械平衡的策略,而是通过提供不同版本的"真相"叙事来提醒公众对权势人物的言论保持必要的、审慎的怀疑,认识到某些所谓的"真实性"话语实则具有"偶然性",与权力相关,不必然支持其论点。这在一定程度上挑战了部分公众对"权威=说真话或不太可能说假话"的刻板印象。

自省、谦逊和批判是罗蒂倡导的"反讽主义者"(ironist)的重要特征,也是事实核查教育和引导公众的重要方向。罗蒂将"反讽主义者"定义为"勇敢地面对自己最核心的信仰和欲望的偶然性的人"。[3]"最核心的信仰和欲望"在话语中就表现为一系列罗蒂所言的"最终词汇"(final vocabulary),包括"真相""真实"等表达。"最终词汇"很少被质疑是因为它们往往构成人们论证和交流的依托和工具,变得看似不可批判、不可怀疑。然而"反讽主义者"却抱有批判性思维,敢于质疑这些"最终词汇",意识到这些"最终词汇"的"偶然性",即它们不是绝对正确或错误,也不是天然或必要,既可以被使用也可

---

[1] 据课程设计者、RMIT 讲师戈登·法雷尔(Gordon Farrer)介绍,"事实核查与查验"课程将教授以下内容:什么是事实核查?事实核查如何与新闻业公正、客观和透明等概念相关联以及这些主题如何与民主中的政治话语相关?事实核查旨在对抗的错误信息生态系统(misinformation ecosystem)的性质是什么?社交媒体在传播错误信息方面起着什么作用?如何开展事实核查(教授的技能包括高级检索技能、反向图像搜索、核验社交媒体帐户和可疑新闻网站、按位置检索推特帖文等)?人们的意见是如何形成和加强的?事实核查在纠正人们对某些问题的误解方面效用如何?如何运用批判性思维区分良好论证与不良论证?如何批判性地思考在社交媒体上看到的信息?算法在不同技术中的作用以及它们如何形塑人们的思考方式和在线搜索方式?

[2] "事实核查与查验"课程设计者和讲师戈登·法雷尔(Gordon Farrer)访谈,访谈时间为 2019 年 5 月 25 日。

[3] Rorty R. *Contingency, Irony, and Solidarity*. NY:Cambridge University Press,1989,p. xv.

以被抛弃，人们是否使用某些"最终词汇"以及这些"最终词汇"的内涵如何与具体的社会历史语境和词汇对使用者的"有用性"有关。这既是新实用主义真理观语言学转向的突出体现，也启示着那些对"事实""真实""真相"等话语有着根深蒂固的信仰、认为这些概念不言自明的人要进行重新的思考。

六、事实核查的现实困境与未来展望

作为西方许多机构包括新闻媒体在内"捍卫真相"的重要方式之一，事实核查成为近年来新闻真实研究领域的重要课题。虽然近几年全球范围内新增了不少事实核查机构[1]，但总的来看，事实核查机构的发展仍面临至少以下三方面现实困境。

首先是资金困境。近年来，一系列事实核查网站由于资金问题陆续关停，如法国的 Véritomètre、澳大利亚的 PolitiFact Australia、埃及的 Morsi Meter 和欧洲的 FactCheckEU.org。[2] 可见，资金是制约事实核查网站能否持续运行的重要因素。虽然事实核查机构的资金来源多样[3]，但目前除 Storyful 外，大部分事实核查机构还未建立起比较成功的商业模式。据波因特研究所（Poynter Institute）调查，2016年，来自全球41个国家的事实核查机构参加了"第三届全球事实核查峰会"（Global Fact 3），在所有参会者中，近四分之三的机构的年度预算不超过10万美元。[4] 如何在寻找稳定资金来源和可持续商业模式的同时保持独立的核查判断是事实核查机构当下面临的重要挑战。

---

[1] 根据杜克记者实验室（Duke Reporters' Lab）2021年6月的统计数据，世界上超过一半的国家（至少102个国家）拥有事实核查机构，共341个活跃的事实核查项目，比2020年6月增加了51个。杜克记者实验室认为，全球事实核查机构在经历了多年的稳定（有时甚至是快速的）增长后，有迹象表明其增长趋势正在放缓。信息来源见：Duke Reporters' Lab. Fact-checking Census Shows Slower Growth. Retrieved from https：//reporterslab.org/fact-checking-census-shows-slower-growth/.

[2] Mantzarlis A. Why Do Fact-checking Sites Close? And How Can New Ones Avoid That Fate?. Retrieved from https：//www.poynter.org/fact-checking/2016/why-do-fact-checking-sites-close-and-how-can-new-ones-avoid-that-fate/.

[3] 事实核查机构的资金来源包括：从隶属的媒体、基金会获得资助；接受个人捐赠和众筹；为媒体和研究机构提供有偿的核查服务或培训等。

[4] Mantzarlis A. There's Been an Explosion of International Fact-Checkers，But They Face Big Challenges. Retrieved from https：//www.poynter.org/fact-checking/2016/theres-been-an-explosion-of-international-fact-checkers-but-they-face-big-challenges/.

其次是操作困境。虽然事实核查原则上要求"独立"和"公正",但研究结果显示其本身可能涉及党派偏见。不仅李希光和吴艳梅发现美国事实核查机构针对不同党派言论采用了宽严不同的核查标准[1],明尼苏达大学的研究者也发现事实核查机构在实际操作过程中存在党派差异:比如 PolitiFact 对共和党和民主党陈述的核查比率大致相同,但共和党的核查结果更糟,获得"虚假"(False)和"撒谎"(Pants on Fire)裁决的次数是民主党的三倍之多。[2] 此外,事实核查网站与社交网络平台和搜索引擎的合作[3]也面临诸多现实操作层面的挑战,如平台和搜索引擎是否应付给核查机构酬金以及多少酬金才合理,如何优化平台和搜索引擎的核查评级工具以及如何保证双方的实时反馈和良性沟通等。

最后是效果困境。事实核查面临两方面的效果困境,一是对其监督的公众人物,二是对阅读其报道的受众。首先,对监督的公众人物来说,虽然事实核查在一定程度上可对公众人物起到监督和警示作用[4],但《华盛顿邮报》Fact Checker 的"无底线匹诺曹"(The Bottomless Pinocchio)评级指标和 RMIT ABC Fact Check 的"僵尸言论"(zombie claim)[5] 分类均表明即使言论已被证实为假,一些政治人物仍有恃无恐,继续重复谎言。其次,对受众而言,事实核查并不一定能够为受众决策带来积极影响。例如,虞鑫和陈昌凤通过对《华盛顿邮报》Fact Checker 2016 年美国总统大选期间事实核查报道的方差分析发

---

[1] 李希光、吴艳梅:《"后真相"时代的事实核查新闻:发展与局限》,《全球传媒学刊》2018 年第 2 期。

[2] Graves L. *Deciding What's True*: *The Rise of Political Fact-checking in American Journalism*. New York: Columbia University Press, 2016, pp.218-219.

[3] 事实核查网站与社交网络平台和搜索引擎的合作很普遍,这是因为合作具有"双赢"的特点:一方面,单个事实核查网站吸引流量有限,可依托社交网络平台和搜索引擎拓宽受众接触面,扩大影响力;另一方面,平台和搜索引擎也可通过接入第三方事实核查机构打击虚假信息,提升用户体验和自身公信力。

[4] 如有研究者在 2012 年对近 1200 名美国州议员进行控制实验后发现,那些被告知他们很容易受到事实核查检查的议员与没有被告知的议员相比,更不可能收到 PolitiFact 的负面评级或被公开质疑发表言论的准确性,即事实核查所带来的选举和声誉威胁可以影响参选官员的行为,从而起到一定的监督和警示作用(参见 Nyhan B, Reifler J. The Effects of Fact-checking Threat: Results from a Field Experiment in the States. Retrieved from https://www.democracyfund.org/media/uploaded/nyhan-reifler-Effects_of_threat-naf.pdf.)。

[5] "僵尸言论"指的是那些已被证明为虚假但仍被不断重复的言论。RMIT ABC Fact Check 将其与一般错误言论区分开来,以加强对相关言论发出者的监督。

现，总体来看，参选人言论不实程度与民调支持率成反比，即参选人越说谎，民调支持率变化越正面。[1]

在此背景下，本章对 RMIT ABC Fact Check 的案例解剖或可为未来事实核查的发展提供一些思路借鉴：首先，创新事实核查的资金来源渠道，特别是可参考借鉴 RMIT ABC Fact Check 的"双公共机构"事实核查模式，该模式实现了公共服务媒体和公立大学的优势互补，为事实核查机构带来新资金来源的同时最大程度地保持了其核查判断所需的"独立性"。其次，为限制事实核查员在实际操作过程中可能出现的党派偏见，可如 RMIT ABC Fact Check 一样，就核查人员是否加入政党或政治团体进行严格把控。最后，在提升事实核查的实际效果方面，除了通过为社会提供具体言论的核查结果以努力促使公民在知情基础上更好地决策并对权力的滥用进行密切监督外，还要培养敢于质疑"最终词汇"、具有怀疑精神和批判性思维的"反讽主义者"，助力形成批判、谦逊的社会文化氛围。由 RMIT ABC Fact Check 开发、致力于培养 RMIT 学生事实核查技能和批判性思维的事实核查数字证书项目是这一方面的典型。

七、小结

本章运用理查德·罗蒂的新实用主义真理观，以澳大利亚 RMIT ABC Fact Check 为例，总结了新闻真实的第二种模式："实用主义公共服务模式"，即真相等同于提供"正当理由"，关注真相的有用性。

以"实用主义公共服务模式"把握新闻真实意味着：

首先，强调真相的主体间性而非客观性，批判真理符合论下客观真相的"特权"（所谓的"客观真相"因为与世界"更相符"而被认为天然优于其他对世界的描述），提出真相与语境和对象密切相关，真与假取决于是否可以提供"正当理由"。

其次，革新新闻实践理念，对"客观性"原则进行批判性反思的同时积极寻找获取真相的替代性方案，如更加注重"透明"和"对话"在形成真相共识方面的作用，即通过透明而非客观与受众开展对话，增进公众对机构的信任。

再次，认识到"真相"和"真实"等"最终词汇"的偶然性，这些"最终词汇"之所以被"自然化"源于它们对使用者的"有用性"并与社会历史语境

---

[1] 虞鑫、陈昌凤：《美国"事实核查新闻"的生产逻辑与效果困境》，《新闻大学》2016年第 4 期。

相关。"实用主义公共服务模式"致力于提升公众的媒介素养，培养敢于质疑"最终词汇"、具有怀疑精神和批判性思维的"反讽主义者"，助力形成批判、谦逊的社会文化氛围。

最后，发现新闻真实不仅涉及认识论，还涉及实践论。新闻报道提供的真相不是抽象概念，而是发挥着服务社会的实际功能和效用。在新的媒介生态下，突破认识论范畴的真相把握不仅是可能的也是必要的，这有助于更好地发挥媒体的作用。

第五章 解释学真理观下的新闻真实
——基于会员制新闻平台的案例研究

"真相的问题被看作是阐释的问题,是范式的应用,它反过来不是客观的(因为除了基于其他的范式,没有人证实或证伪他们),而是一个社会分享的问题。"[1]

——吉安尼·瓦蒂莫

面对实证主义对事实的强调,解释学(hermeneutics)的重要代表人物尼采曾有一句著名的反击:"不,这恰恰是不存在的事实,只是阐释(interpretations)。"[2] 解释学真理观认为不存在客观事实或终极真相,存在的只是各种各样的阐释。

意大利哲学家吉安尼·瓦蒂莫在吸收了尼采和海德格尔等人理论精华的基础上,于2011年出版了《真相的告别》(*A Farewell to Truth*)一书,对解释学真理观进行了详细论述和进一步发展。瓦蒂莫以其"弱思想"(意大利语为pensiero debole,英语通常译为"weak thought")著名,有关"弱"(weakness)的概念将在本章第三部分详述。瓦蒂莫的解释学真理观反对真相问题上形而上学的、先验的和本质主义的倾向,否认存在绝对的、终极的、超验的和客观的真相,拒斥真理观上的基础主义和独裁主义,反对任何形式的一般规律和给定的真相,强调真相的建构性。

瓦蒂莫认为解释学对新闻业的指导意义在于"消除任何提供真实真相借口的合法性,并把注意力集中在背景,集中在任何客观性言论之下那些未说明的东西(the unsaid)"。[3] 集中注意力于"背景"和"未说明的东西"即关注具体新闻事件背后隐含的"规则"和"范式",承认新闻呈现的非"客观"真

---

[1] Vattimo G. *A Farewell to Truth*. New York:Columbia University Press,2011,p.xxxiv.

[2] Nietzsche F. *The Portable Nietzsche*. New York:Viking Press,1968,p.458.

[3] Vattimo G. *A Farewell to Truth*. New York:Columbia University Press,2011,p.xxxvi.

相，是记者在特定"范式"下的阐释，这正是荷兰会员制独立新闻机构 De Correspondent "非突发新闻"（Unbreaking News）理念的内涵所在。"非突发新闻"被 De Correspondent 视作"批量生产每日新闻的解毒剂"（antidote to the daily news grind），致力于打破"客观的"新闻报道对世界的一元阐释。通过运用瓦蒂莫解释学真理观对以 De Correspondent 为代表的会员制新闻平台的分析，本章提出新闻真实的第三种模式："对话—阐释模式"，即真相非客观再现，而是开放原则下的建构和阐释。

一、真相的障碍：简化世界多元性的"抄闻"

为填满24小时的新闻周期，节约新闻生产成本，许多新闻机构出现了"抄闻"（churnalism）现象。"抄闻"指的是"新闻生产的再循环过程"，这一过程"越来越依赖通讯社稿件和公共关系补贴"。[1] 即记者主要从通讯社和推销经济和政治利益的公关活动那里获取报道材料，对这些材料进行简单加工后形成自己的报道。"抄闻"来自于对短语"churn out"的改编。英文中"churn out"与"grind out"等表达均指信息的快速大量生产和粗制滥造。"抄闻"一词的最早使用者是 BBC Scotland 的商业记者瓦西姆·扎基尔（Waseem Zakir）。扎基尔认为记者依托通讯社稿件大量炮制新闻，"处理一些东西，也许还会加上一些奇怪的本地引语"，变成了"炮制新闻的人（churnalists）"。[2]

"抄闻"很大程度上阻碍了新闻业对真相的追求，"抄闻"下，记者既不关心真相（他们关心的是如何快速高效地炮制新闻、完成任务），也没有时间追求真相。更为严重的是，"抄闻"通过信息的批量生产，往往只提供对事件单一的、肤浅的阐释，大大简化了世界的多元性以及人们对这一多元世界的认知。

此外，"抄闻"生态下产出的报道还很容易被政治和经济力量操纵。让"抄闻"概念变得广为熟知的《卫报》记者尼克·戴维斯（Nick Davies）曾委托卡迪夫大学（Cardiff University）新闻学院的研究人员做过这样一项调查研究：通过分析随机两周内英国五家知名媒体机构（*The Times*，*The Guardian*，*The Independent*，*Daily Telegraph*，*Daily Mail*）的所有国内新闻报道后发现，这些机构主要从通讯社和推销经济和政治利益的公关活动那里"例行地循环使用未

---

[1] Johnston J, Forde S. Churnalism: Revised and Revisited. *Digital Journalism*，2017，5(8).

[2] Harcup T. *Journalism: Principles and Practice*. London: Sage Publications，2004，p.4.

经核查的二手材料"。所有样本中，只有12%的报道使用的全部材料由记者本人产生。研究表明了一个残酷事实，即"新闻界中任何有意义的独立新闻活动都是例外而非常规"。戴维斯认为"抄闻"下大量的记者被"束缚在新闻工厂生产线的键盘上，快速大量生产琐事和陈词滥调来填满报纸版面"。[1]

除了上文提到的通讯社和公关，随着社交媒体、数据新闻制作和人工智能的发展，"抄闻"的实际情况变得更加复杂。约翰斯顿（Johnston）和福德（Forde）指出，当下，在融合的、多媒体的、数字化的媒介生态中，大的技术公司和社交媒体平台作为主要的新闻聚合者（news aggregators）利用先进的模型和算法对信息"再利用、再语境化和重新目的化"（recycles, recontextualises and repurposes），使参与"抄闻"的主体越来越多元（包括媒体、信息分发者、模型和公众等），炮制的速度越来越快。[2]

汤姆·范·豪特（Tom Van Hout）和萨拉·范·勒芬（Sarah Van Leuven）两位研究者发现，除将"抄闻"视为"对新闻业公共服务理想的威胁"外，还有一些研究将其看作"变化的媒介生态"的一部分，即"从传统新闻媒体向数字新闻媒体的转变"，认为技术的变革可以让媒体对现有信息进行更多的"过滤和策展"（filtration and curation）而非只进行传统的现场报道[3]。虽然不能以绝对悲观的视角看待"抄闻"，但也不能只将其视为技术变革下新闻业数据收集方式和分析方式的一种必然变化。"抄闻"仍警示了一种危险现象：为节约新闻生产成本，填补报道版面，记者大量使用未经核查的二手信源，批量生产粗制滥造的新闻。"抄闻"一方面加重了受众的信息超载，使记者对信源背后的商业利益和政治利益缺乏必要的警觉，另一方面也让长久束缚在新闻生产流水线上的记者迫于时间和任务量的压力，放弃认真核查、深入调研和创造性思考。

在讨论"抄闻"的可能性解决方案时，戴维斯称赞了美国非盈利调查性新闻组织"公共诚信中心"（The Center for Public Integrity）的努力，该中心从个

---

[1] Davies N. *Flat Earth News: An Award-winning Reporter Exposes Falsehood, Distortion and Propaganda in the Global Media*. London: Chatto & Windus, 2008, pp.52-56.

[2] Johnston J, Forde S. Churnalism: Revised and Revisited. *Digital Journalism*, 2017, 5（8）.

[3] Hout T V, Leuven S V. Investigating 'Churnalism' in Real-time News// Franklin B, Eldridge S A. *The Routledge Companion to Digital Journalism Studies*. London: Routledge, 2017, pp.117-125.

人和基金会筹集资金（避免公关组织的操控），从事深入的调查性报道。[1] 可见，以戴维斯的观点来看，那些放缓新闻生产节奏、关注被大多数媒体忽视的社会隐藏趋势、为受众提供有关世界的深入理解、并独立于政府和商业利益的媒体机构或可成为解决"抄闻"问题的良方。成立于2013年、提出"非突发新闻"理念的荷兰会员制独立新闻机构 De Correspondent 恰好符合以上要求，为"抄闻"现象提供了一剂"解毒剂"。

二、实地考察：荷兰会员制新闻平台 De Correspondent

近年来，会员制新闻（membership-based journalism）发展迅速，成为新闻行业一股不容忽视的重要潮流。根据主要聚焦会员制新闻研究和资助的 Membership Puzzle Project[2] 的数据库统计，截至2022年2月，全球共有173家会员制新闻机构。[3] 位于荷兰阿姆斯特丹的 De Correspondent 是会员制新闻机构中的典型，也是 Membership Puzzle Project 的主要资助方之一，创立于2013年9月30日，主要提供在线新闻报道。De Correspondent 在筹备之初就创造了众筹新闻业的世界纪录：平台在8天时间内筹集到了必要的启动资金，在正式上线前，已经从近1.9万名会员那里筹集到了170万美元。[4] 目前，De Correspondent 已经拥有六万多名会员，52名全职员工，其中包括21位记者[5]，是欧洲规模最大、发展最快的会员制新闻平台之一。De Correspondent 的英文国际版 The Correspondent 有来自130多个国家的五万多名注册会员。在截止日期前34小时，The Correspondent 就达到了250万美元的众筹目标，30天内，45888名会员在还

---

[1] Davies N. *Flat Earth News*: *An Award-winning Reporter Exposes Falsehood*, *Distortion and Propaganda in the Global Media*. London: Chatto & Windus, 2008, p. 394.

[2] Membership Puzzle Project 由纽约大学教授简·罗森（Jay Rosen）的 Studio 20 program 和 De Correspondent 联合创立。

[3] 数据库链接见 https://membershippuzzle.org/tools/database.

[4] Pfauth E. How We Turned a World Record in Journalism Crowd-funding into an Actual Publication. Retrieved from https://medium.com/de-correspondent/how-we-turned-a-world-record-in-journalism-crowd-funding-into-an-actual-publication-2a06e298afe1.

[5] Wallach E. An Interview with Rob Wijnberg, Co-founder of The Correspondent. Retrieved from https://thepolitic.org/an-interview-with-rob-wijnberg-co-founder-of-the-correspondent.

未看到一篇正式报道的情况下就为平台贡献了260万美元。[1]

(一) 杜绝 "抄闻" 现象，着眼世界的深层 "趋势"

De Correspondent 的理念为 "非突发新闻"，称其为 "批量生产每日新闻的解毒剂"。"非突发新闻" 关注那些被日常新闻忽略、没有说明和不能说明的重要事务。在 "非突发新闻" 理念的指导下，平台不追逐24小时的新闻周期，每天发布三到五篇文章，减轻记者发稿的时间压力，鼓励会员及时消化报道内容，充分参与互动。

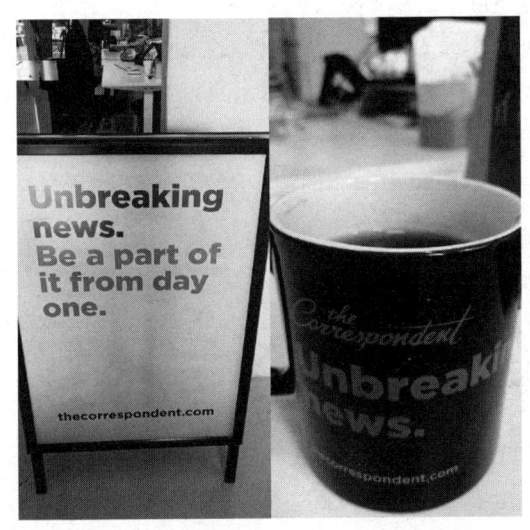

图 5.1 De Correspondent 办公室内印有 "非突发新闻" 字样的展板和水杯

De Correspondent 创始编辑罗伯·温伯格认为相比于 "假新闻"（fake news），"真新闻"（real news）才是 "更大的问题"，因为 "真新闻" 总是关于 "耸人听闻的、例外的、负面的和当下的事件"，"与假新闻因为根本不真实（untrue）而误导我们相反，真新闻以一种更加微妙和更根本的方式误导我们。它让我们对可能性、历史、进步、发展和相关性产生了严重的偏见"。[2] 温伯

---

[1] Pfauth E. The Correspondent Concludes Crowdfunding Campaign and Raises $2.6 Million Thanks to 45，888 Members from More Than 130 Countries. Retrieved from https：//medium.com/de-correspondent/the-correspondent-hits-its-crowdfunding-goal-of-2-5m-1fc6a1597fb1.

[2] Wijnberg R. The Problem with Real News — And What We Can Do About It. Retrieved from https：//medium.com/de-correspondent/the-problem-with-real-news-and-what-we-can-do-about-it-f29aca95c2ea.

格进一步指出新闻[1]是"我们所拥有的最愤世嫉俗、制造分裂、滋生不信任的信息源之一……它不断给我们提供例外，让我们对规则一无所知"。[2]在悉尼大学的演讲中，温伯格认为新闻界没有预料到2008年金融危机、2016年特朗普竞选总统胜出和英国脱欧公投等一系列黑天鹅事件的重要原因之一就是新闻的定义出了问题，即当下的主流新闻界太过关注那些琐碎的、例外的、耸人听闻的和已经发生的事件，而对平常的、深层次的、影响着千千万万普通公民的趋势视而不见。日常的新闻阅读没有让大家见多识广，而是对所处的世界更加一无所知。[3]比如根据皮尤研究中心2018年的调查数据，近七成（68%）的美国人对如今的新闻量感到疲惫，在如此巨量的新闻信息下，只有17%的美国人认为全国新闻机构在让公众了解当天最重要的国家新闻方面做得很好。[4]

鉴于此，De Correspondent 提出的"非突发新闻"理念具有重要意义，其关注事件背后的趋势、语境和原因，向公众揭示"气候"而非"天气"，有利于缓解铺天盖地的突发新闻和24小时不间断的新闻播报给人们带来的"新闻疲劳"（news fatigue）。温伯格在访谈中谈到对于传统的每日新闻来说，越是司空见惯的事情，越是有影响力的事情，新闻价值就越少。"如果你通过新闻看世界，你最终会明白这个世界是如何不运作的（how the world doesn't work）"，因此 De Correspondent 想成为"解决传统的每日新闻最坏缺点的一种解毒剂"，其最终目标是"向读者和会员提供一种更深层次的理解，即世界是如何在一个更根本、更结构性的层面上运作"。[5]如政治专线记者（Correspondent Politiek）马克•沙瓦纳（Marc Chavannes）的文章并非聚焦于具体的政治事件，而是以某些有代表意义的政治事件为切口，通过回溯历史，分析这些事件反映的政治领域的长期趋势或给社会带来的长期影响。沙瓦纳认为"正在发生的看起来很

---

[1] 这里的"新闻"主要指前述温伯格定义的"真新闻"。

[2] Wijnberg R. Everyone Is Saying Membership Is the Future of Journalism. Here's How You Can Put It into Practice. Retrieved from https：//medium.com/de-correspondent/putting-membership-into-practice-2e980c025fc9.

[3] Wijnberg R. Video & Podcast | Broken News – Rob Wijnberg. Retrieved from http：//sydneydemocracynetwork.org/podcast-broken-news-rob-wijnberg/.

[4] Pew Research Center. Almost Seven-in-ten Americans Have News Fatigue，More Among Republicans. Retrieved from https：//www.pewresearch.org/fact-tank/2018/06/05/almost-seven-in-ten-americans-have-news-fatigue-more-among-republicans/.

[5] De Correspondent 创始编辑罗伯•温伯格（Rob Wijnberg）访谈，访谈时间为2019年7月15日。

新鲜的事情往往并不那么新鲜，而是存在一个可识别的模式（pattern）。许多政治冲突都是多年酝酿的结果。"[1]

当然，"非突发新闻"并不是让人们彻底摆脱突发新闻，实际上，没有突发新闻，也就没有"非突发新闻"，两者具有不同目的且应该相互补充（但目前两者的比重处于失衡状态）。正如温伯格在访谈中谈到，"如果你没有看到事件（events），你也不会看到趋势（trends）"[2]。而"非突发新闻"的重要意义在于提醒人们不要将一件件每日新闻报道中的"例外"当作世界的"常态"或"规则"，而要注意到那些不符合传统新闻定义却对个人生活产生深远影响的故事和洞见。"非突发新闻"批判的不是个别新闻报道，而是每日新闻产生的结构性问题。在这个意义上，"非突发新闻"承认世界的多元性和复杂性，提供了与突发新闻不同的、对世界的另一种阐释。

（二）资金来源多样，运行透明开放的会员制商业模式

会员制新闻机构的资金来源多样，除广告外，还包括会员费、活动、图书出版、捐赠、基金会资助、咨询、商品售卖、众筹和教育培训等。多样的资金来源为会员制新闻机构的发展提供了较好的经济保障，有利于其专注于为会员提供优质的新闻报道。以 De Correspondent 为例，其为完全无广告的会员制独立新闻机构，除了以众筹的方式获取平台的启动资金外，平台的日常运营经费主要来源于会员。具体来讲，De Correspondent 主要从会员费[3]、图书出版[4]、

---

[1] De Correspondent 政治专线记者（Correspondent Politiek）马克·沙瓦纳（Marc Chavannes）访谈，访谈时间为 2019 年 7 月 15 日。

[2] De Correspondent 创始编辑罗伯·温伯格（Rob Wijnberg）访谈，访谈时间为 2019 年 7 月 15 日。

[3] De Correspondent 的会员费为 60 欧元每年或 6 欧元每月。对于英文国际版 The Correspondent，由于很难在世界范围内制定统一的付费标准，平台采取了"选择你付的钱"（Choose What You Pay）的模式，即由会员自己决定支付多少会员费。

[4] 据 De Correspondent 代理出版商（deputy publisher）Andreas Jonkers 介绍（访谈时间为 2019 年 7 月 17 日），图书出版是近年来 De Correspondent 仅次于会员费的重要收入来源。目前 De Correspondent 已出版了 11 本图书，销量大约为 20 万册。大部分图书由专线记者以自己的深度报道为基础、搜集资料撰写完成。记者可抽取图书销售收入的 12.5%，如果单本销量超过 2.5 万册，记者的分红比例还会进一步提升。读者可在线上书店或线下实体书店购买图书。纸版图书大约每本 20 欧元，电子书为每本 7 欧元，有声图书为每本 12.5 欧元。De Correspondent 出版的第一本书由"进步专线记者"（Progress Correspondent）Rutger Bregman 撰写，目前已被翻译成 32 种语言在世界各地发行。

演讲活动、读者捐赠和文章聚合（article syndication）等渠道获取资金。2017年，De Correspondent 450万美元收入的94%来源于读者，6%来自演讲活动和聚合。[1] 资金来源渠道上对会员的依赖要求 De Correspondent 不仅要为会员提供优质的报道，还要围绕会员共同的利益、兴趣和目标，关注那些与会员密切相关的议题，并为这些议题提供独特的报道视角和深入的调查分析。

图 5.2　De Correspondent 已出版的图书

虽然 De Correspondent 以盈利为目的，但却明确规定了"股息上限"（dividends cap），即股东[2]分红比例永远不超过公司收入的5%，以避免追求利润最大化对新闻机构造成的潜在危害。对于该商业模式，CEO 恩斯特·普福特（Ernst Pfauth）在接受本书访谈时谈到"通过盈利和设立股息上限，我们将两者的最优点结合起来。因为盈利意味着我们必须关注读者，并以最好的方式为他们服务……我们想要盈利带来的纪律。与此同时，我们看到了利润最大化的危险，这就是我们设置股息上限的原因"。[3]

为了赢取会员信任，获取会员支持，会员制新闻机构通常强调"透明"的重要性，具体而言包括财物制度透明、记者身份透明、报道进程透明等

---

[1] Pfauth E. Why The Correspondent Will Be Open About Its Financials. Retrieved from https://medium.com/de-correspondent/financial-transparency-956ab828d61f.

[2] 据 CEO Ernst Pfauth 介绍，De Correspondent 的股东包括：四位创始人，民主与媒体基金会（SDM/DMF）和平台最初的13位雇员。

[3] De Correspondent CEO 恩斯特·普福特（Ernst Pfauth）访谈，访谈时间为2019年7月16日。

（Membership Puzzle Project 也将透明度作为衡量会员制新闻机构发展水平的重要维度之一）。比如 De Correspondent 通过透明的财物制度建立会员对机构的信任，自成立以来每年都向会员发布机构财报，说明资金来源和花费情况，其英文国际版也沿用了该制度。2019年7月，The Correspondent 在正式发布报道前（2019年9月30日正式发布报道）向会员发送了平台财务状况新闻信，说明其计划如何使用从会员那里筹措的资金。[1]

与其他许多执行付费墙策略的媒体机构不同[2]，会员制新闻平台运行的不是封闭的订阅付费模式，也不搭建高墙限制新闻内容的分享，恰恰相反，会员制新闻平台鼓励分享，运行开放的会员分享模式，因为这会扩大新闻事业的影响范围。成为会员制新闻平台的会员的主要优势不在于对特定文章是否具有访问权限（这是付费墙的逻辑），而在于是否可以实时参与报道并贡献自己的知识和经验。比如 De Correspondent 的会员可以和任何人分享平台上的文章，且没有分享篇数的限制，被分享的人可免费阅读该篇文章，这很大程度上扩大了 De Correspondent 的影响。CEO 恩斯特·普福特在访谈中指出"这（会员分享）一直是我们增长的最大动力，读者促进了我们的新闻事业……我们相信人们不会因为访问权限成为会员。我们的研究表明，会员并不真正关心付费墙的访问权限。他们付钱给我们，是因为他们想成为这场运动的一部分，因为他们把它视为一种公益事业，一种重要的东西。"[3] 增长与参与编辑（growth and engagement editor）梅尔克·勃洛克（Mayke Blok）也认为"人们不会因为你阻止他们而成为会员。我们不相信付费墙，因为我们认为让我们的新闻接触到

---

[1] 在荷兰阿姆斯特丹的办公室，工作人员将会员对此封新闻信的反馈分成"良好反馈"（good feedback）、"建设性反馈"（constructive feedback）和"批评性反馈"（critical feedback）三类张贴于公告栏内，并标黄"建设性反馈"，标红"批评性反馈"以突出对会员反馈的重视。

[2] 面临商业模式困境，西方许多知名媒体采用了付费墙策略，让用户对新闻产品或服务付费，比如《纽约时报》《华盛顿邮报》《华尔街日报》《金融时报》。付费墙模式下，读者被看作是需要吸引和取悦的"用户"或"顾客"。通过支付一定的订阅费，读者可获取对特定新闻产品或服务的"访问权限"。彭增军提出，新闻付费墙的最大问题是"如何保持新闻的公共性"，即付费墙的存在限制了公众的信息获得，损害了公众的知情权，其"造成的信息歧视同新闻的公共性背道而驰"，使媒体不为公众服务，而为金钱服务。在彭增军看来，会员制是解决付费墙与公共性冲突的良方（参见彭增军：《墙里秋千墙外道：新闻付费墙与会员制》，《新闻记者》2019年第8期）。

[3] De Correspondent CEO 恩斯特·普福特（Ernst Pfauth）访谈，访谈时间为2019年7月16日。

尽可能多的人是很重要的……你必须要讲清楚你免费得到它（被分享的文章），但它不是免费制作出来的，所以在某些时候加入我们很重要。这（开放的会员分享模式）真的很管用，它使会员成了我们最大的大使"。[1] 可见，优质的报道以及会员的支持和分享（而非广告和营销）成为包括 De Correspondent 在内的许多会员制新闻平台扩大自身影响的有效途径。

（三）选题高度自由，提供充足报道时间和稳定经济保障

"抄闻"下，许多记者并不能随意选择自己真正感兴趣和关心的主题进行报道，相反，他们只能被动接受报道任务，由通讯社、网络消息和公关告诉他们应该关心什么，缺乏主动探寻真相的动机。24小时的新闻周期也没有给予记者追求真相的充裕时间，他们忙着根据二手信源炮制新闻，填充版面。此外，如果记者缺乏稳定的经济保障，那么许多新闻机构当下采用的"基础工资＋按发稿量/发稿字数计费"的工资模式还易导致"抄闻"现象的恶性循环。

鉴于上述问题，De Correspondent 给予记者高度的选题自由，减轻记者发稿的时间压力，并为记者提供稳定的经济保障。

首先，在 De Correspondent，主编和创始人不规定记者具体的报道领域，在招聘记者时，也不先设岗后招人。相反，记者可以自由选择他们真正关心并有丰富知识和经验的领域作为自己的报道条线，不受制于常规的新闻报道议程。De Correspondent 有着多样而详细的报道领域划分，许多报道领域并不常见于传统新闻机构，如"偏见""太空旅行""服装""隐藏的历史""新女权主义""移动城市生活"和"非人类"等。与其他新闻机构不同，主编不向记者分配选题任务，记者专注于自己的报道领域并在各自的领域内拥有高度的选题自由，主编作为团队的"连结点"，只适当提供选题建议，记者可接受也可拒绝主编的建议。偏见专线记者（Correspondent Vooroordelen）薇拉·马尔德（Vera Mulder）在访谈中谈到"没有人说你必须做这个或者必须做那个，所以你在选题方面有完全的自由。我认为这很重要，因为当你自己感兴趣的时候，你会有动力去做好工作，去做你的研究，去写出一个好故事"。[2] 政治专线记者马克·沙瓦纳也提到了选题的高度自由，在 De Correspondent 工作三年的沙瓦纳提出

---

[1] De Correspondent 增长与参与编辑（growth and engagement editor）梅尔克·勃洛克（Mayke Blok）访谈，访谈时间为 2019 年 7 月 18 日。

[2] De Correspondent 偏见专线记者（Correspondent Vooroordelen）薇拉·马尔德（Vera Mulder）访谈，访谈时间为 2019 年 7 月 18 日。

的选题想法从未被主编拒绝过，他说："（在 De Correspondent）没有一个主题是不被允许的，没有禁忌的主题。"[1] 因此，在 De Correspondent，记者更像自主自由的创作者，受兴趣和自己真正关心的事务驱使，而非如生产流水线上的工人一样需要不停地炮制新闻。此外，为了增强记者发表优质新闻报道和追求真相的使命感，De Correspondent 要求每位记者撰写"使命宣言"（mission statement），阐明自己的道德立场，说明选择该报道领域的原因，想要完成的具体工作和想要实现的目标等。记者的"使命宣言"对会员公开，会员可在记者的个人资料页面查看其"使命宣言"。

其次，与许多传统新闻机构相比，De Correspondent 的记者拥有更加弹性的工作时间，发稿的时间压力较小。[2] 据主编（editor in chief）罗桑·史密特（Rosan Smits）介绍，平台对记者的每篇深度报道没有严格的截止日期限制（因为有些报道的调研可能需要花费几个月甚至更长的时间），也不规定记者每月必须要完成的任务量。平台的"经验法则"是：通常在一年时间内，记者可发布10篇左右经过严谨调研、内容翔实的文章，在此过程中记者可自己掌握发文节奏，如在一篇长报道正式发表前在网站上发布报道的"更新"（updates）或向读者发送新闻信。罗桑·史密特说："当我们认为有好内容的时候才出版，而不是我们需要内容的时候出版。"[3] 因此，提倡"非突发新闻"的 De Correspondent 不追逐24小时的新闻周期也不刻意在网站上填充内容。但这并不意味着 De Correspondent 的记者完全没有截稿日期限制，记者需提前与执行编辑沟通出版计划和出版日期，并由执行编辑统筹。执行编辑（managing editor）马海克·戈斯林加（Maaike Goslinga）提到："我们真的没有普通新闻

---

[1] De Correspondent 政治专线记者（Correspondent Politiek）马克·沙瓦纳（Marc Chavannes）访谈，访谈时间为 2019 年 7 月 15 日。

[2] "非突发新闻"理念让 De Correspondent 有充裕的时间进行调研和报道。其工作流程如下：四到五个记者组成一个团队，主编也会参与其中，由记者提出选题想法，团队内部讨论并贡献关于选题想法和选题操作的建议。确定选题后，记者与执行编辑（managing editor）商议大致的出版计划，执行编辑协调其他部门为记者的报道提供必要协助。随后，记者完成报道，并将报道初稿拿到团队内再次进行讨论和优化。经团队认可的稿件会提交执行编辑进入编辑程序。执行编辑统筹负责插图、音视频制作的创意团队，数据团队，负责社交媒体和新闻信的参与团队（engagement team）一起完成对稿件的初步编辑，随后文字编辑校对稿件的文字部分。在计划出版日期前的一个星期和出版前的一天，团队会对报道再次进行讨论和调整，探讨如何更好地呈现报道和最大限度地调动会员参与。

[3] De Correspondent 主编（editor in chief）罗桑·史密特（Rosan Smits）访谈，访谈时间为 2019 年 7 月 18 日。

编辑部那样的压力，在普通新闻编辑部里你要紧跟热点新闻……我们确实也有时间压力，但我觉得（时间压力）太少了。"[1] 加之记者报道的是自己真正感兴趣和深度关切的领域，他们本身就有很强的动力来完成相关报道并及时更新报道信息。

最后，在 De Correspondent，记者享有稳定的经济保障。据主编罗桑·史密特和 CEO 恩斯特·普福特介绍，与荷兰的其他媒体机构相比，De Correspondent 的薪酬处于"有竞争力"的水平。De Correspondent 的记者每月领取固定工资，其工资不受发文数量或发文字数的影响，体现了平台对记者的支持和信任，同时也保证记者不会因经济原因或时间压力草草结束报道。稳定的经济保障和自由充裕的工作时间有利于记者深挖报道主题。英文国际版 The Correspondent 除拥有5位全职记者外，为吸纳更多来自全球的声音，还打算每月邀约至少5位自由撰稿人。即使是自由撰稿人，其工资也不是按报道篇数结算，而是在项目的工作周期内，每月领取工资。这样做的目的是为了缓解自由撰稿人的经济压力，鼓励自由撰稿人在撰稿过程中与读者进行充分互动而非只发表一篇最终报道。

高度的选题自主性和创作自由、开展深入调查研究的充裕时间和稳定的经济保障让 De Correspondent 免于"抄闻"的困扰。在 De Correspondent，记者以会员为中心，注重在报道全过程与会员互动交流，致力于与会员共建开放、多元、民主与共享的真相叙事。高度的会员参与不仅提升了会员对品牌的忠诚度，增进了会员对平台的信任，还有利于在粗制滥造、批量生产的"抄闻"生态下提供更优质的新闻报道。

三、解释学真理观下的会员制新闻平台

本部分将以 De Correspondent 为例，阐发吉安尼·瓦蒂莫的解释学真理观与会员制新闻平台的密切关联。

（一）真相非客观再现而是开放原则下的阐释

瓦蒂莫认为"真相的问题被看作是阐释的问题，是范式的应用，它反过来不是客观的（因为除了基于其他的范式，没有人证实或证伪他们），而是一个

---

[1] De Correspondent 执行编辑马海克·戈斯林加（Maaike Goslinga）访谈，访谈时间为2019年7月17日。

社会分享的问题。"[1] 解释学真理观下，真相的建构基于海德格尔所言的"开放"（opening）而非真理符合论中的"一致"（correspondence）。

瓦蒂莫区分了"认识论"和"解释学"的区别。他认为"认识论"是"根据为命题的验证制定规则的那些范式，建立一套严谨的知识体系和问题解决方案"，而"解释学"则是在"与不同范式视野（paradigmatic horizons）的遭遇中展开"。[2] 换言之，"认识论"执拗于一种封闭范式，而"解释学"则对各种范式持开放态度。因此，以解释学的观点来看，作为一种常见的"认识论"，承认存在"客观真相"的真理符合论实际上运用了一种封闭的范式认知真相，其不将真相看作建构，而是当作一种对应和符合。此外，解释学还认为推崇"客观事实"或"客观真相"的真理符合论具有负面意义，如瓦蒂莫指出"真相作为绝对客观的对应，作为终极的实例和根本的价值，与其说是福，不如说是祸。它为无视自己的观点和偏好、声称能够决定公民真正利益的哲学家、专家、技术人员和道德国家铺平了道路"。[3]

对真理符合论下"客观真相"的怀疑体现在 De Correspondent 创始编辑罗伯·温伯格对平台创始理念的思考之中。温伯格认为"客观新闻业是误导和危险的错觉"，报道中不仅不存在完全的客观，而且"不表明立场"的客观还可能让新闻业成为"权力的传声筒"，进而威胁民主。[4] 鉴于客观新闻业的局限，De Correspondent 在平台十条创始原则中用"透明的主观性"（transparent subjectivity）代替了"客观性"，不鼓励记者假装"中立"或"无偏见"，而是允许记者在报道中透明地呈现自己的观点，即"我们告诉你我们来自哪里"（we tell you where we're coming from）。De Correspondent 对这条原则的具体解释为："我们相信事实很重要。但我们也知道，事实需要阐释才能有意义。这就是为什么我们对世界观和道德信念持开放态度，正是这些世界观和道德信念影响了我们的故事讲述。如果事实告诉我们改变主意，我们就会改变主

---

[1] Vattimo G. *A Farewell to Truth*. New York: Columbia University Press, 2011, p. xxxiv.

[2] Silverman H. *Questioning Foundations: Truth/Subjectivity/Culture*. New York: Routledge, 1993, p.14.

[3] Vattimo G. *A Farewell to Truth*. New York: Columbia University Press, 2011, p.9.

[4] Wijnberg R. Why Objective Journalism Is a Misleading and Dangerous Illusion. Retrieved from https://thecorrespondent.com/6138/why-objective-journalism-is-a-misleading-and-dangerous-illusion/157316940-eb6c348e.

意。"[1] De Correspondent "透明的主观性"原则将新闻报道视为开放、透明的主观阐释,而非对现实的客观反映,鼓励记者诚实地面对自己的想法,承认不同的世界观、道德立场和政治立场形塑真相认知的可能,体现了对真相的开放态度。此外,透明原则也有利于建立读者对机构的信任。具体到新闻实践,在 De Correspondent,记者的主要工作不是"客观地"陈述"事实",而是对具体事实进行连接、对比和阐释。政治专线记者马克·沙瓦纳在访谈中说:"我认为新闻业在阐明发生了什么以及解释为什么会发生方面有着巨大的作用,并时而发表评论说这是不公平的,所以我们解释和评论。"[2]

解释学真理观认为事实需要阐释才有意义,不存在没有阐释的事实,这意味着任何事实都涉及人类的实践和建构,涉及语境和视角。维特根斯坦曾在著作《哲学研究》(*Philosophical Investigations*)中使用了一幅"鸭兔图"(duck-rabbit)来说明阐释的作用及视角在人们观察和认知世界中扮演的重要角色。对于同一幅"鸭兔图",从不同的角度看,有的人看到了鸭,有的人看到了兔,还有的人可能先后看到了两者。维特根斯坦因而提出了单词"看"(see)的两种用法,即"看到"(see that)和"看作"(see as)。维特根斯坦认为"我们现在也可以把这幅图看成是一种东西或者另一种东西——所以我们阐释它,以我们阐释的方式来看它(see it as we interpret it)。"[3] 日常生活中很少有人用"看作"来报告自己的感知,人们在表达时也习惯用"看到"代替"看作",但在解释学真理观看来,这种省略"as"的做法恰恰容易让人们忽视自己对世界认知的阐释性特征,忽视真相不是给定和符合,而是阐释和建构。

同理,以解释学的观点来看,"客观新闻业"的提法容易让人们忽视报道的阐释性。鉴于此,De Correspondent 放弃对"客观新闻业"的追捧,坦率承认新闻报道中的主观性因素。比如创始编辑温伯格在访谈中谈到,作为一个机构,De Correspondent 采用了与工作在其中的人即"记者"(Correspondent 的字面意思就是指记者、通讯员)同样的名字,意为通过不同记者的不同视角来看世界,因此机构名称本身暗含"主观性"。温伯格认为世界提供了人们可以

---

[1] Wijnberg R. Why We Want Our Journalists to Take a Stance at The Correspondent — And Ask Them to Keep a Public Notebook. Retrieved from https://medium.com/de-correspondent/why-we-want-our-journalists-to-take-a-stance-at-the-correspondent-2486606e54f8.

[2] De Correspondent 政治专线记者(Correspondent Politiek)马克·沙瓦纳(Marc Chavannes)访谈,访谈时间为 2019 年 7 月 15 日。

[3] Wittgenstein L. *Philosophical Investigations*. Anscombe G E M, trans. Oxford: Basil Blackwell, 1963, pp. 193-194.

进行多样阐释的"带宽"(bandwidth),"你能说的最糟糕的事情是,嘿,我们只是客观的信使,这就是现实,没有任何阐释"。[1]

(二)推崇真相的民主化

解释学真理观承认对世界的多元阐释,认为真相与人的阐释和社会分享密切相关,这很大程度上体现了对真相问题的民主化取向。具体到新闻业,即承认记者的报道不过是一种对世界的阐释,且这种阐释处在不断变化之中,它并不必然优于受众对世界的阐释。换言之,在解释学真理观看来,相较于提升对"客观世界"的反映能力,更重要的是媒体谦逊地承认自己认知的建构性,尊重公众并发挥公众在真相建构中的积极作用。

瓦蒂莫指出解释学真理观归根结底是要"认识到真相不是遇到的,而是建构在每个人的自由以及在自由社会中生活在一起却不混合的(blending)多元社区的共识和尊重之上"。[2] 瓦蒂莫更是提出了"弱"(weak)的概念,表明他对绝对的、强势的"真相"的怀疑以及对民主的、多元的"真相"的赞成。瓦蒂莫曾在访谈中谈到"我们正在进行一场削弱强大结构(weakening of the strong structures)的冒险"。[3] 这里的"强大结构"指的就是类似于"客观真相"的单一叙事或后现代主义所反对的"宏大叙事"(grand narrative)。都灵大学(University of Turin)哲学教授弗兰卡·D'阿戈斯蒂尼(Franca D'Agostini)认为瓦蒂莫"弱"的概念有两层含义:一个是"多元的"(pluralistic),一个是"不完整的"(incomplete)。"多元的"代表着"共时性(synchronicity),即"许多论点,许多'真相',许多解释是同时合法的";"不完整的"意味着"通时性"(diachronicity),即"没有文本,没有真相可以说是确定性的和结论性的(definitive and conclusive)"。[4] 黎巴嫩谷学院(Lebanon Valley College)哲学教授 T. 瓦尔根蒂(T. Valgenti)在为《真相的告别》一书作序时也写道"瓦蒂莫的立场不是说真相已经丢失,也不是说我们应该彻底摆脱它,而是说我们对真相2500年的爱已经走到了尽头。形势要求我们把真相解放出来,这样做也是解

---

[1] De Correspondent 创始编辑罗伯·温伯格(Rob Wijnberg)访谈,访谈时间为2019年7月15日。

[2] Vattimo G. *A Farewell to Truth*. New York:Columbia University Press,2011,p.xxxvi.

[3] Vattimo G. Gianni Vattimo on Post-Modernism. Retrieved from https://www.youtube.com/watch?v=eJ_-g8Ctobg.

[4] Vattimo G. *The Responsibility of the Philosopher*. D'Agostini F,ed. New York:Columbia University Press,2010,p. 3.

放我们自己"。[1] 可见，瓦蒂莫号召人们告别的是封闭的"客观真相"和真相问题上的专制主义，鼓励人们以一种民主的视角解放真相，包容对真相的多元阐释。

对真相的民主化取向体现在 De Correspondent 的日常新闻实践之中。如其要求记者从构思想法到形成报道的全过程记录"公共笔记"（public notebook），将报道视为一个过程而非最终产品，与读者时刻分享自己在报道中的困惑、使用的材料与信源以及报道的进展阶段，向读者说明自己为何会对报道做出特定的价值判断。

公共笔记形式多样，De Correspondent 偏见专线记者薇拉·马尔德的公共笔记是每两星期在网络上更新的名为《一个我不认识的人》（Someone I Don't Know）的系列文章。文章记载了马尔德在工作中、大街上和超市里遇到的形形色色的陌生人，通过记载这些相遇，马尔德呈现了自己在日常生活中的偏见及其改变过程。还有的记者会采取每周或每月向读者发送新闻信[2]的形式记录公共笔记，在新闻信中记者可能会提及自己最近正在进行或打算启动的项目，读到的一本具有启发意义的书，本领域中发生的重要事件或记者最近进行的一次有意义的谈话等。记者通过各种形式的公共笔记向读者谦逊地说明自己对"真相"认知的变化，其内容看似琐碎，却体现了记者思想变化的轨迹，这些轨迹在与读者的密切沟通中被保留下来。

作为与读者的互动过程，公共笔记至少发挥了三方面的作用：一是敦促记者对自身想法的变化保持开放态度，透明地呈现自己的观点，并将形成观点的过程对公众开放，这反映了 De Correspondent "透明的主观性"原则；二是邀请读者参与报道全过程，建立读者与记者之间的信任；三是方便记者及时吸纳读者与报道相关的知识和经验，提升报道质量。[3] 公共笔记的创新说明 De Correspondent 追求的真相是动态发展的，是记者与读者共建的结果。The Correspondent 执行编辑伊莱扎·安安吉（Eliza Anyangwe）也说："我们并不是居于所有人之上，有别人没有的知识和经验……我们把新闻工作看作是双行

---

[1] Vattimo G. *A Farewell to Truth*. New York: Columbia University Press, 2011, p.xxii.

[2] 不仅会员可以收到新闻信，同意将自己的邮箱地址加入 De Correspondent 邮件列表的人均可收到新闻信，新闻信也会发布在平台网站上。参与团队每日、每周均会发送新闻信说明当日或当周的重要报道，记者也会单独发送新闻信与读者进行联络和沟通。

[3] 比如政治专线记者马克·沙瓦纳在进行有关荷兰法官工作现状的长篇报道时就在每周发给读者的新闻信中提及了自己的报道，希望可以从读者那里获取法官的信息。通过新闻信的发送和转发，马克·沙瓦纳收到了许多有益反馈，并获得了一些采访法官的机会。

道，而非单行道。"[1]

可见，解释学真理观下，记者不是真相的"无冕之王"，没有记者可以声称自己掌握真相，其提供的也不是真相，而是一种阐释。如偏见专线记者薇拉·马尔德在访谈中说："我也有偏见，我不认为读者有偏见而我没有，我只是把它（偏见）视作另一种视角。"[2] 作为负责报道偏见的记者，薇拉·马尔德谦逊地承认自己报道中可能隐含的偏见，并将他人的偏见视为一种视角，而非以一种居高临下的态度指责他人的偏见是错误认知。薇拉·马尔德认为她的报道的最终目的不是指责与批评，而是寻找这些视角的来源，以便增加读者的知识，促进拥有不同视角的人更好地沟通和理解彼此。

民主地看待真相不仅体现在承认记者对世界的阐释不一定优于读者的阐释，还体现在承认主编、创始人或执行编辑的阐释不一定优于记者的阐释，即编辑部内运行的是一种扁平化而非科层制的管理结构。在 De Correspondent，实习生可以预定跟主编的会面，记者享有高度的选题自由，成员可以否定团队领导的想法。正如执行编辑马海克·戈斯林加在访谈中所言："我们的公司非常期望和重视个人的投入，我们考虑每个人的意见或工作方法。我们是一个巨大的创意大脑，我们互相交流，然后发表报道。名义上，是的，我们有某种结构。我们有必要的主编和执行主编，有团队领导，但一切都是合作过程的一部分。"[3] 此外，对 De Correspondent 来说，民主地对待真相还意味着在报道选题上紧紧围绕会员关心并对他们的实际生活产生重要影响的事情，而非追随政府、商业资助者或其他媒体机构的议程。

（三）强调真相的共享和多元

瓦蒂莫认为"真相就是说服，当我说说服的时候，我的意思不是'小子，从我这里拿走吧'，我的意思更像是'让我们都来帮一把'"，即"说服与一个集体有关并与集体一起"。[4] 可见，解释学真理观下，真相与集体相关，具有

---

[1] The Correspondent 执行编辑伊莱扎·安安吉（Eliza Anyangwe）访谈，访谈时间为 2019 年 7 月 17 日。

[2] De Correspondent 偏见专线记者薇拉·马尔德（Vera Mulder）访谈，访谈时间为 2019 年 7 月 18 日。

[3] De Correspondent 执行编辑马海克·戈斯林加（Maaike Goslinga）访谈，访谈时间为 2019 年 7 月 17 日。

[4] Vattimo G. *The Responsibility of the Philosopher*. D'Agostini F, ed. New York: Columbia University Press，2010，p. 69.

多元和共享的特点。换言之，解释学真理观认为不存在首要的、支配性的真相版本，反对客观的、给定的、绝对的或普遍的真相叙事。创始编辑罗伯·温伯格认为：“没有我们都能客观分享的客观理想……尽管作为一个组织，我们植根于'进步是可能的'理念，但我们也相信，关于进步应该是什么样的想法是多样的，这里的每个人都有自己的想法。"此外，温伯格还指出"真相是达到目标的手段"，没有一个统一的标准可以衡量目标的有效性和价值，人类目标的多样性决定了真相的多样性。[1]

建构多元、共享的真相需要发挥会员的作用。在会员制新闻平台，会员与平台的关系是合作性的社群关系而非交易性的买卖关系：一方面，会员不仅在经济上支持平台（如支付会员费、购买图书等），更在情感和知识上帮助平台，将新闻视为一种共同的事业，为报道贡献自己的时间、专长和知识；另一方面，平台也为会员的深度参与提供机会，鼓励会员与记者合作。可见，"参与"和"贡献"是会员制新闻的两大关键词，这实际上重塑了读者与媒体的关系。以 De Correspondent 为例，其十分重视会员的作用，会员模式基于三个核心原则：信任、包容和团结（trust，inclusivity，solidarity）。在 CEO 恩斯特·普福特阿姆斯特丹的办公室内有一个写有 The Correspondent 部分会员名字的"会员墙"。"会员墙"时刻提醒创始人牢记会员在平台中的首要地位。在 De Correspondent，会员被当作新闻的"参与者""合作者"和提供知识、经验、报道线索的"贡献者"，而非单纯的受众、消费者或支持平台的订阅者。

在不同的会员制新闻平台，会员的参与程度存在差别，参与程度最低的叫"薄会员制"（thin membership），会员相当于捐赠者，阅读和分享平台上的报道并为平台提供经济支持；参与程度最高的叫"厚会员制"（thick membership），会员除阅读分享报道和支付会员费外，还会出席平台组织的活动，提供建议和反馈，分享知识，与记者互动等。"厚会员制"下平台和会员的关系更加紧密。在"薄会员制"和"厚会员制"的两极之间，存在着会员卷入程度不同的参与模式。[2]

---

[1] De Correspondent 创始编辑罗伯·温伯格（Rob Wijnberg）访谈，访谈时间为2019年7月15日。

[2] Zirulnick A，Goligoski E，Rosen J. Defining Membership. Retrieved from https: //membershipguide.org/handbook.

图 5.3 写有英文国际版 The Correspondent 部分会员名字的"会员墙"

De Correspondent 是"厚会员制"的典型，平台以会员为中心，注重在报道全过程与会员的互动交流，除了前述"公共笔记"外，De Correspondent 还要求记者至少花30%－40%的工作时间与会员互动，包括利用社交媒体、新闻信和线下读书俱乐部等形式。记者可在开始某篇报道前，在平台网站发布寻求会员帮助的"号召"（荷兰语为 Oproep），征集会员对报道主题的意见、知识和经验，邀请会员提供报道线索。在 De Correspondent，为凸显会员的作用，会员的留言评论区被称为"贡献区"（contribution section），任何会员都可在"贡献区"分享自己的知识和想法，为记者接下来的调查研究提供方向、思路和指引。会员制新闻平台倡导的会员参与可增进会员对平台的忠诚，提升会员对平台的信任，让平台在粗制滥造、批量生产的"抄闻"生态下与会员一起共同策划和报道优质、独家、深度的新闻。

2018年，De Correspondent 设立了一个专门与会员互动的特殊职位：全职的"对话编辑"（conversation editor）。该职位并不常见于传统新闻机构。对话编辑的具体职责包括：（1）根据文章内容，邀请具有相关知识和经验的会员或非会员（为非会员创建临时账户）在贡献区发表有见地的评论。目的是引发良性的、有建设性的对话和讨论，帮助记者深化对报道主题的理解，丰富和提升记者的后续报道。（2）使读者评论更加多样化。如果记者撰写会员中未被充分代表的群体，对话编辑会接触这部分群体并赠送他们一个月的试用会员，邀请他们在平台上分享经历。如对话编辑曾邀请一群难民与 De Correspondent 的会员分享经历。（3）组织处理贡献区的异议。如向发表不当言论的会员发送邮件说明开展良性对话的原则，成为会员与记者之间、会员与会员之间的"调解人"（middleman），防止贡献区出现攻击性和侮辱性言论（但平台允许并欢迎负面却有建设性的反馈）。（4）技术和设计方面，与开发团队合作，基于与会员互动的经验，协助优化 Rolodex（英文为"名片盒"的意思）会员数据库和平台网站。

对话编辑格温·马特尔（Gwen Martel）认为该职位的设立有利于建立人们对媒体的信任，通过对话编辑的工作，读者知道他们可以为报道作出实质性贡献并感受到记者在认真倾听他们的想法。此外，也有利于改变记者的心态，即记者不是像过去一样发布完报道就"走开"，而是"不害怕与人对话，也不害怕与更了解你（记者）某部分调查研究的人对话"。[1]

在对话编辑的日常工作中，Rolodex 会员数据库作用重大。数据库的建立使会员的知识和专长以系统化的方式呈现，方便对话编辑调动会员参与，依托会员的力量扩大消息来源网络，帮助记者改进报道。Rolodex 的建立分为四步：首先，会员提供"专长头衔"（expertise title）。其次，平台核验专长头衔。对头衔的核验有利于对话编辑邀请相关会员在贡献区参与对话，也方便记者在报道中引用会员的"贡献"。会员可以选择接受或拒绝核验。据对话编辑格温·马特尔介绍，截至2019年7月，Rolodex 已核验了约2000名会员的专长头衔、工作职务和学历等信息。再次，将数据库内的会员按专长分类。最后，邀请具有相关专长的会员在报道发表前帮忙校对或参与相关主题的对话和讨论。

被核验了专长头衔的会员出现在 Rolodex 数据库的"分组"标签下，分组内包含了不同领域的"专家"，点开分组下的子标签可以查看相关会员的联系方式。出于保护会员隐私的考虑，Rolodex 数据库的日常访问权限仅限于对话编辑和开发团队。CEO 恩斯特·普福特指出"会员向我们表明，他们不仅想在经济上支持新闻业，还想贡献自己的知识和经验。作为记者，我们有责任帮助他们做到这一点……将记者的角色转变为对话的领导者，将各地的会员转变

---

[1] De Correspondent 对话编辑格温·马特尔（Gwen Martel）访谈，访谈时间为2019年7月16日。

为专业知识的积极贡献者"。[1]

综上，De Correspondent 十分重视会员的贡献与作用，并试图在真相追寻过程中创造一种"复调音乐"而非记者的"独奏乐"，即建构多元与共享的真相。然而，鼓励会员的多元阐释并不意味着对言论不设立边界或允许会员随意发表任何无底线的言论。不可否认，在真相多元阐释的花园里，有鲜花，也有杂草，难题不在于如何照看鲜花，而在于如何处理杂草。De Correspondent 未曾设立哪些言论可以容忍，哪些言论不可容忍的普遍标准，因为贡献区内言论的优劣均需基于语境进行评估。但温伯格认为存在评估受众阐释的两条基本原则：一是受众言论需与探讨主题相关，为探讨主题贡献知识、经验和专长，以深化大家对该主题的理解，因为平台的目标在于"知识交流"；二是平台不鼓励出现那些在现实面对面交流中不被接受的话语形式，如争吵、侮辱和谎言。[2]即使出现"杂草式"言论，De Correspondent 做的也不仅仅是删除或屏蔽言论，而是向言论发出者说明言论删除的原因和平台对建设性言论的期望，引导对话向建设性方向发展。如果劝说多次无果，账号才会被拉入"不允许贡献"的黑名单。

最后，De Correspondent 的新闻模式还与"公民社会"（civil society）概念密切相关。"公民社会"是指"围绕共同的利益、目的和价值观采取集体行动的空间，通常有别于政府和以盈利为目的的商业行动者"，公民社会可为"边缘群体和那些经常不被倾听的群体"提供表达渠道，对提高"社区在提供服务和政策决策方面的参与"至关重要。[3]悉尼大学政治学教授约翰·基恩认为"公民社会是多元的象征，是动态差异（dynamic difference）的朋友和守护者"，赞成公民社会意味着"到处都应致力于建设、维护和发展受法律保护的非政府秩序。这种秩序的多样化特性由诸如政党和独立新闻媒体等代表性机制调节，以共同确保统治集团和权力滥用受到监督"。[4]可见，类似于 De Correspondent

---

[1] Pfauth E. Reinventing the Rolodex: Why We're Asking Our 60,000 Members What They Know. Retrieved from https://medium.com/de-correspondent/reinventing-the-rolodex-why-were-asking-our-60-000-members-what-they-know-9be6a857c340.

[2] De Correspondent 创始编辑罗伯·温伯格（Rob Wijnberg）访谈，访谈时间为2019年7月15日。

[3] World Health Organization. Civil Society. Retrieved from https://www.who.int/social_determinants/themes/civilsociety/en/.

[4] Keane J. Civil Society, Definitions and Approaches//Anheier H K, Toepler S. *International Encyclopedia of Civil Society*. New York: Springer, 2010, pp.461-464.

的会员制独立新闻机构是公民社会的重要调节机制,资金来源上主要依赖会员费有利于它们原则上独立于政府和商业机构,会员制的理念也促使它们围绕会员共同的利益、兴趣和目标,共建共享那些被日常新闻周期忽视的、社会深层次的隐含"真相"。会员制独立新闻机构一方面可参与社会的权力监督,另一方面也可为世界的多元阐释提供表达渠道,是当下媒介版图的重要组成部分。

四、小结

本章以意大利哲学家吉安尼·瓦蒂莫的解释学真理观为理论工具,以提出"非突发新闻"理念的荷兰会员制独立新闻机构 De Correspondent 为研究案例,总结了新闻真实的第三种模式:"对话—阐释模式",即真相非客观再现,而是开放原则下的建构和阐释。

"对话—阐释模式"下的新闻真实有三个特征:

第一,批判真理符合论下绝对的、给定的"客观真相",对真相采取一种"弱"态度,将真相看作一种阐释和社会建构。真相的建构性特质表明真相本身并非价值无涉。

第二,改变追求真相的方式,反对"客观性"原则,批判"抄闻"在"客观性"原则下对复杂世界一元的、简单的、肤浅的甚至是粗制滥造的阐释,提倡开放和透明。如 De Correspondent 用"透明的主观性"原则代替了"客观性"原则,要求记者记录"公共笔记",向读者公开自己可能变化的观点和视角。

第三,重新定位新闻业与受众的关系,与受众对话并尊重受众对世界的阐释。"传播充裕"和媒介技术的发展促进了开放、多元、民主和共享的真相建构,如 De Correspondent 设置了全职的"对话编辑",鼓励和调动读者利用自己的知识和经验在平台"贡献区"为报道做贡献。

第六章 马克思主义真理观下的新闻真实
——兼评西方诸种真理观

"人的思维是否具有客观的真理性,这不是一个理论的问题,而是一个实践的问题。"[1]

"哲学家们只是用不同的方式解释世界,问题在于改变世界。"[2]

——卡尔·马克思

波普尔的证伪逻辑真理观、罗蒂的新实用主义真理观和瓦蒂莫的解释学真理观均为理解新闻业中的真相问题提供了有益启发。马克思主义真理观则为人们更深入地把握真相一词,尤其是正确理解社会主义新闻业中的真相概念做出了独特贡献。

诚然,马克思本人对真理问题的直接论述较少,但马克思有关真理问题的立场和看法可以从他的实践观、意识形态观和唯物史观等思想中分析总结得出。本书认为,马克思主义真理观具有丰富的内涵:实践是基础,批判是方法,人民是立场。实践方面,马克思主义真理观反对符合论真理观,将实践作为连接主客体的中介和桥梁,强调真理的功能性,认为真理具有给社会带来变革的重要潜力。批判方面,鉴于意识形态遮蔽现实、扭曲现实的特点,马克思对意识形态(特别是资产阶级意识形态)的批判就是一种对现实的"祛蔽"和对真理的"澄明"。人民方面,通过实践对主客观世界的改造,实现人的自我完善和共产主义,并通过对宗教、法、政治的批判,追求"此岸世界的真理"和人民的"现实幸福",在此过程中尊重人民群众的主体地位和首创精神,体现对人的关怀,这是马克思主义真理观鲜明的价值立场。

---

[1] 马克思、恩格斯:《马克思恩格斯选集》(第一卷),北京:人民出版社,2012年版,第134页。

[2] 马克思、恩格斯:《马克思恩格斯选集》(第一卷),北京:人民出版社,2012年版,第136页。

本章运用马克思主义真理观分析中国共产党中央委员会机关报《人民日报》的深度调查性辟谣栏目"求证"，检验马克思主义真理观对现实的解释力，提出新闻真实的第四种模式："社会和谐—实践模式"，即真相具有实践性、批判性和人民性。此外，本章还在马克思主义真理观视阈下对解释学真理观、实用主义真理观和符合论真理观进行述评，比较各理论的异同点，进行理论勾连。

一、马克思主义真理观

（一）突出的实践性

实践性在马克思主义真理观中的重要地位为学界所认可，如学者们称实践性是马克思主义真理观的"突出特点"[1]，"本质"与"核心"[2]，"基石"和"首要特征"[3]。在研究马克思对真理问题的看法时，《关于费尔巴哈的提纲》（以下简称《提纲》）是必引证的重要文献。在《提纲》第2条，马克思明确指出"人的思维是否具有客观的真理性，这不是一个理论的问题，而是一个实践的问题。人应该在实践中证明自己思维的真理性，即自己思维的现实性和力量，自己思维的此岸性。关于思维——离开实践的思维——的现实性或非现实性的争论，是一个纯粹经院哲学的问题"。[4] 可见，马克思主义真理观将真理问题从过去偏经验哲学的知识性真理观发展到了有明确现实关切和行动指向的实践性真理观。实践不仅是检验真理的标准，更是获取真理的方式，真理内生于实践之中。

很长一段时间以来，人们对马克思主义真理观的一个主要误解在于混淆了马克思主义真理观与符合论真理观之间的明确界限，即认为坚持马克思主义真理观就是坚持符合论真理观或坚持了符合论真理观即坚持了马克思主义真理观，实际上两者存在本质区别。马克思主义真理观既反对否认人的能动性的机械唯物主义或旧唯物主义符合论真理观，如费尔巴哈从客体的、直观的角度对真相的理解；也反对忽略物质实在、抽象的唯心主义符合论真理观，如黑格尔的"理性""精神"和"绝对观念"。在批判地继承和吸收费尔巴哈和黑格尔

---

[1] 郑光辉：《马克思主义真理观的再认识》，《马克思主义研究》2013年第11期。

[2] 高家方：《马克思对黑格尔理性真理观的实践颠倒》，《江汉论坛》2008年第12期。

[3] 童建安：《论马克思哲学真理观的三个特征——读〈关于费尔巴哈的提纲〉第2条》，《烟台大学学报（哲学社会科学版）》2017年第5期。

[4] 马克思、恩格斯：《马克思恩格斯选集》（第一卷），北京：人民出版社，2012年版，第134页。

有关思想的基础上,马克思发展了他辩证唯物主义和历史唯物主义的实践真理观。此外,马克思主义真理观还突破了符合论真理观将真理问题局限于认识论的窠臼,明晰了真理的实际功能和现实旨趣。

鉴于此,马克思主义真理观的实践性包含以下三方面:一是反对主观符合客观的机械唯物主义符合论真理观;二是反对客观符合主观的唯心主义符合论真理观;三是强调真理的现实性和功能性,即真理具有明确的行动指向和给社会带来变革的重要潜力。

1. 反对"客体思维方式"的机械唯物主义符合论真理观

马克思认为,机械唯物主义或旧唯物主义符合论真理观的缺陷在于其根本上忽视了人的能动性,从感性直观的方式把握真理。在马克思看来,真理的获得不是一个纯感觉或纯直观的过程,也非主体被动消极地或机械地反映客体以使自己的认知与客体实际相符合,相反,所有被认知的环境都打上了人的烙印,都是人对象性活动的产物。如马克思和恩格斯指出,费尔巴哈奉行的是一种以"单纯的直观"和"单纯的感觉"为特征的认知真理观,其认知主体不是"现实的历史的人",其错误在于没有意识到"他周围的感性世界决不是某种开天辟地以来就直接存在的、始终如一的东西,而是工业和社会状况的产物,是历史的产物,是世世代代活动的结果,其中每一代都立足于前一代所奠定的基础上,继续发展前一代的工业和交往,并随着需要的改变而改变他们的社会制度"。[1] 学者倪志安也认为以费尔巴哈为代表的旧唯物主义真理观运用了一种典型的"客体思维方式",从客体而非实践理解真理。[2] 虽然机械唯物主义在反对唯灵论上做出了贡献,但其主张的机械性与人的能动性对立,实际上陷入了一种消极、直观的反映论。

2. 反对过度推崇"自我意识"的唯心主义符合论真理观

马克思批判唯心主义符合论真理观对抽象精神活动的过度强调,即认为真理来源于"理念"或"自我意识",将真理等同于人的思维活动而非现实的实践活动。唯心主义符合论真理观的代表人物黑格尔在《小逻辑》中写道"理念就是真理;因为真理即是客观性与概念相符合"。[3] 马克思在《1844年经济学

---

[1] 马克思、恩格斯:《马克思恩格斯选集》(第一卷),北京:人民出版社,2012年版,第155页。

[2] 倪志安:《论从实践理解马克思主义真理的本质和属性观》,《北京联合大学学报(人文社会科学版)》2011年第4期。

[3] 黑格尔:《小逻辑》,贺麟译,北京:商务印刷馆,1980年版,第397页。

哲学手稿》中批判了黑格尔将人和人的本质等同于"自我意识",从自我意识出发并在自我意识范围内把握真理的思想,指出黑格尔将"物性"当作"外化的自我意识","物性因此对自我意识来说决不是什么独立的、实质的东西,而只是纯粹的创造物,是自我意识所设定的东西"。[1] 这种以自我意识为主导的唯心主义真理观忽略了物质实在,其形式的、抽象的特质容易使人们对真理的把握脱离现实,而把历史的发展和物质对象看作是思想和意识的自我确证,从而丧失改造现实世界的动力。马克思对鲍威尔等青年黑格尔派的批判恰好点明了唯心主义真理观的这一隐患。马克思指出,"真理对鲍威尔先生来说也像对黑格尔一样,是一台自己证明自己的自动机器。人应该追随真理。现实发展的结果,也像在黑格尔那里一样,不外是被证明了的即被意识到了的真理……因为'真理'和历史一样,是超凡脱俗的、脱离物质群众的主体,所以,它不是面向经验的人,而是面向'心灵的深处',为了'真正被认识',真理不去接触住在英国地下室深层或法国高高的屋顶阁楼里的人的粗糙的躯体,而是'完完全全'在人的唯心主义的肠道中'蠕动'"。[2] 虽然唯心主义真理观存在过度推崇"自我意识"的缺陷,但却凸显了真理认知中人的能动性,为马克思科学把握真理问题做出了贡献。

3. 强调真理"改变世界"的现实性和功能性

马克思主义真理观集变革性和行动导向于一身,真理在马克思看来绝不仅仅是一个认识论问题,还是一个实践论问题,具有鲜明的现实旨趣,即对真理的追求是为了实现共产主义。这是马克思主义真理观与其他真理观相区别的显著特征。除了前述《提纲》第2条对"在实践中证明自己思维的真理性"即思维的"现实性"和"此岸性"的强调外,《提纲》第11条还明确指出了利用真理改变世界(而非仅仅认识或解释世界)的必要性,即"哲学家们只是用不同的方式解释世界,问题在于改变世界"。[3]

马克思将实践视为解决社会问题的物质性力量和对象性活动,指出人类最基本的实践活动是物质生产实践。在《〈黑格尔法哲学批判〉导言》(以下简称

---

[1] 马克思、恩格斯:《马克思恩格斯全集》(第三卷),北京:人民出版社,2002年版,第323页。

[2] 马克思、恩格斯:《马克思恩格斯文集》(第一卷),北京:人民出版社,2009年版,第283-286页。

[3] 马克思、恩格斯:《马克思恩格斯选集》(第一卷),北京:人民出版社,2012年版,第136页。

《导言》）中，马克思提出"批判的武器当然不能代替武器的批判，物质力量只能用物质力量来摧毁"。[1] 可见，马克思主义真理观具有内在的积极主动性，在马克思主义真理观中，真理是动词态而非名词态，把握真理的真正目的绝不仅仅在于实现对某物或某事思辨性的正确认知，也不在于构建某种真理体系，而在于带来有益的社会变革，真理因此与社会发展密切相关，具有"改变世界"的功能与目的。当然，这一对真理功能性和目的性的强调与前述马克思对主客体关系的革命性认知密不可分。

综上，具有实践性的马克思主义真理观既反对忽视人的能动性，消极、被动、直观的反映论，也反对在"自我意识"范围内将真理活动完全等同于人的思维活动的唯心主义符合论真理观。真理在马克思看来既不是主观符合客观，也不是客观符合主观，而是一个客体主体化和主体客体化的双重对象化过程，是一个具体的、历史的实践问题。马克思主义真理观通过实践的连结和中介，弥合了主客体的二元对立，实现了主客体在实践中的统一。此外，由于实践本身的生成性特征，真理在马克思看来绝不是给定的或静态的，也非脱离人和具体社会历史语境的抽象哲学概念，而是植根于现实的人类实践活动，致力于"改变世界"而非仅仅"解释世界"。

（二）彻底的批判性

彻底的批判性是马克思主义理论体系的一大鲜明特点，其不仅批判一种思想，还批判产生这种思想的物质基础，从批判宗教神学开始到批判资本主义私有制，在不断批判的过程中，马克思逐步建立了唯物史观。

其中，马克思对意识形态的批判突出体现了内嵌于其真理观之中彻底的批判性。马克思主义真理观中，真理来自于对意识形态的批判与"祛蔽"。这是因为意识形态具有遮蔽现实、扭曲现实的特点，因此对意识形态的批判是一种对现实的"祛蔽"和对真理的"澄明"，即真理来自于对意识形态的批判与"祛蔽"。换言之，当遮蔽性的意识形态被解构后，现实才得以以本来面目表征，真理才得以出现。学者何中华在评判马克思《提纲》第2条时也认为真理是"人的存在本身的'祛蔽'"和"人的存在的本真性的揭明"，"当意识形态遮蔽被逻辑地和历史地超越之后，人的存在及其历史才能以本真性的方式显现，这便

---

[1] 马克思、恩格斯：《马克思恩格斯全选集》（第一卷），北京：人民出版社，2012年版，第9页。

是真理的发生"。[1]

意识形态概念在马克思主义理论体系中居于重要地位，恩格斯在评价马克思时说他发现了"人类历史的发展规律"，即理顺了被"繁芜丛杂的意识形态所掩盖着的"社会存在和社会意识之间的关系。[2] 然而，意识形态概念本身极具复杂性。英国著名马克思主义研究者特里·伊格尔顿（Terry Eagleton）曾在《意识形态：一个介绍》（*Ideology: An Introduction*）中列举了16种有关意识形态的定义，有些定义甚至彼此矛盾。伊格尔顿指出，在众多意识形态理论中，存在两种"主流传统"，这两种传统内含"不一致"和"争议点"。第一种传统主要关注"真实与虚假的认知"（true and false cognition），即将意识形态当作"幻觉、歪曲和神秘"，而另一种传统则更关注"思想在社会生活中的功能而非它们的现实或非现实"，这种传统更偏向社会学而非认识论。[3] 根据伊格尔顿的划分，第一种传统主要从否定的角度把握意识形态概念，第二种传统则对意识形态采取了较中立的态度。

虽然马克思主义理论家对以上两种"主流传统"都有涉及，但马克思本人主要在否定意义上使用意识形态概念，即将意识形态作为对现实和真理的遮蔽进行批判。从博士论文《德谟克利特的自然哲学和伊壁鸠鲁的自然哲学的差别》起，马克思就开始了对宗教神学的批判，认为其作为一种特殊的意识形态颠倒了世界，剥夺了人们认识真理的权利并将真理视作一种"神授"。随后马克思在《德意志意识形态》中集中论述了其意识形态观，又在《资本论》中进一步开展了对资产阶级意识形态的批判。学者们也大多认同马克思对意识形态采取了以批判为主的立场，如认为批判是马克思意识形态观"最显著的精神实质"[4]，"否定性内涵和批判逻辑是马克思意识形态概念的主要方面"[5] 等。

否定或批判意义上的意识形态通常具有以下特点：

首先，倒置了社会存在与社会意识的关系，因而对遮蔽性意识形态的批判

---

[1] 何中华：《人的存在的现象学之真理观——再读马克思〈关于费尔巴哈的提纲〉第2条》，《烟台大学学报（哲学社会科学版）》2017年第5期。

[2] 马克思、恩格斯：《马克思恩格斯选集》（第三卷），北京：人民出版社，2012年版，第1002页。

[3] Eagleton T. *Ideology: An Introduction*. London: Verso, 2007, pp.2-3.

[4] 王萌：《马克思意识形态理论的德国传统及其嬗变》，《人民论坛·学术前沿》2018年第24期。

[5] 唐爱军：《马克思主义意识形态的双重属性及其现实意义》，《上海师范大学学报（哲学社会科学版）》2019年第3期。

和对真理的澄明要从批判产生这种意识形态的现实基础开始。马克思曾做过如下比喻:"如果在全部意识形态中,人们和他们的关系就像在照像机中一样是倒立成像的,那么这种现象也是从人们生活的历史过程中产生的,正如物体在视网膜上的倒影是直接从人们生活的生理过程中产生的一样。"[1]

其次,意识形态服务于特定的阶级利益,并为社会生活中实际的权力不平等辩护,对意识形态的批判离不开对涉及其中的权力和利益的清楚认知。马克思说:"统治阶级的思想在每一时代都是占统治地位的思想。这就是说,一个阶级是社会上占统治地位的物质力量,同时也是社会上占统治地位的精神力量。"[2]总之,意识形态掩盖阶级利益和权力关系,与其他哲学家相比,马克思是这方面最直言不讳的批判者。

最后,意识形态通常采用宏大的、普世性的说辞,神秘和虚幻的对现实进行遮蔽,从而压制异议,抑制人们对"范式"的思考。马克思说:"占统治地位的将是越来越抽象的思想,即越来越具有普遍性形式的思想。因为每一个企图取代旧统治阶级的新阶级,为了达到自己的目的不得不把自己的利益说成是社会全体成员的共同利益,就是说,这在观念上的表达就是:赋予自己的思想以普遍性的形式,把它们描绘成唯一合乎理性的、有普遍意义的思想。"[3]悉尼大学政治学教授约翰·基恩认为,作为"一种特殊的思想构成",意识形态包括"主导和支配的思想,这些思想发挥着——虽然从来没有完全成功——使公民社会的权力关系隐形的作用,从而使它们免受公众质疑以及社会和政治行动的影响"。基恩指出,在马克思的批判中,"意识形态虚幻的无私利性(disinterestedness)和普世主义(universalism)通过与它们实际的社会基础对垒被揭露出来"。[4]

可见,对遮蔽性意识形态的批判要从批判产生这种意识形态的现实基础开始,对牵涉其中的权力和利益进行清楚认知,并警惕一些习以为常的

---

[1] 马克思、恩格斯:《马克思恩格斯选集》(第一卷),北京:人民出版社,2012年版,第152页。

[2] 马克思、恩格斯:《马克思恩格斯选集》(第一卷),北京:人民出版社,2012年版,第178页。

[3] 马克思、恩格斯:《马克思恩格斯选集》(第一卷),北京:人民出版社,2012年版,第180页。

[4] Keane J. *Democracy and Civil Society*: *On the Predicaments of European Socialism*, *the Prospects for Democracy*, *and the Problem of Controlling Social and Political Power*. London: Verso,1998,pp. 214-215.

普世性说辞。

　　需要说明的是，在否定意义上对意识形态进行批判并不意味着将意识形态等同于"虚假意识"，因为意识形态并不是完全的谎言或"扯淡"，其就像"海市蜃楼"一样，主要以一种颠倒或扭曲的形式再现社会现实，阻碍人们对真理的理解和把握。恩格斯曾在给弗兰茨·梅林的一封信中将意识形态与"虚假意识"挂钩，认为"意识形态是由所谓的思想家通过意识、但是通过虚假的意识完成的过程"。[1] 伊格尔顿质疑了这种将意识形态等同于"虚假意识"的看法，提出一般人都具有"适度理性"（moderate rationality），很难相信大部分人会在相当长的一段历史时期持完全"荒谬愚蠢"（nonsensical）的观念和信仰。此外，伊格尔顿还指出，为了真正发挥效用，意识形态必须"至少对人们的经验有一些最低限度的了解，必须在一定程度上符合人们在与社会现实的实际互动中了解的社会现实"。[2] 因此，从人所具有的"适度理性"和意识形态的功能发挥来看，不可将意识形态的遮蔽性等同于虚假性。

（三）鲜明的人民性

　　习近平在纪念马克思诞辰200周年大会的讲话中指出"人民性是马克思主义最鲜明的品格"。[3] 人是实践的主体，鉴于真理在马克思看来是一个"实践的问题"，马克思主义真理观必然关注人的目的和需求，包含对人的关怀。

　　马克思主义真理观的人民性与实践性和批判性密切相关，至少包含以下四方面内容：

　　一是在实践中改造主观世界，实现人的自我完善。学者于秀艳和王明文以马克思在《1857—1858年经济学手稿》中对代表人的价值生成过程的三个发展阶段的划分为依据，提出马克思主义真理观具有"人学向度"。"人学向度"首先表现为"人的价值生成"，即"人们追求真理不是为了追求与己无关的客体，而是为了反观自身，达到人的自我完善或自我生成"。两位学者认为"实践活动的价值创生活动恰恰标志着追求真理过程中人的自我生成过程"。[4]

---

　　[1] 马克思、恩格斯：《马克思恩格斯选集》（第四卷），北京：人民出版社，2012年版，第642页。

　　[2] Eagleton T. *Ideology: An Introduction*. London: Verso, 2007, pp.12-14.

　　[3] 人民网：《习近平在纪念马克思诞辰200周年大会上的讲话》，见http://cpc.people.com.cn/n1/2018/0505/c64094-29966415.html。

　　[4] 于秀艳、王明文：《马克思真理观的人学向度》，《人民论坛》2012年第29期。

二是通过实践改造客观世界，实现共产主义。《提纲》第2条和第11条已经明确了真理"不是一个理论的问题，而是一个实践的问题"，不是为了"解释世界"，而是为了"改变世界"。马克思重视真理的"现实性"和"此岸性"，强调真理的社会功能和实际效益，其追求真理的目的不在于构建某种抽象的真理体系，而是为了实现人类自由解放的共产主义。共产主义在马克思看来正是"用实际手段来追求实际目的的最实际的运动"。[1]

三是尊重人民群众的主体地位和首创精神，坚持真理掌握在实践的主体即人民群众的手中。唯物史观认为人民群众是实践的主体、历史的创造者。既然马克思主义真理观中真理在实践中生成，那么真理必然掌握在实践的主体——人民群众的手中，而非只是上帝的意志或少数天才和君主的意志。正如马克思所言："真理是普遍的，它不属于我一个人，而为大家所有；真理占有我，而不是我占有真理。"[2]

四是批判遮蔽性的意识形态，实现"人民的现实的幸福"。在《导言》中，马克思指出"废除作为人民的虚幻幸福的宗教，就是要求人民的现实幸福……真理的彼岸世界消逝以后，历史的任务就是确立此岸世界的真理。人的自我异化的神圣形象被揭穿以后，揭露具有非神圣形象的自我异化，就成了为历史服务的哲学的迫切任务。于是，对天国的批判变成对尘世的批判，对宗教的批判变成对法的批判，对神学的批判变成对政治的批判"。[3]可见，"此岸世界的真理"的实现建立在彻底的批判之上，除了对"宗教""神学"等"彼岸世界"的真理进行批判外，还要对"法"和"政治"等"此岸"意识形态进行批判，只有这样才能实现"人民的现实幸福"。学者徐双溪和张宇认为"人民的现实幸福"恰恰构成马克思主义真理观的"价值向度"。[4]

综上，人民性是马克思主义真理观鲜明的价值立场，人民性的价值观建立在实践性和批判性的真理观之上。实践是基础，批判是方法，人民是立场，三者构成了马克思主义真理观的丰富内涵。

---

[1] 马克思、恩格斯：《德意志意识形态：节选本》，北京：人民出版社，2003年版，第91页。

[2] 马克思、恩格斯：《马克思恩格斯全集》（第一卷），北京：人民出版社，1995年版，第110页。

[3] 马克思、恩格斯：《马克思恩格斯选集》（第一卷），北京：人民出版社，2012年版，第2页。

[4] 徐双溪、张宇：《人民的现实幸福：马克思真理观的价值向度》，《理论月刊》2015年第8期。

二、实地考察：《人民日报》"求证"栏目

"求证"是《人民日报》2011年1月27日起在要闻四版开设的不定期更新的深度调查性辟谣栏目。目前，编辑团队有七人，包括主编、副主编和五位编辑。栏目特色为"准确、全面、严谨"[1]。"求证"在开栏语中介绍了栏目的功能定位，即"澄清事实，还原真相，回应关切，阻击谣传，促进和谐，提升公信力"。"求证"以争议事件的问题疑点和受众关注重点为求证线索，多用"疑问＋回应"和"疑问＋调查"的形式呈现求证结果，通过记者的亲身体验、实地采访和资料查证等多种方式还原真相。栏目成立以来四获中国新闻奖[2]，并得到中央领导的关注和肯定[3]。"求证"栏目开展调查求证的主要优势包括：作为世界知名大报，《人民日报》拥有强大的采编力量，除总社记者外，还包括驻全国各地的记者和驻外记者以及众多子报子刊记者，方便直接联系所需核查事件的核心当事人，甚至面对面采访，掌握一手材料。如2016年由于部分国内媒体对瑞典学者乔奇姆·拉尔森的一篇文章的误读，产生了空气中存在耐药性基因会导致人体抗药的谣言。"求证"栏目（2016年11月27日要闻版第四版）约请人民网驻瑞典记者对拉尔森进行了面对面采访，发表辟谣报道，并在人民网发布采访视频。庞大的记者群也为深入挖掘真相提供了有利条件，如在核实"全世界只有20多个国家没有实行免费医疗"言论时，"求证"（2012年3月26日要闻版第四版）借助人民日报社多位驻外记者的力量（本篇报道署名记者有22位），调查了解了全球70多个国家的医疗制度。经调查发现，只有极少数国家实行全民免费医疗。此外，依托人民日报的品牌优势，有关部门和专家也更愿意通过"求证"栏目回应疑点信息和争议事件。

---

[1] 韩晓丽、孟辉、罗彦：《辟谣，也要看到谣言背后的情绪——〈人民日报〉"求证"栏目的辟谣经验与思考》，《中国记者》2012 年第 5 期。

[2] 四次奖项分别为："求证"栏目获第23届中国新闻奖文字专栏类一等奖；"探析PX之惑"系列报道获第 24 届中国新闻奖文字系列类一等奖；报道《神秘的阿斯顿·马丁供应链》获第 25 届中国新闻奖国际传播类二等奖；报道《铁道部回应网传记者调查核实"甬温线动车事故 29 人失踪"说法不准确》获第 22 届中国新闻奖报纸通讯类三等奖。

[3] 据栏目负责人韩晓丽介绍，第十八届中央政治局常委刘云山曾七次批示肯定"求证"，中共十九届中央委员刘奇葆曾两次肯定"求证"的报道，第十六、十七届中央政治局常委李长春不仅两次批示肯定，还先后布置近 20 个选题让栏目调查求证。参见：韩晓丽：《探索以证据为核心的调查性报道——谈〈人民日报〉"求证"栏目》，《新闻爱好者》2014 年第 2 期。

作为社会主义新闻业的组成部分，《人民日报》的"求证"栏目与西方主要进行政治人物言论核查的事实核查机构存在明显区别，这不仅体现在选题内容上，更体现在对真相的内涵、实现方式及功能发挥的理解上。本书第四章已运用理查德·罗蒂的新实用主义真理观分析了西方事实核查机构（以澳大利亚 RMIT ABC Fact Check 为例）对上述问题的看法，本章将运用马克思主义真理观对"求证"栏目的新闻实践进行哲学层面的辨析。

（一）尊重事实证据，表达观点判断

"求证"栏目强调"以证据为核心"，通过深入现场的调查研究，掌握一手材料，以确保事实的准确性，与只依赖书面材料和网络信息的"分析式辟谣"存在区别。在回击"郑东新区是空城"的谣言时（2011年1月27日要闻版第四版），记者实地走访，现场观察了郑东新区小区的夜晚亮灯情况、空调安装情况和路边停车情况等，为辟谣积累了翔实的经验证据。这种调查研究并非漫无目的，而是有着强烈的问题意识，栏目在选题策划阶段和采访实施过程中均会提出许多疑问，请记者调查取证。

此外，栏目并非单纯呈现事实，还会公开表达自己的观点和价值判断，这突出体现在栏目对所求证事件发表的"快评"之中。在报道中没有说透的将以评论的形式呈现，用以分析谣言产生的深层次社会原因。如在《"雾霾""细菌""耐药"……瑞典一项研究经报道后牵动公众神经 存在耐药性基因≠导致人体抗药（求证）》一文中，栏目发表了题目为《传播科学，需要科学传播》的"快评"。要闻四版编辑陈亚楠说："'求证'栏目通过充分发挥党报采编力量的主观能动性，追求客观真相。在报道中，我们保持客观公正，同时立场鲜明，这个立场如何体现？既在我们根据事实描述事实中，也通过文后配评论，表明我们对于事件的态度。"[1]

（二）促进问题解决，维护社会稳定

与西方事实核查机构主要进行政治人物言论的核查不同，"求证"栏目的选题类型多样并尤其关注割裂社会和制造恐慌的疑点信息，通过回应社会争议事件、重大突发事件和民生焦点问题，促进问题解决，维护社会稳定。

首先，通过辟谣求证敦促有关部门解决问题或为问题解决提供对策建议。如2012年6月，为回应网络热议的大闸蟹和黄鳝使用激素、抗生素的传闻，"求

---

[1]《人民日报》要闻四版编辑陈亚楠访谈，访谈时间为2019年7月12日。

证"开展了"关注水产品质量安全"的系列报道。虽然通过采访水产专家和水产养殖户,记者很快弄清了"黄鳝要用避孕药催肥"传闻的基本事实,但记者并没有止步于此,而是进一步探究为什么公众对水产品养殖缺乏信心,挖掘谣言背后的深层次原因。[1]记者调查发现,与出口水产品的严格监管相比,内销水产品的监管力度明显不够,且在养殖环节、流通运输环节和市场销售环节均存在不同程度的问题。栏目调查了与内地饮食结构相似的香港和台湾地区在水产品质量监管方面值得借鉴的做法,敦促有关部门加强水产品质量安全监管。再比如2013年芦山地震发生3个月后,栏目对承诺捐助的企业和个人的捐款落实情况和捐赠用途进行调查核实,发布报道《芦山地震捐款到位了吗?》(2013年7月24日要闻版第四版)。吕毅品是上述报道的记者之一,据吕毅品的采访手记,"求证"在调查核实过程中为灾区落实了2700万元捐款,泸州老窖(1200万)和建设银行(1500万)在记者采访过程中兑现了捐款承诺。[2]

其次,通过辟谣求证,调节社会矛盾,凝聚社会共识,维护社会稳定。"求证"栏目前编辑、供稿记者郝迎灿认为,相较于《人民日报》的其他版面,"求证"的选题范围更广泛,选题也"更大胆",敢于触碰"敏感"题材。[3]如近年来发生了多起民众抵抗PX项目事件,激化了社会矛盾,损害了政府公信力。鉴于此,"求证"栏目于2013年7月30日至8月2日推出了"探析PX之惑"系列报道,通过产业研究、数据分析、政府官员和专家访谈以及记者的实地采访,阐明群众对PX产业的认知误区,分析群众对PX项目的焦虑根源,并通过介绍他国经验,为PX产业发展中涉及的企业安全生产和政府监管等问题提供经验和对策。再比如2011年7月23日甬温线特大铁路交通事故后,有名为《以下部分失踪人员名单,请铁道部回答》的帖文在网上流传,帖文列出了29名事故失踪人员名单,引起了人们对铁道部此前公布的遇难人数的质疑,引发网络舆情危机,加剧了危机事件中公众对政府的不信任。栏目记者不仅就此采访了有关部门,还挨个拨打了网帖上所附的"失踪者"亲友的电话逐一核实,最后确认了其中13人的下落,证实了网帖中"甬温线动车事故29人失踪"的说法不准确(2012年8月9日要闻版第四版)。

---

[1]《人民日报》"求证"栏目组:《求证:用事实粉碎谣言》,北京:人民日报出版社,2013年版,第215-217页。

[2]《人民日报》"求证"栏目组:《求证:用事实粉碎谣言》,北京:人民日报出版社,2013年版,第102-104页。

[3] "求证"栏目前编辑、供稿记者郝迎灿访谈,访谈时间为2019年7月13日。

（三）反击境外谣言，捍卫国家利益

回击损害国家形象的境外谣言和外媒报道偏差、捍卫国家利益是"求证"栏目的重要选题内容。

比如2012年中日钓鱼岛争议敏感时期，日本富士新闻网10月30日发表文章称2013年中国公务员考试报名中海监船员报名者为零，报道还引述富坂聪的分析，认为海监船员的工作具有危险性，而目前中国独生子女居多，因此很多家长对此颇有抵触，言外之意即由于中国人害怕危险才无人报名海监船员岗位，报道对中国国家形象造成了损害。在有关部门不愿意直接回应的情况下，"求证"栏目（2012年11月2日要闻版第四版）采取"迂回战术"，对考试咨询人士、引航中心主任和高校学子进行访谈并结合数据制作了海监"执法船船员"职位要求及报考情况的详细说明图表，得出海监五职位"零合格"缘于门槛高的结论，回应了日本富士新闻网的不实言论。再比如2012年12月，英国《卫报》刊登文章称疟疾在非洲无法根除主要是因为中国向非洲输入的抗疟药是假药。"求证"栏目记者赴非洲实地采访后发现，中国输入非洲的抗疟药经过进出口国的多项检验把关，不是假药，非洲疟疾无法根除是由于贫穷、卫生、气候和缺乏总体防治战略等的影响（2013年1月8日要闻版第四版）。

（四）增进信息沟通，进行舆论引导

谣言本身包含社会情绪和偏见，反映社会心态，"求证"栏目求证的目的不仅在于澄清具体事件的谬误，还在于以辟谣为契机，增进信息沟通，进行舆论引导。

信息沟通方面，通过辟谣求证，发挥桥梁作用，让信息更加公开透明，保障民众的知情权。如"求证"2013年9月16日发表的《我国有哪些转基因作物》一文针对网上流传的"转基因食品名单"和"鉴别转基因作物方法"求证了农业部和专家学者，公布了中国的转基因作物名单，对于一直以来被神秘化和敏感化的转基因议题的理性探讨意义重大。《现代快报》更是在报道刊发次日发表社评称"人民日报将转基因食品名单'脱敏'，堪称国内首次"。[1]此外，为进一步发挥信息沟通的桥梁作用，"求证"下设子栏目"求证·回应"，邀请谣言涉及的相关部门以"求证"为平台，利用所掌握的信息回应民众关切。其推

---

[1] 伍里川：《公开转基因食品名单，天塌不下来》，《现代快报》2013年9月17日F2版。

出的"澄清政策误读"系列报道[1]针对民众对政策理解的误区答疑解惑,以跟进政策的落地执行,促进政策的顺利推进。

舆论引导方面,通过求证真相,表明党报立场,传递理性声音,做"社会舆论的稳定器"。[2]谣言和虚假信息通常会扰乱社会秩序,制造舆情危机,"求证"注重以辟谣求证为契机,进行舆论引导,实现了舆论监督与舆论引导的有机统一。栏目的很多选题本身就缘起于网络舆情热点,易受到网友的关注、评论和转发,加之《人民日报》自身的公信力和权威性,公众更易相信其辟谣报道,"求证"栏目也因此具有较强的舆论引导力,可通过澄清误解,求证真相,化解舆情风险,缓和、疏导由谣言和虚假信息激化的对立抵抗情绪,在多元复杂的网络舆论场中发挥党报的"中流砥柱"和"定海神针"作用。

近年来,"求证"栏目的发文数量减少,引发了人们对栏目建设和核查效率的疑问。本书作者2019年3月30日在人民日报图文数据库(1946—2019)进行检索,检索选项为"标题",检索关键词为"求证",检索的时间范围为2011年1月27日("求证"发布第一篇报道的时间)至2019年1月27日,在检索结果中剔除非相关文章后发现:截至2019年1月27日,栏目在八年间共发表求证类文章313篇[3],发文数量如图6.1所示。从图中可看出,栏目发文量在2013年出现峰值(80篇)后呈大幅递减状态。

关于报道量的下降,要闻四版副主编肖潘潘在接受访谈时提到了以下三点主要原因[4]:一是"求证"和其他媒体的辟谣实践及国家多个部门对谣言的齐抓共管让公众在一定程度上提升了谣言鉴别能力;二是相关法律法规的完善[5]进一步让公众明确了在网上发言的尺度和责任,危害社会的重大谣言减少;三是近年来在中央级媒体介入前,很多新增的辟谣平台和地方媒体就可及时辟谣,有关部门也提升了谣言回应速度,有效控制了谣言影响范围。以上三个因素都给"求证"栏目寻找有价值的选题带来了难度,符合栏目选题标准的选题

---

[1] "求证"于2017年12月开始发布政策类辟谣专题,"澄清政策误读"系列报道涉及了群众关心的多项议题,比如养老金政策、医疗保险政策和生育保险政策。

[2]《人民日报》"求证"栏目组:《求证:用事实粉碎谣言》,北京:人民日报出版社,2013年版,第479页。

[3] 包括"求证·探寻喧哗背后的真相"系列、"求证·后续"系列、"微求证"系列、"求证·回应"系列、年终盘点和特别策划等。

[4]《人民日报》要闻四版副主编肖潘潘访谈,访谈时间为2019年7月12日。

[5] 2013年9月,最高人民法院、最高人民检察院联合发布了《关于办理利用信息网络实施诽谤等刑事案件适用法律若干问题的解释》。

减少。鉴于此，据肖潘潘介绍，"求证"栏目在选题角度及选题标准上做了相应调整：2015年公安部专项打击整治谣言行动[1]前，栏目求证"一时一地的案件"较多，即事件类调查较多；2015年以后，栏目更加关注社会影响大、影响范围广或影响持续时间长的话题，如医保议题。

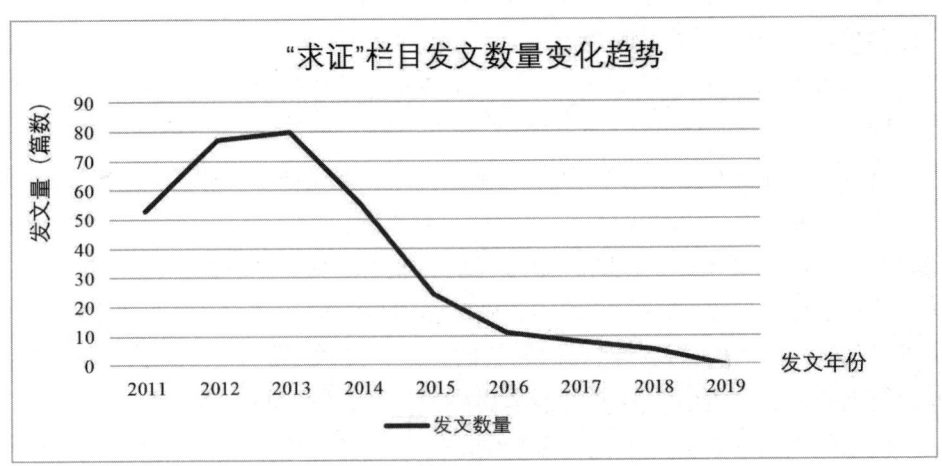

图6.1 "求证"栏目发文数量变化趋势（2011年1月27日—2019年1月27日）

三、马克思主义真理观对把握新闻真实的启示

（一）把握实践要义，既讲求证据又不回避价值判断

马克思主义真理观具有突出的实践性，要求从实践出发把握真相，既反对唯心主义符合论真理观也反对机械唯物主义符合论真理观。

首先，马克思对唯心主义符合论真理观的批判要求人们从实践而非"自我意识"出发探究真相，在唯物主义而非唯心主义的范畴中把握真相，对新闻实践来说，即要尊重事实、讲求证据，开展深入现场的调查研究，掌握一手的经

---

[1] 2015年，针对网上流传的有关股市波动、天津港火灾爆炸事故、抗战胜利70周年纪念活动的谣言，公安部部署开展了专项打击整治谣言行动，依法查处造谣传谣者并责成相关网站关停涉事账号。

验材料。马克思的报刊思想[1]正是在唯物主义而非唯心主义的脉络中展开。如在《评普鲁士最近的书报检查令》中，马克思强调"按照事物的本质特征去对待各种事物"，提出"对真理的探讨本身应当是真实的……难道探讨的方式不应当随着对象而改变吗？"[2]此外，深入现场的调查研究是占有感性材料的有效途径，恩格斯曾对英国工人阶级状况进行调查，毛泽东曾对湖南农民运动进行考察，在反对红军中的教条主义（当时叫"本本主义"）思想时，毛泽东提出"你对于某个问题没有调查，就停止你对于某个问题的发言权……注重调查！反对瞎说！"[3]

其次，马克思反对从客体出发、纯直观纯感觉地理解真相的机械唯物主义符合论真理观，强调主体的能动性，将人对真相的把握视为一种对象性活动，反对抽离主观因素和价值判断、绝对客观和抽象的真相。可见，虽然马克思的理论体系总体上属于唯物主义范畴，但却是对以往旧唯物主义革新了的"新唯物主义"。以马克思主义真理观指导新闻实践，要求不回避自身的思想、感情和价值判断，公开表达符合人民根本利益的立场、态度与观点。

相比于"捏造事实、全凭想象"的唯心主义符合论真理观，坚持报道符合客观实际就等于呈现真相的旧唯物主义符合论真理观对新闻业的迷惑性更大，特别是其中掩盖认知主体利益需求和价值判断的"客观性"说辞。一方面，客观性和真理性之间存在区别，不能划等号；另一方面，过度强调真理把握中的"客观"，否认其中的价值性还有虚伪之嫌，正如马克思所言，"'思想'一旦离开'利益'，就一定会使自己出丑"。[4]

除以往学界和业界对"客观性"原则的批判和质疑外，马克思主义真理观的主体性原则也表明获取真理性认知的有效方法和根本目的不在于剔出主观因素和价值考量，而是承认真理活动的主体性和价值性，这正是马克思对旧

---

[1] 马克思具有丰富的新闻工作实践经验，既做过编辑，也做过记者，论述过对新闻自由的看法，也论述过对"真正的报刊"（人民报刊）的期望。据统计，马克思、恩格斯自己创办或别人创办聘请他们当主编的报纸有12家，经常发表作品的报纸有60多家。以上数据来源于：童兵：《马克思主义新闻观理论溯源》，刊于李彬、宫京成主编的《马克思主义新闻观十五讲》，北京：清华大学出版社，2017年版，第32页。

[2] 马克思、恩格斯：《马克思恩格斯全集》(第一卷)，北京：人民出版社，1995年版，第112-113页。

[3] 毛泽东：《毛泽东选集》(第一卷)，北京：人民出版社，1991年版，第109页。

[4] 马克思、恩格斯：《马克思恩格斯文集》(第一卷)，北京：人民出版社，2009年版，第286页。

唯物主义符合论真理观的革新之处，也突出体现在马克思本人的报刊思想之中。如马克思曾说"报刊是带着理智，但同样也是带着情感来对待人民生活状况的。"[1] 在《〈莱比锡总汇报〉在普鲁士邦境内的查禁》一文中，马克思更是提出"刚刚具有政治觉悟的人民对某一事件的事实准确性不像对这一事件赖以产生影响的道德实质那样关心；不管人们认为这是事实还是杜撰，事件的道德实质始终是人民的思想、忧虑和希望的体现，是一种真实的童话。人民看到自己这种本质在它的报刊的本质中反映出来，如果它看不到这一点，它就会认为报刊是某种无关紧要的东西而不屑一顾，因为人民不让自己受骗"。[2] 可见，除了事实的准确可靠，体现"人民的思想、忧虑和希望"的"道德实质"意义重大，是否考虑并表达了人民的利益需求影响着人们对报道真伪的判定。刘少奇在《对华北记者团的讲话》中提出新闻事业如果"建筑在人民利益与真理上面，那才是可靠的"。[3] 具体到辟谣求证，即要在事实准确的基础上更进一步，挖掘谣言背后的社会心理和隐藏问题，探究人民的忧虑和希望，缓释偏激情绪，促进问题解决，维护人民利益。

鉴于此，以马克思主义真理观为指导的社会主义新闻业不应回避真相把握中的主体性和价值性，认清坚持"客观公正"不等于没有立场，尤其在重要报道上既要呈现事实也要表明态度，坚持党性原则。正如毛泽东在《对晋绥日报编辑人员的谈话》中提出"我们必须坚持真理，而真理必须旗帜鲜明。我们共产党人从来认为隐瞒自己的观点是可耻的。我们党所办的报纸，我们党所进行的一切宣传工作，都应当是生动的，鲜明的，尖锐的，毫不吞吞吐吐"。[4]

综上，马克思主义真理观下的新闻真实既提倡开展调查研究，讲证据、重事实，避免唯心主义的倾向；又强调公开表达符合人民根本利益的立场与观点，不回避自身的思想、感情和价值判断，避免旧唯物主义的陷阱，以上两方面统一于新闻实践。"求证"栏目对"以证据为核心"的强调以及对所求证事件发表包含观点和价值判断的"快评"的做法恰恰体现了上述马克思主义真理观的实践性内涵。

---

[1] 马克思、恩格斯：《马克思恩格斯全集》（第一卷），北京：人民出版社，1995年版，第378页。

[2] 马克思、恩格斯：《马克思恩格斯全集》（第一卷），北京：人民出版社，1995年版，第353页。

[3] 刘少奇：《刘少奇选集》，北京：人民出版社，1981年版，第400页。

[4] 毛泽东：《毛泽东选集》（第四卷），北京：人民出版社，1991年版，第1322页。

（二）回击报道偏差，批判和祛蔽资产阶级意识形态

马克思主义真理观说明怀疑和批判本身正是获取真理的重要方式，真理的祛蔽与真理的澄明密切相关。马克思通过开展批判把握真理，彻底的批判性内嵌于马克思主义真理观之中，并突出体现在对具有遮蔽性的资产阶级意识形态的批判。通过对资产阶级意识形态的无情批判，马克思将人们从虚幻的桎梏中解放出来，破除谬误，澄明真理。马克思本人的新闻作品也体现了强烈的批判意识。学者以赛亚·伯林（Isaiah Berlin）通过对马克思新闻作品的分析，指出马克思"向他的读者简要介绍事件或人物，强调隐藏的利益和可能由此产生的邪恶活动，而不是行动者自己提供的明确动机，或各种措施和政策的社会价值"，其新闻作品具有独特的批判性，"处于其时代的领先地位"。[1]

之所以要在新闻真实领域强调祛蔽资产阶级意识形态，是因为媒体可通过新闻的选择、过滤与筛选，为统治阶级的意识形态进行合法性论证，一方面反映精英阶层的意志，另一方面边缘化任何不符合主流范式的意见，制造有关真相的"共识"。媒体因此成为维护统治阶级利益的有力工具和实现葛兰西所言的"文化领导权"或"文化霸权"的重要手段。意识形态之所以具有遮蔽性，部分源于其通常采用宏大的、普世的和无私利性的说辞抑制人们的批判性思考，如部分西方媒体经常提及的"超阶级"和"超党派"的"客观公正"概念。赫尔曼和乔姆斯基在《制造共识：大众传媒的政治经济学》中曾提出西方媒体包含五层"新闻过滤器"的"宣传模型"。两位学者发现，通过该宣传模型，内含"系统性偏见"、号称"言论自由"和"客观公正"的西方媒体构建了比具有官方审查机制的专制国家更加隐蔽和自然的意识形态网络，从而掩盖了实际上财富和权力分配不均的状况，其提供的真相是经过过滤的真相。[2] 英国马克思主义学者戴维·麦克莱伦（David McLellan）在接受访谈时也表示"当他们（弗朗西斯·福山等）断言意识形态终结的同时，意识形态却在资本主义国家以新的形式不断呈现……资本主义社会具备自动滋生意识形态的能力，比如英国的报纸传媒行业被资本家垄断，它们反映的实际上是资本家利益，体现的

---

[1] Berlin I. *Karl Marx: His Life and Environment*. 2nd ed. London: Oxford University Press, 1960, p.199.

[2] 赫尔曼、乔姆斯基：《制造共识：大众传媒的政治经济学》，北京：北京大学出版社，2011年版，第1-31页。

是资本家意识形态"。[1]

社会主义新闻业长久以来被西方质疑为不关心真相的政治宣传，不如西方媒体"客观公正"。对社会主义新闻业来说，要真正掌握真相话语权，就不能一味借用西方的"客观公正"原则做自说自话的报道，而是需要对资产阶级意识形态进行质疑、批判与祛蔽，特别是对扭曲现实、歪曲现实的外媒报道和境外谣言进行回击。这些报道偏差和谣言很大程度上来源于资产阶级意识形态和根深蒂固的制度偏见。正如传播政治经济学学者赵月枝所言，"在一个强势的世界资本主义体系中建设社会主义，需要有对资本主义意识形态的批判，需要强化用社会主义价值来引领舆论"。[2]

需要特别注意的是，由于意识形态倒置了社会存在与社会意识的关系，因而对意识形态的"祛蔽"要从分析产生这种意识形态的社会存在开始，特别要注意分析隐藏其后的经济动因和利益诉求。"求证"栏目的《中国输非洲抗疟药不是假药》之所以能有力回击《卫报》的歪曲报道很大程度上是因为栏目触及到了产生这种报道的经济原因，即外媒之所以中伤中国抗疟药是因为中国药品质高价廉，挤占了原本属于西方制药企业在非的市场。如果不深入到经济利益层面，就很难向人们解释为什么像《卫报》这样世界知名的严肃媒体未能核实数据和抗疟药的入非流程，做真正"客观公正"的报道。

（三）坚持群众路线，发挥真相有益人民的社会效益

人民性是马克思主义真理观鲜明的价值立场，其考虑处于特定社会历史条件下人的目的和需求，体现对人的关怀。结合前述马克思主义真理观的人民性内涵，特别是通过实践改造主、客观世界以实现人的自我完善和共产主义以及在真理活动中尊重人民群众的主体地位和首创精神等内容，得出马克思主义真理观对新闻业的如下启示：

首先，在报道事实的基础上，对人民进行教育和引导，使人民在思想上不断成熟。前新华总社社长胡乔木曾在《解放日报》上发文称"报纸是人民的教科书"，要让人民可以通过读报，把"世界是怎么回事弄明白了，自己以前

---

[1] 薛睿：《关于马克思意识形态概念的理解——访英国马克思主义学者戴维·麦克莱伦教授》，《马克思主义理论学科研究》2019年第3期。

[2] 赵月枝：《新闻专业主义的迷思》，王芊霓采访，《文化纵横》2019年第3期。

有些什么想差了，现在该怎么办，旁人是怎么办的，也统统有了个数目了"。[1]可见，新闻业作为"人民的教科书"，承担重要的社会责任，不仅要提供具体的新闻事实，还要通过对事实的分析和判断，启示、教育和引导人们更好地认识世界，实现自我完善与发展。实际上，每次纠正谬误、求证真相的过程都是培养公众批判性思考习惯、提升公众媒介素养和认识世界能力的契机。如"求证"在辟谣求证过程中，注重由点及面地挖掘共性问题，通过对普遍性现象的总结，改变读者看问题的立场、观点和思维方式。2016年9月，针对网上流传的"无籽葡萄抹避孕药"视频，栏目不仅通过系列报道辟谣，还总结了类似的时间地点和来源不明的"无主视频"现象，如"给螃蟹注射橙色液体"和"果农自曝柑橘、西瓜等用甜蜜素"等。报道一方面向公众说明"无主视频"貌似直观却真假难辨的特点以及易引发不必要的误解、社会恐慌和扰乱市场秩序的危害；另一方面分析了"无主视频"的制作和剪辑手法，提醒公众提高警惕，并通过采访专家，提出"无主视频"现象的可能性应对措施。在辟谣基础上对相关现象进行规律总结有利于培养公众的批判性思考习惯，提升公众的媒介素养和认识世界的能力。

其次，探索和发展以解决问题为导向的"建设性新闻"（constructive journalism），通过对割裂社会和制造恐慌的疑点信息的回应，发挥真相有益于人民的社会效益。根据唐绪军的定义，建设性新闻是"媒体着眼于解决社会问题而进行的新闻报道，是传统媒体在公共传播时代重塑自身社会角色的一种新闻实践或新闻理念"，"积极"和"参与"是其两个重点。[2]史安斌和王沛楠认为，在建设性新闻报道理念下，记者和编辑从"看门狗"转变为社会的"解困者""推动者"和"倡导者"。[3]可见，相较于"客观中立"和"流血就能上头条"（If it bleeds, it leads）的西方传统新闻理念，建设性新闻更加提倡服务群众和解决问题。这很大程度上体现了马克思主义真理观实现"人民的现实的幸福"的价值立场和改造世界的实践性特点。

新闻建设性作用的发挥离不开媒体的舆论引导功能。马克思本人十分重视

---

[1] 胡乔木：《报纸是人民的教科书》，刊于刘建明主编的《马克思主义新闻观经典读本》，北京：清华大学出版社，2009年版，第144-147页。

[2] 唐绪军：《建设性新闻与新闻的建设性》，《新闻与传播研究》2019年增刊。

[3] 史安斌、王沛楠：《建设性新闻：历史溯源、理念演进与全球实践》，《新闻记者》2019年第9期。

报刊的舆论引导功能[1]，曾在《摩泽尔记者的辩护》中指出"自由报刊"是"社会舆论的产物，同样，它也制造社会舆论，唯有它才能使一种特殊利益成为普遍利益，唯有它才能使摩泽尔河沿岸地区的贫困状况成为祖国普遍关注和普遍同情的对象，唯有它才能使大家都感觉到这种贫困，从而减轻这种贫困。"[2]可见，媒体通过舆论引导，可将局部的"特殊利益"转化成更多人关心的"普遍利益"，促进问题解决。媒体的舆论导向也因此与人民群众的切身利益密切相关。江泽民1996年在视察人民日报社时曾指出"舆论导向正确，是党和人民之福；舆论导向错误，是党和人民之祸"。[3]

从本章的案例"求证"来看，其新闻实践恰恰体现了建设性新闻理念：辟谣求证不是为了激化或掩盖社会矛盾，而是为了正视和调节社会矛盾，通过对扰乱社会秩序、制造舆情危机的疑点信息的辟谣求证，实现建设性而非破坏性的报道效果。具体而言，栏目的建设性效果包括：加强信息沟通，促进问题解决；进行舆论引导，传递理性声音；化解舆情风险，维护社会稳定。《人民日报》要闻四版副主编肖潘潘认为，作为党报的从业人员，需要从建设性的角度思考新闻事件，将解决问题、弥合社会裂痕作为报道的重要出发点之一，而不是单纯地揭黑揭丑，指摘错误。[4]"求证"栏目编辑陈亚楠也说："媒体仅仅做到真相的及时传递是不够的，还应为它所在的社会做出积极的、建设性的贡献。作为党报的栏目，我们既追求以'证据'说明真相，也追求以'正义'引领社会，通过沟通社会促进理解，寻求社会的最大公约数。在'求证'的报道中，我们始终坚持正面宣传为主，也不回避批评、批判，但最终是为了团结稳定鼓劲，是为了把社会建设得更好、更加完善。"[5]

---

[1] 马克思认为报刊是"社会舆论的工具"和"国家中的第三种权力"（参见：马克思、恩格斯：《马克思恩格斯全集》（第十卷），北京：人民出版社，1998年版，第232页）。《新莱茵报》（由马克思、恩格斯创办）的成员之一亨利希·毕尔格尔斯撰写的《〈新莱茵报〉创办发起书》集中反映了马克思的舆论观。《创办发起书》强调"人民的精神"和"人民意志"，指出"报刊最适当的使命就是向公众介绍当前形势、研究变革的条件、讨论改良的方法、形成舆论、给共同的意志指出一个正确的方向"（参见：马克思、恩格斯：《马克思恩格斯全集》（第四十三卷），北京：人民出版社，1982年版，第487-490页）。

[2] 马克思、恩格斯：《马克思恩格斯全集》（第一卷），北京：人民出版社，1995年版，第378页。

[3] 江泽民：《舆论导向正确是党和人民之福》，刊于刘建明主编的《马克思主义新闻观经典读本》，北京：清华大学出版社，2009年版，第15-19页。

[4] 《人民日报》要闻四版副主编肖潘潘访谈，访谈时间为2019年7月12日。

[5] "求证"栏目编辑陈亚楠访谈，访谈时间为2019年7月12日。

最后，认识到真理掌握在实践的主体即人民群众手中，尊重人民群众的主体地位和首创精神，走群众路线，实现专业记者和非专业记者的结合。前中共中央宣传部部长陆定一在延安《解放日报》发表的《我们对于新闻学的基本观点》一文是中国马克思主义者对新闻真实的经典论述，除强调新闻报道要做到事实第一、尊重事实外，陆定一还指出报刊如果只限于"新闻五要素""记者亲自踏看"和"摄影报道"等会犯"形式主义的错误"，实现不了真正意义的新闻真实，而"只有为人民服务的报纸，与人民有密切联系的报纸，才能得到真实的新闻"。[1]"与人民有密切联系"主要指的是在办报过程中走群众路线，专业记者和非专业记者结合，培养记者的谦逊态度，认清自己并非真相的"无冕之王"。社会主义新闻业发展史上，类似的实践和倡导还包括党报的通讯员制度，毛泽东的"全党办报、群众办报"方针以及2011年起中宣部领导下的全国新闻界"走基层、转作风、改文风"学习实践活动。当下，在人人都有麦克风的社交媒体时代，媒体更需注重发挥群众的作用，由高高在上的信息发布和信息传递转变为与群众平等对话，吸纳群众的力量，让群众参与真相共建，只有这样，才有可能更及时、更迅速地发现谬误，澄明真相，有效降低虚假信息对社会产生的负面影响。

四、马克思主义真理观视阈下西方诸种真理观述评

从马克思主义真理观视角述评解释学真理观、实用主义真理观和符合论真理观，目的是在比较视野下进行开放的理论探索和理论创新。本书反对两种理论述评倾向：一种是对特定理论流派进行完全的批判与贬低，否认其价值所在；二是将本质上不可通约的理论进行机械综合，削弱理论的解释力，这与挖掘提炼理论之间的共性特征存在本质区别。更重要的是，不能将理论绝对化和抽象化，而应在具体的、历史的语境中根据不同的实践目的进行评估和使用。

（一）解释学真理观缺乏彻底的批判性和改造世界的动力

以马克思主义真理观的视角来看，解释学真理观至少存在以下三方面缺陷：

首先，解释学真理观坚持多元阐释的观点为调和那些不可调和的事物提供

---

[1] 陆定一：《我们对于新闻学的基本观点》，刊于刘建明主编的《马克思主义新闻观经典读本》，北京：清华大学出版社，2009年版，第165-173页。

了理论依据，容易陷入对现存世界的辩护立场，从而缺乏改造世界的动力。如马克思曾对青年黑格尔派的解释学真理观进行批判，他说："青年黑格尔派完全合乎逻辑地向人们提出一种道德要求，要用人的、批判的或利己的意识来代替他们现在的意识，从而消除束缚他们的限制。这种改变意识的要求，就是要求用另一种方式来解释存在的东西，也就是说，借助于另外的解释来承认它。青年黑格尔派的意识形态家们尽管满口讲的都是'震撼世界的'词句，却是最大的保守派。"[1]

其次，解释学真理观虽具有一定程度的批判性，但却缺乏彻底的批判性。解释学真理观曾对符合论真理观开展过无情批判，以解释学代表人物之一的吉安尼·瓦蒂莫为例，他主张和"客观真理"说再见，鼓励人们探索"客观真理"外的多元阐释，这体现了其在真理问题上反权威、反专制的民主化取向。但在马克思主义真理观视阈下，这种批判并不彻底。以宗教问题为例，瓦蒂莫认为"只有一个相对性的上帝才能拯救我们"（only a relativistic god can save us）。[2]虽然瓦蒂莫反对天主教会对基督教的一元阐释，鼓励多元阐释，具有进步意义，但是"相对性的上帝"的提法本身却是以承认上帝的存在为前提，以马克思的观点来看，这种批判没有深入到社会存在层面，并不彻底。

最后，在真理评判标准上，解释学真理观具有唯心主义特质。既然解释学真理观认为不存在客观的事实或终极的真相，一切不过是各种各样的阐释，那么其无法回避的一个关键问题就是究竟以什么标准来衡量思维的真理性呢？是以其他认识吗？另外，在实际生活中，多元阐释的确存在，但人们毕竟不能随心所欲地对社会现实进行任意阐释，即阐释也有一定的界限，很大程度上受制于社会实践。

总之，与解释学真理观不同，马克思主义真理观以改造世界而非解释世界为目标和使命，具有彻底的批判性。

（二）实用主义真理观脱离唯物主义且具有利己主义倾向

不可否认，马克思主义真理观与实用主义真理观具有一定程度的相似性，如两者均反对绝对客观和抽象的真理，要求在动态的实践中和人与人的关系中把握真理；两者均关注真理的目的性、功能性和实用性，即把握真理性认知不

---

[1] 马克思、恩格斯：《马克思恩格斯选集》（第一卷），北京：人民出版社，2012年版，第145页。

[2] Vattimo G. *A Farewell to Truth*. New York: Columbia University Press, 2011, p. 47.

是终极目的,更重要的是要对实践产生实际影响;此外,两者均强调真理把握过程中人和具体语境的重要性,脱离了人和具体的语境,真理就不能很好地发挥对实践的指导作用。从这个层面来讲,马克思主义真理观与实用主义真理观突破了将真理问题局限于认识论的窠臼,开拓了真理研究的思路。

然而马克思主义真理观又与实用主义真理观存在区别,学界认为两者的区别主要体现在以下两方面:

第一个最主要的区别在于唯物主义和唯心主义的分歧,即马克思主义真理观属于唯物主义范畴,实用主义真理观属于唯心主义范畴。实用主义真理观集大成者、美国实用主义哲学家威廉·詹姆士在总结费迪南德·坎宁·斯科特·席勒(F. C. S. Schiller)和杜威等人的实用主义思想时指出,对实用主义者来讲,"观念(它们本身只是我们经验的一部分)只要能帮助我们与我们经验的其他部分建立起令人满意的联系,就会成为真理"。詹姆士进一步指出,"就像健康、财富和力量被制造出来一样,真理是在经验的过程中被制造出来的"。[1] 即实用主义真理观认为观念的真理性来源于经验之间对人有用、令人满意的联系,是被"制造"出来的,这被认为是实用主义真理观唯心主义的表现。戴亦梁在将詹姆士实用主义真理观与马克思主义真理观做对比时也提出两者虽然在方法论上存在相似之处,但在本体论和真理评判标准上存在根本分歧,这些分歧归根结底是唯物主义和唯心主义的分歧。具体而言,实用主义真理观在本体论上含糊其辞而马克思主义真理观明确坚持唯物主义。在真理评判标准上,威廉·詹姆士对真理的评判完全根植于真理的有用性,夸大个人的主观性,相反,马克思主义真理观则将具有客观物质性的社会实践作为检验思维真理性的标准。[2]

另一区别反映在两者的价值立场上。有的学者认为,实用主义真理观具有个人主义和利己主义的缺陷,着眼的是个人利益,马克思主义真理观虽然也强调真相的功能性和目的性,着眼的却是整个社会的发展和进步。[3] 换言之,马克思主义真理观下真相的有用性不是资产阶级的"利己"而是无产阶级的"利

---

[1] James W. *Pragmatism*: *A New Name for Some Old Ways of Thinking*. Auckland: The Floating Press,1907,p. 44; p. 150.

[2] 戴亦梁:《马克思实践唯物主义真理观与詹姆士实用主义真理观之比较研究》,《南京社会科学》1998 年第 2 期。

[3] 韩芳:《简评实用主义真理观》,《山东社会科学》1997年第2期;冯晓青:《实用主义真理论评析》,《云南社会科学》2001 年第 2 期。

人"，这里的"人"指的是人民群众，即追求真理是为了实现共产主义和人民群众的现实幸福。

此外，苏格兰爱丁堡大学哲学教授米凯拉·马西斯米认为詹姆士等学者的实用主义真理观具有潜在风险，其"太难以抵抗时代潮流和社会力量压力的影响"。[1] 即如果完全以有用性或实用性来作判定真理的标准，真理就很容易受到权力因素的影响，因为强大的权力可以在"实用"或"可行"的名义下对任何符合其利益的观点或事物进行强行辩护。

（三）符合论真理观忽视实践并割裂主客体辩证关系

本章前半部分已经详述了马克思对割裂主客体辩证关系的机械唯物主义符合论真理观和唯心主义符合论真理观的批判。虽然符合论真理观提供了一种认知复杂世界的方法，并为马克思形成以实践为基础的真理观做出了贡献，但却存在明显局限（本书第二章已对符合论真理观的局限做了详细论述）。马克思既反对忽视人的能动性，消极、被动、直观的反映论，也反对在"自我意识"范围内将真理活动完全等同于人的思维活动。真理在马克思看来既不是主观符合客观，也不是客观符合主观，而是一个客体主体化和主体客体化的双重对象化过程，是一个具体的、历史的实践问题。

五、小结

本章创造性地阐明了马克思主义真理观的内涵，并在马克思主义真理观视阈下对解释学真理观、实用主义真理观和符合论真理观进行了述评，在比较理论异同点的基础上突出了马克思主义真理观的特征。结合对《人民日报》深度调查性辟谣栏目"求证"的分析，考察了社会主义新闻业中的真相问题，驳斥了社会主义新闻业重宣传而不关心真相的偏见。基于以上研究，提炼新闻真实的第四种模式："社会和谐—实践模式。"该模式强调真相的实践性、批判性和人民性。

"社会和谐—实践模式"的特点表现在以下四方面：

首先，批判各种形式的符合论真理观，特别是认为报道符合了客观实际就等于呈现真相的机械唯物主义符合论真理观。提倡从实践角度出发，既讲求证

---

[1] Massimi M. Getting It Right. Retrieved from https://aeon.co/essays/its-time-for-a-robust-philosophical-defence-of-truth-in-science.

据又不回避价值判断。

其次，鼓励社会主义新闻业对扭曲现实的资产阶级意识形态进行质疑、批判和祛蔽。颠倒性意识形态的祛蔽和真理的澄明密切相连。

再次，强调新闻真实不单单是认识论问题，还是实践论问题。真相具有实际功能和效用，新闻报道不仅可以解释世界，还可通过有关真相的共识增进社会信任，促进公众团结，实现社会和谐。

最后，突出新闻真实的价值论层面，人民性是其鲜明的价值立场。即在求证真相过程中，从人民利益出发，改造客观世界和主观世界，追求建设性而非破坏性的真相。

"社会和谐—实践模式"的以上特征对社会主义新闻业在新闻理念和新闻实践层面的启示在于：讲求证据的同时不隐藏、不回避自身的价值判断；注重对资产阶级意识形态的质疑和批判，强化社会主义价值观的引领作用；相较于西方强调负面报道、认为"流血就能上头条"的传统新闻理念，应更着力探索和发展有益于人民的"建设性新闻"，以加强信息沟通，促进问题解决，化解舆情风险，实现社会和谐。

第七章　结语：新闻真实的批评与建构

本书通过半结构式访谈和多案例研究，对抽象的新闻真实问题进行了全球化和语境化的考察。全书的理论贡献主要体现在两方面：一是在当下"传播充裕"的背景下和日益智能化的媒介环境中，重新考察了新闻真实的经典议题，探讨了技术因素对新闻理念革新的影响，如一点资讯的辟谣算法和 De Correspondent 的会员制新闻；二是突破新闻真实研究的真理符合论窠臼，在比较视野下，吸收了卡尔·波普尔、理查德·罗蒂、吉安尼·瓦蒂莫和卡尔·马克思四位哲学家真理观的有益思想，拓宽了新闻真实的研究视野。

本章基于前几章的研究，主要论述四方面内容：一、总结新闻真实的四种模式，挖掘模式之间的共性，探究新闻真实的内涵；二、通过对新闻真实的简单认知及相关教条和偏见的批评，进一步回答何为新闻真实及如何更好地追求新闻真实的问题；三、阐明"传播充裕"下新闻业仍然需要追求真相的四点理由，回答为何需要新闻真实的研究问题；四、基于本书的研究经验，对未来的新闻真实研究进行展望。

一、新闻真实的四种模式

本书总结了新闻真实的四种模式，分别为："证伪模式""实用主义公共服务模式""对话—阐释模式"和"社会和谐—实践模式"。各模式的主要内涵、关联的哲学真理观及相关案例详见表7.1。

由于本书基于不同的语境考察新闻真实，如不同的媒介体制、技术条件、社会文化和国家制度等，因此本书避免做那种新闻真实模式更优的简单化判断，而是致力于挖掘四种模式的共性，促使人们从种种被自然化的结构中跳出来重新审视新闻真实的内涵、实现方式及作用。

表 7.1　新闻真实的四种模式

模式	真理观	主要内涵	相关案例
证伪模式	波普尔证伪逻辑真理观	真相是暂时的、不确定的、演进的，真相的获取需不断反驳、质疑和修正	一点资讯辟谣算法
实用主义公共服务模式	罗蒂新实用主义真理观	真相等同于提供"正当理由"，关注真相的有用性	RMIT ABC Fact Check
对话—阐释模式	瓦蒂莫解释学真理观	真相非客观再现，而是开放原则下的建构和阐释	De Correspondent
社会和谐—实践模式	马克思主义真理观	真相具有实践性、批判性、人民性	《人民日报》"求证"栏目

　　四种模式最主要的共同之处在于它们均从批判的角度把握真相，反对客观真相的给定性和绝对性。卡尔·波普尔是"批判理性主义"（critical rationalism）者，他认为人们如想在知识方面有所进步，需不断地证伪、反驳和质疑，只有这样才能逐步消除谬误，接近真理。这一不断证伪的过程本身就包含了对当前状况的批判，即批判真相的确定性，承认真相的不确定性。吉安尼·瓦蒂莫的"弱思想"号召人们对绝对的、形而上学的客观真相进行批判，鼓励对真相的多元阐释采取更开放和更宽容的态度。理查德·罗蒂反对人们滥用"真相"一词，批判将真相视为对世界准确描绘的表征理论和号称与世界联系更紧密或更相符的真理符合论，强调真相的主体间性而非客观性，即真相来源于提供"正当理由"。卡尔·马克思特别是青年时期的马克思对资产阶级意识形态进行了强烈批判，致力于揭露资产阶级意识形态对真理的颠倒遮蔽，通过对资产阶级意识形态的"祛蔽"来澄明真理。与其他三位哲学家相比，马克思表现出了彻底的批判性：他不仅对资产阶级意识形态进行批判，还对产生这种意识形态的经济基础进行批判。此外，马克思也批判了两种符合论真理观，主张以实践来把握真相，在具体的历史的语境中探讨真相。

　　以上四种新闻真实模式为本书第一个论点的提出奠定了基础。本书认为：新闻真实是一个复杂的、多维度的问题，其内涵既有历史发展（如本书第二章以西方哲学真理观的历史演变为线索，论述了真理观的变迁与新闻业的密切关联）也有地理差异（如来自中、澳、荷的四个案例对真相有着不同的理解，采用不同的方式追求真相），绝不仅仅是客观报道世界和把事实弄准确那么简单。关于新闻真实的复杂性和多面性，可以援引美国著名科幻小说家玛丽恩·布拉德利（Marion Bradley）的说法"没有所谓的真实故事。真相存在多幅面孔（Truth has many faces）"。[1]

受以上四种新闻真实模式批判性意涵的启发和影响，本书对有关新闻真实的教条、简单认知和偏见开展了如下批判，进一步回答了何为新闻真实以及如何更好地追求新闻真实的问题。

二、批判有关新闻真实的教条、简单认知和偏见

（一）教条

本书主要批判了有关新闻真实的两个教条。

第一个教条认为新闻业的重要任务之一是挖掘并给公众呈现一个唯一的、客观的、绝对的、不以人的意志为转移的真相，执拗于客观真相的给定性和绝对性，忽视了语境在判断真伪中的作用，即真相实为语境中的真相。本书论及的四种真理观均反对这种对真相去时空化的教条式理解。波普尔认为真相不是给定的和绝对的，而是不确定的，真相的获取需不断地反驳、质疑和修正。罗蒂、瓦蒂莫和马克思更是强调在具体的历史的语境中探讨真相的重要性。

研究者虞鑫曾提出新闻业有两种"真相"概念：基于证实逻辑的"语境真相"和基于证伪逻辑的"单一真相"，并指出"在呈现社会事实的同时，新闻生产的主体也需要同时提供所处的社会语境和价值判断标准"，履行对公众"语境的告知义务"。[2] 新南威尔士大学哲学教授保罗·巴顿在接受本书访谈时也区分了两种真相，一种是"大写字母开头的真相"（capital T truth），其诉诸于"上帝之眼的客观性视角"，是"对真相形而上学实在论的渴望"，是绝对的、无可置疑的真相；另一种是"小写字母开头的真相"（small t truth），即"被认可的原则和标准"下的真相，是特定领域、特定实践中的真相，基于特定的标准和条件，这种真相本身并非无可争议。巴顿教授认为"教条的新闻业"坚持认为"存在一个正确答案"，这是不负责任的表现。[3] "语境真相"和"小写字母开头的真相"均反对真相的唯一性和绝对性，这不是真相问题上的相对主义，而

---

[1] Bradley M. *The Mists of Avalon*. London：Penguin，1993，pp.x-xi.

[2] 虞鑫：《语境真相与单一真相——新闻真实论的哲学基础与概念分野》，《新闻记者》2018年第8期。

[3] 访谈对象B2，保罗·巴顿（Paul Patton），新南威尔士大学哲学教授，访谈时间为2019年4月2日。

是强调在语境中探讨真相的必要性。当记者摆脱了对唯一的、绝对的、给定的、无可争议的客观真相的执念后，他们一方面会承认社会中存在"合理分歧"的可能性，另一方面也会致力于分析这些"合理分歧"产生的原因，为公众提供基于语境的真伪判定。

第二个教条认为新闻真实只是一个认识论问题，即什么是真、什么是假的问题。基于前述理论探讨和案例分析，本书发现，新闻真实不仅是认识论问题，还涉及实践论和价值论。实践论方面，真相在社会生活中发挥实际功能和效用，对社会实践产生实际影响，这是罗蒂新实用主义真理观和马克思主义真理观的共识，并体现于本书所选取的具体案例之中。如 RMIT ABC FACT Check 通过言论核查让民众了解公共政策的变化并发挥媒体对公众人物的民主监督作用；《人民日报》"求证"栏目利用调查求证回应疑点信息，弥合社会裂痕，维护社会稳定，促进社会团结。价值论方面，真假判定历来就并非价值无赦，如人民性是马克思主义真理观最鲜明的价值立场，新实用主义真理观和解释学真理观均从人的角度把握真相，或强调真相对人的有用性，或强调真相本身的建构性。美国伊利诺伊大学厄巴纳分校传播学院教授克利福德·克利斯琴斯也将新闻真实置于道德框架内，认为"真实是一个关于价值论而非认知论的问题"。[1] 此外，提升报道的透明性和开放性，增进社会信任，促进社会形成有关真相的共识是价值伦理方面的要求，而非认识论方面的要求。

综上，本书的第二个论点是：新闻业中的真相是语境中的真相，不是绝对的、唯一的、给定的。新闻真实不仅是认识论问题，还是实践论和价值论问题。

（二）简单认知

真理符合论是有关新闻真实简单认知的典型代表，其理论前提是承认世界上存在可以让认知符合而又独立于认知的"客观事实"。很长一段时间以来，真理符合论主导着新闻真实的认知与研究，即认为真相来自于记者客观地报道世界并把事实弄准确。换言之，真理符合论下，新闻真实主要是指记者通过让自己的主观认知与客观事实相符合，获取和呈现"客观真相"，有关真相的探讨往往到此为止。事实上，新闻业中的"真相"恰恰是一个十分重要、具有争

---

[1] Christians C：《全球语境下的新闻真实伦理》，徐佳 译，《全球传媒学刊》2015年第1期。

议但却往往缺乏深入探讨的话题。本书论及的三位哲学家[1]（罗蒂、瓦蒂莫和马克思）及运用其真理观阐述的新闻实践为批判真理符合论提供了有力依据。罗蒂和瓦蒂莫均旗帜鲜明地反对真理符合论和其衍生出来的"客观真相"，尤其警示人们对"真相"一词的滥用和任何声称"这就是真相"的言论，认为真相与客观无关而与"正当理由"和人的阐释有关。马克思既反对主观符合客观的机械唯物主义符合论真理观也反对客观符合主观的唯心主义符合论真理观，反对剔出人的主观因素和价值考量的绝对客观的真相，主张在主客体统一的动态实践中把握真相。

由于"客观事实"在真理符合论中居于核心地位，坚持客观性原则本身也意味着承认大多数真理符合论所坚持的主客体分离的可能性，因此要批判新闻业中的真理符合论首先就需批判新闻业中的"客观性"原则。爱荷华州立大学新闻与传播学院教授迈克尔·布盖贾（Michael Bugeja）曾给"客观性"下过一个简明定义，即"客观性是以世界本来的样子来看世界，而不是你希望的样子"（Objectivity is seeing the world as it is, not how you wish it were）[2]。这个强调搁置主体感情、反映"世界本来的样子"的客观性定义突出体现了客观性与真理符合论之间的密切关联。

作为西方新闻专业主义的核心原则和规范性理念[3]，客观性不仅已成为新闻媒体论证自身职业合法性的惯用话语，还被视为专业媒体应追求的道德目标之一，如无党派和无偏见等。在实际新闻操作中，客观性也形成了一套比较完备、具有一定共识性的技术规范和操作方法，如平衡各方观点，多信源，减少使用形容词，将观点与事实分开等。

学界和业界对客观性原则的批判不在少数，主要集中在以下三方面：

---

[1] 本书主要论及的另一位哲学家波普尔实际上承认客观真理，认同真理符合论。如在《科学发现的逻辑》（*The Logic of Scientific Discovery*）一书中，波普尔明确表明其观点与塔斯基的"绝对真理"（absolute truth）有相似之处，即他们均认为"真理是与事实的一致"（truth is correspondence with the facts）。但与逻辑经验主义者的证实真理不同，波普尔主张用证伪的方法，通过不断地批判和试错来无限逼近真理（参见：Popper K. *The Logic of Scientific Discovery*. London and New York: Routledge Classics，2002，p.273.）。

[2] Cunningham B. Re-thinking Objectivity（Columbia Journalism Review）. Retrieved from https://archives.cjr.org/feature/rethinking_objectivity.php.

[3] 实际上，"客观性"并非一开始就是西方新闻业的主流认知和行业规范，其本身存在一个发展历程。迈克尔·舒德森曾在《发掘新闻：美国报业的社会史》（*Discovering the News: A Social History of American Newspapers*）一书中对"客观性"原则做了深入的社会学分析，阐明了"客观性"原则在美国新闻业中从无到有的过程。

首先，客观性实现的现实可能性。一方面，人不是机器，无法摆脱自己的价值、观点、信仰和认知偏见的影响，实现百分之百的客观，比如很多人都具有"无意识偏见"（unconscious bias）[1]。另一方面，客观性的实现还受现实条件制约，如当事人不接受采访时，记者就很难做到平衡客观。

其次，客观性应用范围的不平等性。客观性原则并非平等应用于所有被报道对象，特别是当报道涉及意识形态冲突时。加州大学尔湾分校电影与媒介研究教授凯瑟琳·刘（Catherine Liu）指出"一旦报道进入意识形态领域，客观性就会妥协让步"。[2]学者赵月枝也认为"在西方主流意识形态和议会政治框架内，客观性是存在的，但超越国家利益、超越意识形态的客观性是没有的"。[3]

最后，客观性的潜在危害性。客观性容易让媒体沦为权力的传声筒（如过度引述官方言论），甚至成为一些记者偷懒而不深入挖掘真相的借口。此外，机械平衡或"虚假平衡"（false balance）[4]反而会让新闻报道"失真"。对客观性有深入研究的哥伦比亚大学新闻学院教授迈克尔·舒德森在接受本书访谈时就举例论述了运用僵化的客观性原则进行新闻报道的危害："只要我们在新闻报道中同时引用共和党人和民主党人的话就判断我们是客观的，但这是一种为了确保客观性而设计的模式，减轻记者向真相推进的责任，即通过评估共和党人和民主党人说的话是否与我们对现实世界的通常了解相一致。如果其中一个（或者两个！）说的话违反了人们对证据的一般理解，记者——现在的记者相信，但他们在1950甚至1960都不相信——应该说出来，这是客观的——与不说出来相比是对事物更真实的展现。"[5]此外，在特定情景中，记者需要承担责

---

[1] 针对第一个批判理由，有两种观点不能忽视：一是悉尼大学语言学教授尼克·恩菲尔德（Nick Enfield）（访谈时间为2019年4月3日）认为客观性具有程度差别，虽然人们无法实现完全客观，但在绝对客观和绝对主观之间存在一个"连续体"（continuum）。二是悉尼大学政治学教授西蒙·托米（Simon Tormey）（访谈时间为2019年4月1日）认为客观性是伦理上的说法而不是本体论上的说法，因此客观应被视作记者的一种"道德承诺"（ethical commitment），而不是记者真的会做到完全客观。

[2] 访谈对象B6，凯瑟琳·刘（Catherine Liu），加州大学尔湾分校电影与媒介研究教授，访谈时间为2019年4月25日。

[3] 赵月枝：《为什么今天我们对西方新闻客观性失望？——谨以此文纪念"改革开放"30周年》，《新闻大学》2008年第2期。

[4] 如在一方说谎或一方观点只是小比例意见的情况下，仍进行机械的"五五分"式平衡报道。

[5] 访谈对象B7，迈克尔·舒德森（Michael Schudson），哥伦比亚大学新闻学院教授，访谈时间为2019年4月26日。

任，作出自己的价值判断，而不是一味的"客观公正"。芬兰 Lännen Media 总编辑马蒂·波西奥（Matti Posio）以对恐怖主义和纳粹主义的报道为例，提出"我看不出在邪恶面前，你（记者）如何能做到客观"。[1]《南华早报》记者琳达·卢（Linda Lew）在访谈中也表示"也许一方是诚实的，另一方在宣扬仇恨观点，传播非常有害的意识形态，但客观意味着作为记者，我们需要报道所有这些方面。我对此并不认同。"[2]

相比于人们对部分"客观中立"媒体的失望，以批判新闻媒体和政治人物、播报"假新闻"为主要内容的新闻模仿秀却经久不衰，并获得了越来越多人的支持和喜爱，许多美国年轻人甚至把新闻讽刺类节目和新闻模仿秀当作最值得信任的新闻来源。根据公共宗教研究所（Public Religion Research Institute）2014年的调研数据，在提供有关政治和时事的准确信息方面，超过十分之一（11%）的美国年轻人（18-29岁）最信任《每日秀》（The Daily Show with Jon Stewart）或《科尔伯特报告》（The Colbert Report）[3]，这一比例高于公共电视节目（8%）和微软全国广播公司（MSNBC）（5%），在所有电视新闻节目中排名第四[4]。针对以上现象，De Correspondent 创始编辑罗伯·温伯格认为与新闻媒体一直以来秉承的客观、中立和无党派相比，"坦诚"（honesty）和真正关切所讽刺事件的"道德信念"（moral conviction）让喜剧演员成为当下比新闻媒体"更值得信赖的讲真话的人（truth-teller）"。[5]可见，新闻模仿秀和新闻讽刺类节目之所以受到欢迎，是因为它们摆脱了"客观性"对媒体进行现实批判的束缚，以歪曲的形式但却诚实的态度展现了社会现实，表达了社会情绪。

---

[1] 访谈对象A11，马蒂·波西奥（Matti Posio），Lännen Media 总编辑，访谈时间为2019年4月17日。

[2] 访谈对象A7，琳达·卢（Linda Lew），《南华早报》记者，访谈时间为2019年4月20日。

[3]《每日秀》是美国喜剧中心频道创办的一个老牌新闻讽刺类电视节目，《科尔伯特报告》是其2005年推出的衍生节目。《每日秀》通过主持人独白、模拟的"现场报道"和嘉宾访谈等形式，聚焦和反讽时事和热点。《每日秀》在官网上说自己"发布的假新闻甚至比真东西还要好"。

[4] Public Religion Research Institute. One in Every Ten Young Adults Calls Stewart, Colbert Most Trusted News Source. Retrieved from https://www.prri.org/spotlight/one-in-every-ten-young-adults-calls-stewart-colbert-most-trusted-news-source/#.VblBDvlVhHw.

[5] Wijnberg R. What journalists Can Learn from Truth-telling Comedians. Retrieved from https://medium.com/de-correspondent/what-journalists-can-learn-from-truth-telling-comedians-630900f4c04a.

相较于真理符合论下的"客观",研究发现,近年来在一些媒体机构中,"开放"和"透明"的呼声日益高涨。如 De Correspondent 在十条创始原则中用"透明的主观性"代替了"客观性",不鼓励记者假装"中立"或"无偏见",而是允许记者在报道中透明地呈现自己的观点,承认世界观、道德立场和政治立场形塑真相认知的可能,以增进会员对机构的信任。致力于连接全球事实核查机构的"国际事实核查网络"(IFCN)也认为透明之于事实核查具有极端重要性,在其设立的五条事实核查准则中,与透明有关的准则就有三条,分别为:信息来源透明、资金和组织透明、方法透明。包括 RMIT ABC Fact Check 在内的许多事实核查机构实际上也强调通过透明的核查流程来增进公众对自身的信任,以"透明"而非"客观"引导公众在核查判定上形成共识。芬兰 Lännen Media 总编辑马蒂·波西奥认为"更重要的事情是报道所有方面并对自己的决定持开放态度……所以有时候开放性是新的客观性"。[1] 新南威尔士大学哲学教授保罗·巴顿也认为"开放的有主见的新闻可以和所谓的客观新闻一样有用……更有益的是一些深入阐述特定观点以及持有该观点的理由的报道,而不是通过说一些人这样认为,另一些人那样认为的简单方式来试图达到平衡"。[2]

实际上,"开放"和"透明"之于真相的重要作用并非空穴来风,而是有着深远的历史渊源,其与希腊语中象征真相的"无蔽"(aletheia)概念密切相关,因为"无蔽"作为一种"不隐蔽"(unconcealment)指的就是一个开放的、公开的过程。"无蔽"概念的重要复兴者、后现代主义的典型代表人物海德格尔曾提出"无蔽,在开放意义上的不隐蔽可能并不等同于真相。相反,无蔽,被当作开放的不隐蔽,首先给予了真相的可能性"。[3]

综上,本书的第三个论点是:"无蔽"下的"开放"和"透明"而不是"真理符合论"下的"客观"让澄清真相成为可能,更有利于媒体与公众进行对话,增进公众对媒体的信任,促使双方就何为真相达成共识。

(三)偏见

阐明马克思主义真理观的理论内涵,并将其运用于对社会主义新闻业中真

---

[1] 访谈对象A11,马蒂·波西奥(Matti Posio),Lännen Media总编辑,访谈时间为2019年4月17日。

[2] 访谈对象B2,保罗·巴顿(Paul Patton),新南威尔士大学哲学教授,访谈时间为2019年4月2日。

[3] Heidegger M. *On Time and Being*. New York: Harper & Row, Publisher, Inc, 1972, p. 69.

相问题的考察是本书的重要理论贡献之一。本书第六章从理论和实践两方面驳斥了社会主义新闻业重宣传而不关心真相的偏见。理论方面，通过综合马克思的实践观、意识形态观和唯物史观，创造性地阐明了马克思主义真理观对把握真相问题的独特贡献，即强调真相的实践性、批判性和人民性。实践方面，运用马克思主义真理观对"求证"栏目进行分析，论述了社会主义新闻业对真相的认知、获取真相的方式以及对真相功能的定位。即在社会主义新闻业中，真相是实践，是证据和价值判断的统一；对资产阶级意识形态的批判、质疑和祛蔽是社会主义新闻业澄明真相的重要方式之一；相较于西方媒体对真相民主监督作用的强调（如事实核查机构对政治人物言论真伪的判定、西方媒体揭黑揭丑的"扒粪运动"），社会主义新闻业更加注重通过辟谣求证来缓释偏激情绪，解决社会问题，实现社会和谐，在此过程中既有民众的舆论表达，也有媒体的舆论监督和舆论引导，是舆论表达、舆论监督和舆论引导的有机统一。

总体来看，本书对新闻真实进行了重新考察，通过提炼新闻真实的四种模式以及对有关新闻真实的教条、简单认知和偏见的批判，回答了新闻真实研究中的"是什么"和"怎么办"问题，即何为新闻真实和如何更好地追求新闻真实。研究认为：新闻真实既复杂又多面，其内涵既有历史发展也有地理差异。真相是语境中的真相，不仅涉及认识论上的判断，还涉及社会实践和价值伦理层面的考量。在追求新闻真实方面，"真理符合论"下的"客观性"原则不免令人生疑，"无蔽"下的"开放"和"透明"理念或许更有利于建立媒体与公众之间的信任，形成有关真相的共识。

三、发挥新闻真实的建设性功能

虽然真相被许多访谈对象视作新闻业的"基础""基石""核心要素"和"起点"，但鉴于真相的复杂性、争议性、多面性及一系列现实条件（如时间、记者能力、媒体本身的传播意图、权力和资本的操控等）制约下获取真相的可能性，接受访谈的许多记者和学者并不认可"提供真相"是新闻业最重要的功能。[1] 如暨南大学新闻与传播学院支庭荣教授认为"透过新闻也可以寻求真相，但是真相不是它（新闻业）的核心功能"，新闻的主要功能是提供消息，并受制于不同的国家制度和社会治理方式。[2] 新南威尔士大学哲学教授保罗·巴顿（Paul Patton）在访谈中也说："我不认为告知公众就是提供真相，原因之一是政治是关于比较对于议题的不同观点和看法的，许多这样的不同观点和看法并不是真伪的问题……甚至说记者有义务只提供真相都太过牵强，因为在观点和事实的问题上有存在'合理分歧'（reasonable disagreement）的理由。"[3] 重庆大学新闻学院刘海明教授认为新闻业存在对"真相"一词的滥用，因为"媒体不是以挖掘真相为己任的，只有在公众遇到困惑的时候，事件涉及大多数公众的利益而一方又极力隐瞒的时候，才需要媒体调查还原，真相数量非常有限"。[4] 真相更多的被访谈对象定义为新闻业的一种责任义务、目标信仰、理想追求或"道德承诺"（ethical commitment），也是新闻区别于其他文学体裁（如小说）的重要特质。

　　本书认为在新闻业面临越来越多的谎言、虚假信息、错误信息和"扯淡"的当下，仍需要重视和重提真相的概念，抛弃和贬低真相是不可取的。换言之，崇尚和坚守真相仍然是必要的。但对于新闻业来说，崇尚和坚守真相的原因不在于世界上存在一个等待人们去发现、可以一劳永逸地拯救所有人的唯一正确

---

[1] 学者们认为在不同地域、不同历史阶段，新闻业的核心功能不同。地域上来讲，中山大学传播与设计学院张志安教授（访谈时间为2019年4月14日）认为国家制度环境和媒介体制不同，新闻业的核心功能不同。在美国，新闻业最重要的功能是提供决策资讯以促进民主投票在内的政治参与并监督公共权力。在中国，新闻业的功能更多定位于引导舆论和促进社会发展。历史上来讲，悉尼大学文学艺术与传媒学院高级讲师伯纳德塔·布雷维尼（Benedetta Brevini）（访谈时间为2019年5月3日）认为在战争、动乱与灾难时期，"发展新闻业"（development journalism）或"和平新闻业"（peace journalism）更为相关，即新闻业在以上历史时期的主要功能是重建和发展社区而不是曝光、批评和揭丑。综合各访谈对象的回答，当下新闻业的重要功能包括：提供对受众有价值的信息、监督和批评公权力、监测环境、引导和影响社会舆论、提供公共辩论的平台、动员社会行动、传播知识与传承文化、教育公众、做公众与现实世界的中介、提供休闲娱乐以及全球化背景下促进国际沟通等。

[2] 访谈对象B10，支庭荣，暨南大学新闻与传播学院教授，访谈时间为2019年4月21日。

[3] 访谈对象B2，保罗·巴顿（Paul Patton），新南威尔士大学哲学教授，访谈时间为2019年4月2日。

[4] 访谈对象B8，刘海明，重庆大学新闻学院教授，访谈时间为2019年4月10日。

答案（这是真理符合论的常见思路），也不是因为真相只是一种形而上的道德承诺和责任义务，而是因为在"传播充裕"的当下，真相发挥着以下四种建设性作用。

（一）预警功能

多元主体的真相共建有利于打破公众"沉默"（silence）[1]，预警社会风险。"传播充裕"为这一风险预警功能的发挥提供便利。公众沉默具有危险性。约翰·基恩教授指出，权力对异见的压制或忽视产生沉默，沉默又让权力对社会潜在风险视而不见，因此公众沉默酝酿了"灾难"（catastrophes）[2]，对灾难的爆发起到了推波助澜的作用。[3] 鉴于此，本书认为为预警社会风险，需要祛除"沉默"对权力滥用的遮蔽，鼓励公众参与真相共建。

实际上，对公众作用的强调一直贯穿于本书重点论述的四位哲学家的真理观之中。波普尔的开放社会理念尊重个体公民的理性与批判；罗蒂强调真相的主体间性，认为有关真相的"正当理由"与受众的视角和所处环境密切相关。真相在瓦蒂莫的解释学真理观看来是人的建构和阐释，其"弱思想"更是反对"客观真相"的单一叙事，提倡真相的多元与民主。重视人民群众主体作用的唯物史观是马克思的重要理论成果，人民性是马克思主义真理观鲜明的价值立场，马克思主义真理观要求记者具备群众观点，走群众路线。

当下的"传播充裕"进一步革命化了记者与公众之间的关系，一方面削弱了记者过去一锤定音式的"真伪判定权"，另一方面也为公众参与真相共建提供了新的可能。比如，一点资讯研发的基于读者负面反馈和权威辟谣文章的辟谣算法体现了公众和专家在鉴别信息真伪中的地位和作用。进行在线新闻报道的 De Correspondent 强调会员是平台的重要"贡献者"，其全职"对话编辑"的设立和"公共笔记"等创新做法突出体现了对会员参与真相共建的尊重与鼓励。正如深圳某大学传播学院讲师所言"我们在讲获取事实的时候，不能只从

---

[1] "沉默"是"未被说明的东西"（what is unsaid）或"不能说的东西"（what is not sayable）。参见：Keane J. *Democracy and Media Decadence*. Cambridge：Cambridge University Press，2013，p.229.

[2] "灾难"是指"意想不到的、轰动性的事件，对人类或我们的生物圈造成长期毁灭性的破坏，或者两者兼而有之"。参见：Keane J. *Democracy and Media Decadence*. Cambridge：Cambridge University Press，2013，p.231.

[3] Keane J. *Democracy and Media Decadence*. Cambridge：Cambridge University Press，2013，pp.228-235.

记者的角度去获取事实，除了记者之外，还有很多，比如一些公民，可能还包括有责任感的学者，这些人也在发挥着非常重要的揭示社会事实的作用"。[1]

因此，"传播充裕"下，公众可与也应与媒体一道，同做社会风险的"预警者"。

（二）教育功能

虽然真相与同意和共识密切相关，但作为媒体对抗"扯淡"、谎言和沉默等"后真相"现象的武器时，真相强调的不是同意和共识，而是质疑与批判。"传播充裕"下，真相发挥着培养具有怀疑精神和批判性思维的"明智公民"（wise citizen）的教育功能。

许多受访对象认为，政客为了利益撒谎、民众更愿意相信情感而非事实的"后真相"现象古已有之，并不新鲜，但当下媒介环境的变化和技术条件的发展的确为"后真相"话语的产生和传播提供了便利。其中，教育是许多受访对象提到的一种应对"后真相"的常见方案，比如通过教育提升公民的媒介素养和判断力，以增强他们对信息的甄别、分析和批判，培育关心真相的社会文化等。加州州立大学富勒顿分校传播学名誉教授、日本京都外国语大学公共外交教授南希·斯诺（Nancy Snow）就强调"为自己思考"（think for yourself）的重要性，提醒人们不要"把主权交给那些想要操纵你的人"。[2]

需要指出的是，"传播充裕"背景下，教育的目标不是培养"知情公民"（informed citizen）而是"明智公民"。"明智公民"与"知情公民"存在区别。悉尼大学政治学教授约翰·基恩认为，"知情公民"的提法可追溯到19世纪晚期，是一种"精英主义的""唯智主义的"和"反民主的"理想。那种"脑袋里塞满了关于他们所处'现实'的无限量'信息'的参与型公众"在现实生活中既难以实现也不适用于当下"传播充裕"的时代背景。[3] 相反，基恩教授认为现在更应该培养"明智公民"，即那些"知道自己并非无所不知的有经验的公民，他们怀疑那些认为自己无所不知的人，特别是当这些人试图掩饰自己想

---

[1] 访谈对象 B14，匿名，深圳某大学传播学院讲师，访谈时间为 2019 年 4 月 28 日。

[2] 访谈对象 B9，南希·斯诺（Nancy Snow），加州州立大学富勒顿分校传播学名誉教授、日本京都外国语大学公共外交教授，访谈时间为 2019 年 5 月 14 日。

[3] Keane J. *Democracy and Media Decadence*. Cambridge：Cambridge University Press，2013，p.23.

要控制他人的傲慢的权力意志时",这实则代表了一种"长期的心境改变"。[1]可见,"知情公民"是在信息相对稀缺的时代背景下提出的概念,暗含着对公众可以知晓所有信息的期待,这在当下"传播充裕"和信息过载的时代显得不切实际。相较于知晓所有信息,公众更需要认识到事物的复杂性和认知的局限性,养成独立思考的习惯,并对任何真相叙事都保持谨慎的态度和必要的怀疑。即相较于提倡"知道一切"的"知情公民","传播充裕"下更应鼓励谦虚地承认真相的复杂性以及自己并非掌握全部信息的"明智公民"。

本书选取的案例也说明了利用真相与欺骗、谎言和"扯淡"做斗争,培养敢于怀疑和批判的"明智公民"的重要意义。如一点资讯的"后验真相"在一定程度上提醒公众对信息保持批判性态度,提升鉴别真伪的能力和等待真相的耐心。这符合波普尔对理性的、批判的公民的期待。RMIT ABC Fact Check 事实核查数字证书项目希望通过事实核查技能的传授来提升公众的媒介素养和批判性思维,这种质疑态度和批判精神正是罗蒂提倡的"反讽主义者"的重要特征。马克思主义真理观尤为强调批判性,用马克思主义真理观分析的《人民日报》"求证"栏目致力于通过调查求证改造公众看问题的立场、观点和方法,提升公众认识世界的能力,培养公众批判性思考的习惯,如栏目对"无主视频"现象的分析与总结。

目前,"真相"已成为媒体对抗"后真相"和民粹主义话语的重要修辞,但本书认为媒体强调的真相不应是"真理符合论"下权威的、绝对的"客观真相",因为许多公众正对这样的真相产生怀疑。相反,媒体应对"真相"秉承更加多元和包容的态度。一方面正视"传播充裕"下真相的民主化趋势,正确看待公众在真相共建中的作用;另一方面坚决反对无知和对真相的漠不关心(如"扯淡"和转移话题等),继续发挥媒体的教育作用,培养"明智公民"。

(三)桥梁功能

"传播充裕"下的价值多元让真相问题的争议性和复杂性凸显,众声喧哗下,发挥真相沟通社会的桥梁功能意义重大,即以真相增进社会信任,促进公众团结。

真相既是重要的"信任生产者",也是拉近人们彼此间距离,增进公众团结的重要手段。这主要是因为:真相作为一种社会共识,不仅涉及传播主体,

---

[1] Keane J. *Democracy and Media Decadence*. Cambridge: Cambridge University Press, 2013, pp.106-107.

还涉及收受主体。传受双方就何为真相达成共识需要基于信任，收受主体对真相叙事以及叙事主体的信任为公众团结奠定基础。杨保军曾提出"新闻真实，在收受主体视野中，就是一种相信的真实（相信真实）、信任的真实（信任真实）"，如果收受主体不相信，新闻真实对收受主体而言也就"实质性地不存在"了。[1] The Conversation 创始人安德鲁·贾斯潘（Andrew Jaspan）也认为"真相在某种程度上是一种价值判断。如果你要问某人：你是否认为我说的是真相？你不是在说某事是真相而是在寻求信任"。[2]

真相增进信任、沟通社会、促进团结的功能体现于本书所选取的案例之中。如《人民日报》深度调查性辟谣栏目"求证"以辟谣求证凝聚社会共识，缓和社会矛盾。栏目通过对社会争议事件和网络舆情焦点的回应降低民众的信息不安全感，通过纠正民众对国家政策的误读，做政府与民众之间沟通的桥梁。RMIT ABC Fact Check 也致力于通过透明的核查流程增进公众对媒体的信任。De Correspondent "公民社会"式的新闻模式强调摆脱政府和商业资本的议程设置，围绕会员共同的利益、兴趣和目标，以"非突发新闻"的形式共建共享那些被日常新闻周期忽视的社会深层隐含"真相"，为包括边缘群体在内的众多社会成员的多元阐释提供表达渠道，这本身就是在沟通社会，增进信任，促进团结。

（四）限制功能

作为"无蔽"的真相倡导开放、透明、不隐藏和不遮蔽，然而真相的揭示具有空间限制，为了发挥真相建设性而非破坏性的作用，人们应该限制说真话的范围。即在特定场合，真相应该被遮蔽而不是被揭露，这主要是为了预防"信息危害"（information hazards）。可见，真相的限制功能也是一种建设性功能。

"信息危害"概念由牛津大学教授、哲学家尼克·博斯特罗姆（Nick Bostrom）提出，即"因传播或潜在传播（真实性）信息产生的风险，这些信息可能造成损害或使某些代理人遭受损害"，比如为保障国家安全和陪审团的公正裁决，有些真实性信息不宜被揭露。[3] 以新闻领域为例，媒体不宜如实刊

---

[1] 杨保军：《论收受主体视野中的新闻真实》，《现代传播》2017年第8期。

[2] 访谈对象A9，安德鲁·贾斯潘（Andrew Jaspan），The Conversation 创始人，访谈时间为2019年4月23日。

[3] Bostrom N. Information Hazards: A Typology of Potential Harms from Knowledge. *Review of Contemporary Philosophy*, 2011（10）.

载血腥图片，不宜向公众公布部分案件的犯罪细节，透明性原则也不适用于对内幕消息来源"深喉"的保护。这进一步说明了新闻真实不仅是认识论问题，还是价值论问题，涉及伦理层面的考量。暨南大学新闻与传播学院支庭荣教授认为"从个体到群体到社会整体，真相的作用、真相的分布都是不均衡的。我们应该最大限度地保护真相，挖掘真相，但是真相的揭示有它的范围。举个不太恰当的例子，对于病人来说，残酷的真相可能会带来比较崩溃的后果。"[1] 芬兰 Lännen Media 总编辑马蒂·波西奥也认为"部分真相可能是那里有很多尸体，看起来非常可怕，有很多暴力犯罪的细节。有时你不想对它们深入探究，因为你想把读者从这些暴行中拯救出来。即使你不做某些事情，它仍然是真相。"[2]

"传播充裕"下，限制真相揭示的范围以预防"信息危害"显得尤为迫切和必要。一方面，技术的不均衡赋权让技术公司（如依赖精准"用户画像"的算法驱动式信息分发平台）和机构媒体掌握了大量的公民个人数据信息，为避免泄露个人隐私，这些信息必须被不同程度地隐蔽和保护。如为了保护会员隐私，De Correspondent Rolodex 会员数据库的日常访问权限被严格限制于对话编辑本人和平台的开发团队。另一方面，"传播充裕"下信息广泛、快速和便捷地传播深刻影响着人们的日常生活，公与私的界限越来越模糊，因此十分有必要提醒公众真相揭示的范围和限度，避免毫无底线的"人肉搜索"和隐私泄露。

四、研究启示与展望

（一）对新闻真实的历史和地理进行考察

悉尼大学政治哲学教授约翰·基恩强调真相随空间和时间变化，为了全面深入地理解真相，有必要考察"真相的地理"（geography of truth）和"真相的历史"（history of truth）。[3] 即考察不同空间维度下真相内涵和重要性的差异以

---

[1] 访谈对象 B10，支庭荣，暨南大学新闻与传播学院教授，访谈时间为 2019 年 4 月 21 日。

[2] 访谈对象 A11，马蒂·波西奥（Matti Posio），Lännen Media 总编辑，访谈时间为 2019 年 4 月 17 日。

[3] Keane J. Post-truth Politics and Why the Antidote Isn't Simply 'Fact-checking' and Truth. Retrieved from http：//theconversation.com/post-truth-politics-and-why-the-antidote-isnt-simply-fact-checking-and-truth-87364.

及不同历史阶段人们对真相认知的差异。换言之，真相的内涵并非历来如此或普遍适用，而是既有历史发展也有地理差异。这个思路同样适用于新闻真实研究，即对新闻真实的历史和地理进行考察。

历史方面，本书第二章以罗伯·温伯格《被出售的真相：真相如何变成一个产品》一文为依托，介绍了西方哲学真理观的发展历程，并将西方真理概念的三个历史发展阶段与新闻业关联，说明新闻真实的内涵不是绝对的，而是受特定的社会历史语境影响。本书认为，历史研究的思路启示着人们探究真相问题时不应执拗于寻求一个唯一的正确答案，而要对各种真相认知保持开放的态度，对各种认知做基于历史语境的评估，避免对某一认知形成僵化、武断和简单的判断。这有助于人们更好地理解当下的时代特征和相关的新闻实践。

地理方面，本书展现了不同地域、不同媒介体制和制度环境对真相认知及真相追求方式的影响。出于开拓国际视野同时扎根中国本土的考虑，本书特意选取了一个欧洲案例、一个澳洲案例和两个中国案例进行深入分析。未来有关新闻真实的探索同样有必要吸纳全球经验，在承认新闻真实复杂性的基础上，拓展新闻真实的研究视野。

（二）研究创新性信息平台的真相认知和实践

在当下媒介化社会和"传播充裕"背景下，技术形塑新闻业的作用越发凸显，新闻的边界越来越模糊，有关新闻真实的研究有必要打破旧的思维方式，探索更多创新性信息平台的真相认知和实践。以本书为例，除选取澳洲老牌公共服务媒体 ABC 和中国第一大党报《人民日报》外，本书还聚焦了业界的前沿实践：算法驱动的内容分发平台一点资讯和会员制网络新闻平台 De Correspondent。

目前，创新性信息平台不断涌现，一定程度上革新了人们对新闻业的认知。如2011年上线于澳大利亚，并逐步覆盖英国、美国、法国、加拿大、印度尼西亚和西班牙等地的独立非盈利媒体机构 The Conversation（本书曾就新闻业与真相的话题访谈了 The Conversation 的创始人安德鲁·贾斯潘先生）。The Conversation 的内容主要来源于学者和研究人员，并按照"知识共享许可协议"

（Creative Commons License）[1] 向公众开放，以促进报道的传播、分享和社会知识的再生产。因此，The Conversation 既强调"精英"的作用也倡导建立一种开放的传播体系。再如2014年2月由格伦·格林沃尔德（Glenn Greenwald）、劳拉·珀特阿斯（Laura Poitras）和杰里米·斯卡希尔（Jeremy Scahill）倡导成立的 The Intercept 新闻网站，该网站高举"对抗性新闻"（adversarial journalism）大旗，与本书中《人民日报》"求证"栏目体现的"建设性新闻"理念截然相反。The Intercept 成立之初主要是为美国国家安全局（NSA）泄密者爱德华·斯诺登披露的信息提供发布平台，目前其揭露的主题日益广泛，包括机密、犯罪、侵犯公民自由的行为、社会不平等以及各种形式的金融和政治腐败等。此外，为摆脱在机构媒体内开展调查性报道的束缚，已有记者开始独立运营调查性报道网站，并借助社交媒体的传播扩大影响。比如，有20年大型机构媒体从业经历的记者迈克尔·韦斯特（Michael West）于2016年7月创办了以自己名字命名的调查性报道网站"Michael West – Investigative Journalism"，该网站致力于调查报道与公众利益密切相关的事务，如大型企业、跨国逃税、银行及能源行业等。

（三）比较视野下吸纳多种哲学真理观开展研究

科罗拉多州立大学助理教授亚历克苏丝·麦克劳德（Alexus McLeod）在比较研究中西方哲学真理观的基础上提出要解决忽略具体"范畴"（domain）、坚持真理意义始终如一的"真理单音性"（univocality of truth）问题，在比较哲学视野下探索"真理更广泛的含义"或"广义的真理"。[2]

本书正是遵从上述思路，突破从真理符合论视角把握新闻真实的单一路线，广泛借鉴波普尔的证伪逻辑真理观、罗蒂的新实用主义真理观、瓦蒂莫的解释学真理观和马克思的实践真理观来阐述和理解新闻真实。一方面拓展了新闻真实研究的哲学视野，另一方面也对各哲学真理观的异同点进行了勾连与对比，深化了对新闻真实的理解。鉴于新闻真实的复杂性，未来研究可采用比较

---

[1] "知识共享许可协议"（Creative Commons License）是允许他人分发受版权保护的作品的公共版权许可之一，简称"CC"协议，2002年由美国非盈利公司 Creative Commons 首次发布。"CC"协议可增加创意作品的流动性，促进创意作品的社会分享，既为作者使用其作品提供更大的灵活性，也在一定程度上保护那些想使用和分享创意作品的读者免受版权问题的困扰（只要读者遵守"CC"协议的相关规定）。

[2] McLeod A. *Theories of Truth in Chinese Philosophy*: *A Comparative Approach*. London：Rowman & Littlefield International，2016，pp.175-176.

法，在充分考虑文化语境的基础上，吸纳多种真理观的智慧，形成有本土特色的新闻真实理论框架。

以中国哲学为例，其对真理问题进行了很多有价值的思考，如"虚实之分""是非之分"和"然否之分"。儒家的"正名"思想说明真理具有语义成分和现实目的。比如，子路问孔子，如果让孔子去治国理政，他首先准备干些什么？孔子这样回答："必也正名乎……名不正，则言不顺；言不顺，则事不成；事不成，则礼乐不兴；礼乐不兴，则刑罚不中；刑罚不中，则民无所错手足。"[1] 亚历克苏丝·麦克劳德认为"正名"是一种"对象与描述的匹配"，"名"是"描述"，"正"是"确定世界上哪些对象满足这些描述，并以某种方式将其编码"。[2] 孔子的回答说明通过"正名"可发挥语言的作用，实现命题和对象之间的恰当匹配，达到改善社会政治秩序的目的。再比如，庄子在真理问题上的思考体现了反对客观真相的视角主义倾向。在《齐物论》中庄子说："可乎可，不可乎不可。道行之而成，物谓之而然……物固有所然，物固有所可。"[3] 中国哲学和比较哲学学者布赖恩·W·凡·诺登（Bryan W. Van Norden）对这段文本的解释是"庄子似乎是在说，美丽的还是丑恶的，仁慈的还是不仁慈的，公正的还是不公正的取决于个人的视角（perspective）"。[4] 即是非、然否之间是相对的而不是绝对的。目前新闻学界对中国哲学真理观的挖掘还不够深入，如何运用中国哲学智慧解决新闻真实问题或可成为未来理论创新的一个突破口。

（四）以解决问题为导向探索新闻真实议题

本书通过对全球32位学者和新闻从业者的访谈罗列了目前新闻业追求真相

---

[1] 译文为"那一定要先正名吧……用词不当，言语就不能顺理成章；言语不顺理成章，工作就不能搞好；工作搞不好，国家的礼乐制度也就举办不起来；礼乐制度举办不起来，刑罚也就不会得当；刑罚不得当，百姓就会[无所适从,]连手脚都不晓得摆在哪里好"。译文出处：《论语·子路篇第十三》（13.3），杨伯峻、杨逢彬注译，杨柳岸导读，长沙：岳麓书社，2018年第1版，第159-160页。

[2] McLeod A. *Theories of Truth in Chinese Philosophy: A Comparative Approach*. London: Rowman & Littlefield International, 2016, p. 51.

[3] 译文为"对事物的肯定之词源于事物本身值得肯定的性状，对事物的否定之词源于事物本身值得否定的性状。道路因人的行走而形成，事物因人的称谓而有了名称……事物自身本有如此的性状，事物自身本有适可的性状"。译文出处：《庄子·内篇·齐物论》，萧无陂导读注译，长沙：岳麓书社，2018年第1版，第29页。

[4] Norden B. Competing Interpretations of the Inner Chapters of the "Zhuangzi". *Philosophy East and West*, 1996, 46（2）.

的诸多障碍和困难，全书阐述的四个案例为解决这些困难提供了借鉴和思路。但目前来看，问题远远多于答案，如何有效系统地应对和解决这些困难仍是未来研究的重要课题。具体来讲，访谈对象谈及的阻碍新闻业追求真相的障碍包括以下几方面：

第一，权力与资本的操控。包括官方审查机制和保密机制、对记者的威胁和迫害、公司对报道内容的操控、大公司大财团对媒体的"收编"（如负担记者的差旅费用）以及公关组织的例行宣传等。《国会山报》记者亚历克西斯·辛丁格就提出"脸书和谷歌这样的巨头是世界编辑（world's editors）。"[1]

第二，媒体的商业模式困境。具体体现在资金短缺、广告流失、新闻从业者流失、读者和订阅用户流失和地方新闻业衰颓等。商业模式困境下，部分媒体表现出过度的商业化和娱乐化倾向，如以增加点击率为目标的"钓鱼新闻"（clickbait journalism）大量出现。芬兰 Lännen Media 总编辑马蒂·波西奥在形容当前媒体面临的商业困境时做了以下形象比喻："你的肩膀上坐着两个天使。一个说你需要盈利，另一个说你需要讲真话和重要的东西。"[2]

第三，记者的主观因素。包括记者个人的认知偏见，缺乏追求真相的强烈意愿，部分记者知识储备和专业能力不足以及记者的自我审查等。

第四，时间压力和稿量压力。24小时不间断的新闻周期和以稿件数量为重要业绩考核指标的机构现状使记者没有充裕的时间对报道内容进行核查和求证，"抄闻"现象普遍。新华社对外部高级编辑王家全在访谈中对24小时不间断的新闻周期进行了反思，他说："24小时不间断模式对新闻业的挑战非常大，你一定要随时往里填东西，这就充斥了大量的软新闻，把严肃新闻冲淡了，而且软新闻更容易做，所以现在好多媒体乐衷于做软新闻而不是严肃的政治新闻。"[3]

第五，技术因素。如面对互联网环境下信息的杂乱无章，记者的技术素养还有待提升，包括数据挖掘、数据整合和数据清洗能力等。此外，当下人工智能和新闻推荐算法等技术因素也大大加快了虚假信息的传播速度，为记者追求真相制造困难。

---

[1] 访谈对象 A16，亚历克西斯·辛丁格（Alexis Simendinger），《国会山报》（*The Hill Newspaper*）记者，访谈时间为 2019 年 4 月 26 日。

[2] 访谈对象 A11，马蒂·波西奥（Matti Posio），Lännen Media 总编辑，访谈时间为 2019 年 4 月 17 日。

[3] 访谈对象 A2，王家全，新华社对外部高级编辑，访谈时间为 2019 年 3 月 30 日。

除以上五方面因素外，其他阻碍因素还包括：公众的舆论压力；事件本身的高度复杂性；事件受其他不可抗因素的干扰（如马航MH370坠机等无现场突发事件为记者报道设置了障碍）和"政治正确"（political correctness）的压力（如一些西方记者因害怕被贴上"恐同"和"种族歧视"的标签而不敢深入讨论相关话题）。此外，也有访谈对象表达了对记者群体日益精英化和同质化的担忧，因为这很可能使各家媒体的观点趋同而无法反映底层人民的现实状况和愿望。加州大学尔湾分校教授凯瑟琳·刘在接受访谈时表示"媒体集团的阶级同质性（class homogeneity）让主流媒体变得极其乏味。他们可以在女性、少数民族、性取向等方面多样化，但他们的观点是相同的"。[1]

本书选取的相关案例为解决上述问题提供了一些思路，如针对权力与资本的操控，RMIT ABC Fact Check 的"双公共机构"事实核查模式既让核查项目获取了新的资金来源，解决了经济困境，又很大程度上保障了事实核查机构所需的独立性。针对媒体的商业模式困境及时间压力和稿量压力对记者追求真相的阻碍，荷兰会员制独立新闻机构 De Correspondent 提供了"非突发新闻"的解决方案。"非突发新闻"模式也有利于让记者受个人兴趣和使命感驱使完成高质量的新闻报道，成为专家型记者。针对技术因素的阻碍，一点资讯研发的"辟谣算法"为算法式新闻分发下的虚假信息泛滥问题提供了一套可行的技术解决方案。

未来研究有必要针对上述问题，结合学界的理论探索和业界的前沿实践提出更多应对思路。实际上，这种以解决问题为导向的新闻真实探索也很大程度上体现了以改变世界而非仅仅解释世界为目标的马克思主义真理观的内在要求。

回顾全书可以发现，在"传播充裕"的革命性时代，新闻真实正面临越来越多的争议与挑战。为了更全面地对新闻真实进行探讨，全书在广义上而非狭义上使用"新闻真实"的说法，即将新闻学界和业界对真实、真相和事实的探讨及与之相关的哲学真理观均纳入新闻真实的研究范畴。全书阐明了为什么真相在新闻业中仍然至关重要，以及为什么新闻真实是一个比许多人想象的都更为复杂的问题。通过对全球32位学者和新闻从业者的半结构式访谈，以及中国、澳大利亚和欧洲四种不同所有制类型媒介平台的实地考察，全书在全球化背景下探索了新闻真实，集中解决了有关新闻真实的三个关键问题：新闻真实

---

[1] 访谈对象B6，凯瑟琳·刘（Catherine Liu），加州大学尔湾分校电影与媒介研究教授，访谈时间为2019年4月25日。

指的是什么？为何需要新闻真实？如何更好地追求新闻真实？即新闻真实的内涵（是什么）、意义（为什么）和实现（怎么办）问题。

为了更好地理解新闻实践，阐释新闻真实问题，本书运用了多种不同的真理观作为理论工具，包括卡尔·波普尔、理查德·罗蒂、吉安尼·瓦蒂莫和卡尔·马克思的真理观。以上四种真理观分别被用来强调和理解四种不同的媒介平台。全书进而在理论结合实践的基础上，总结了四种新闻真实模式："证伪模式"（一点资讯辟谣算法），"实用主义公共服务模式"（澳大利亚 RMIT ABC Fact Check），"对话—阐释模式"（荷兰会员制独立新闻机构 De Correspondent）和"社会和谐—实践模式"（《人民日报》"求证"栏目）。通过对新闻真实的历史和地理进行考察，本书避免做那种模式更优的简单化和绝对化判断，而是致力于挖掘四种模式的共同之处，即它们均从批判的角度把握真相，反对"客观真相"的给定性和绝对性。

本书对有关新闻真实的简单化认知及其所依据的教条和偏见提出质疑，认为：新闻真实是一个基于语境的、复杂的、多维度的问题，其内涵既有历史发展也有地理差异，并非普遍有效或不容争辩。全书对新闻业中正统的"客观性"原则和"真理符合论"提出质疑，阐明了希腊语中象征真相的"无蔽"及与之相关的"开放"和"透明"理念可能更有利于在媒介平台和公众之间建立信任，并就何为真相达成共识。全书对新闻真实只是认识论的教条进行了批判，认为其也是价值论和实践论问题。本书的主要理论贡献之一在于着重阐明了马克思主义真理观的内涵，将其作为对资产阶级意识形态的强烈批判与祛蔽和对人民群众的支持。通过运用马克思主义真理观对《人民日报》"求证"栏目的分析，批判了"社会主义新闻业重宣传而不关心真相"的偏见。

在新闻业面临越来越多的谎言、虚假信息、错误信息和"扯淡"的当下，本书认为崇尚和坚守真相仍然是必要的，但崇尚和坚守的原因不在于世界上存在一个等待人们发现、可以一劳永逸地拯救所有人的唯一正确答案（这是真理符合论的思路），而是因为真相在"传播充裕"的背景下发挥着四种至关重要的建设性功能，分别为：预警功能，多元主体的真相共建有利于预警社会风险；教育功能，求证真相可以培养具有怀疑精神和批判性思维的"明智公民"；桥梁功能，有关真相的共识可增进社会信任，促进公众团结；限制功能，通过限制真相揭示的范围来预防"信息危害"。

本书表明，在"传播充裕"和智能化媒介环境下，"真相"的概念没有消亡，但其意义正变得日趋复杂，不再那么教条和绝对。这一思维方式上的变化相应地带来了实践层面的革新：比如更加注重技术在还原真相方面的作用；对客观性报道原则进行反思并尝试寻找替代性方案（一些机构已经开始探索以"透明"和"开放"而非单纯的"客观公正"来增进公众对真相叙事的信任）；重新定位新闻业与受众的关系，通过对话而非"填鸭式"的信息灌输与受众共建真相叙事；重视辟谣求证的现实功能和建设性作用，探索可以更好服务社会的报道方式等。

全书尝试在开阔的学术视野下对新闻真实的内涵、功能和实现途径进行语境化考察，以期更好地反思和阐释当下的新闻实践，并为新闻真实的理论研究提供有益补充。

附录 A 半结构式访谈中英文提纲

中文访谈提纲

1. 您认为新闻业最重要的功能是什么？
- 真相呢？真相对新闻业来说有多重要？

2. 简单来说，真相对您意味着什么？
- 把事实弄准确等同于获取真相吗？为什么？
- "客观"等同于说真话吗？为什么？

3. 许多人说我们现在生活在一个"后真相时代"，您对"后真相"的理解是什么？
- 您所理解的"后真相"的主要来源是什么或谁在生产和传播"后真相"？
- 对于"后真相"，我们能做些什么？

4. 除了"后真相"，还有什么其他障碍阻碍记者获取真相吗？

英文访谈提纲

1. What is the most important function of journalism?
- How about truth/ How important is the truth for journalism?

2. Briefly, what does truth mean to you?
- Is getting the facts right the same as truth and why?
- Is being "objective" the same as being truthful and why?

3. Many people say we are living in a "post-truth era". What's your understanding of "post-truth"?
- What's the main source of post-truth as you understand it? Who's producing and distributing post-truth?
- What can be done about post-truth?

4. In addition to post-truth, are there any other obstacles that prevent journalists from achieving truth?

附录 B　访谈名单

新闻从业者

A1：穆罕默德·付甘·拉奥（Muhammad Furqan Rao），巴基斯坦联合通讯社（The Associated Press of Pakistan Corporation）记者，访谈时间为2019年3月28日，访谈形式为微信语音通话访谈。

A2：王家全，新华社对外部高级编辑，访谈时间为2019年3月30日，访谈形式为微信语音通话访谈。

A3：匿名，某党媒记者，访谈时间为2019年4月2日，访谈形式为微信语音通话访谈。

A4：付敬，《中国日报》中国观察智库执行主任，访谈时间为2019年4月8日，访谈形式为微信语音通话访谈。

A5：艾尔维·梅森（Herve Mewenemesse），非洲多哥报纸 *Chronique De La Semaine* 记者、编辑，访谈时间为2019年4月8日，访谈形式为微信语音通话访谈。

A6：匿名，某党报评论员，访谈时间为2019年4月29日，访谈形式为微信语音通话访谈。

A7：琳达·卢（Linda Lew），《南华早报》记者，访谈时间为2019年4月20日，访谈形式为微信语音通话访谈。

A8：杰瑞·兹雷姆斯基（Jerry Zremski），《水牛城新闻报》（*The Buffalo News*）华盛顿分社社长，访谈时间为2019年4月30日，访谈形式为邮件访谈。

A9：安德鲁·贾斯潘（Andrew Jaspan），The Conversation 创始人，访谈时间为2019年4月23日，访谈形式为Skype语音通话访谈。

A10：拉塞尔·斯凯尔顿（Russell Skelton），RMIT ABC Fact Check 主管，访谈时间为2019年5月7日，访谈形式为面对面访谈。

A11：马蒂·波西奥（Matti Posio），Lännen Media 总编辑，访谈时间为 2019 年 4 月 17 日，访谈形式为 Skype 语音通话访谈。

A12：张玥，《南方周末》经济新闻部资深记者，访谈时间为 2019 年 4 月 17 日，访谈形式为微信语音通话访谈。

A13：匿名，某党报编辑，访谈时间为 2019 年 4 月 18 日，访谈形式为微信语音通话访谈。

A14：李微敖，《经济观察报》记者，访谈时间为 2019 年 4 月 20 日，访谈形式为微信语音通话访谈。

A15：米卡·亨通（Mika Hentunen），芬兰广播公司 YLE 记者，访谈时间为 2019 年 4 月 20 日，访谈形式为邮件访谈。

A16：亚历克西斯·辛丁格（Alexis Simendinger），《国会山报》（*The Hill Newspaper*）记者，访谈时间为 2019 年 4 月 26 日，访谈形式为邮件访谈。

高校学者

B1：西蒙·托米（Simon Tormey），悉尼大学政治学教授，访谈时间为 2019 年 4 月 1 日，访谈形式为面对面访谈。

B2：保罗·巴顿（Paul Patton），新南威尔士大学哲学教授，访谈时间为 2019 年 4 月 2 日，访谈形式为面对面访谈。

B3：尼克·恩菲尔德（Nick Enfield），悉尼大学语言学教授，访谈时间为 2019 年 4 月 3 日，访谈形式为面对面访谈。

B4：彼得·弗雷（Peter Fray），悉尼科技大学新闻实务教授，访谈时间为 2019 年 4 月 5 日，访谈形式为面对面访谈。

B5：伯纳德塔·布雷维尼（Benedetta Brevini），悉尼大学文学艺术与传媒学院高级讲师，访谈时间为 2019 年 5 月 3 日，访谈形式为面对面访谈。

B6：凯瑟琳·刘（Catherine Liu），加州大学尔湾分校电影与媒介研究教授，访谈时间为 2019 年 4 月 25 日，访谈形式为邮件访谈。

B7：迈克尔·舒德森（Michael Schudson），哥伦比亚大学新闻学院教授，访谈时间为 2019 年 4 月 26 日，访谈形式为邮件访谈。

B8：刘海明，重庆大学新闻学院教授，访谈时间为 2019 年 4 月 10 日，访谈形式为微信语音通话访谈。

B9：南希·斯诺（Nancy Snow），加州州立大学富勒顿分校传播学名誉教授、日本京都外国语大学公共外交教授，访谈时间为 2019 年 5 月 14 日，访谈形式为微信语音通话访谈。

B10：支庭荣，暨南大学新闻与传播学院教授，访谈时间为2019年4月21日，访谈形式为微信文字访谈。

B11：吴飞，浙江大学传媒与国际文化学院教授，访谈时间为2019年5月13日，访谈形式为微信语音访谈。

B12：张志安，中山大学传播与设计学院教授，访谈时间为2019年4月14日，访谈形式为微信语音通话访谈。

B13：匿名，上海某高校新闻学院教授，访谈时间为2019年5月16日，访谈形式为邮件访谈。

B14：匿名，深圳某大学传播学院讲师，访谈时间为2019年4月28日，访谈形式为微信语音通话访谈。

B15：匿名，南京某大学新闻与传播学院教授，访谈时间为2019年4月29日，访谈形式为微信语音通话访谈。

B16：约翰·基恩（John Keane），悉尼大学政治学教授，访谈时间为2019年9月23日，访谈形式为面对面访谈。

说明

附录B列出的访谈对象为本书作者采用"附录A半结构式访谈中英文提纲"开展访谈的全部受访者，不包括四个实地调研案例中涉及的相关信息提供者（这些信息提供者已在相应案例以脚注形式标注）。此外，为了让论述更凝练，本书正文部分只列述了部分受访对象的原话。在此向所有受访对象和信息提供者的支持和配合表示忠心感谢！

后　记

　　我对新闻真实的思考最早始于硕士研究生阶段，针对当时频发的"新闻反转"现象，我与导师王君超教授合作，撰写了《论新闻的"反转"》一文在《新闻战线》发表，文章探讨了"新闻反转"与"假新闻"的区别以及事实核查制度的缺失对"新闻反转"的催化作用。进入博士研究生阶段后，算法式新闻分发下的假新闻泛滥现象引起了我的关注，通过借鉴澳大利亚媒体研究学者阿克塞尔·布伦斯（Axel Bruns）的"大门守望"（gatewatching）概念和对相关从业人员的访谈，我探究了算法式新闻分发下人工编辑的功能和角色定位，这篇文章后来在《电视研究》发表。这一阶段，我对真相问题的思考主要在新闻传播学领域内展开。

　　2017年底，恰逢著名政治学家、悉尼大学约翰·基恩教授来北京大学讲学，我就讲座主题之一的"后真相"对他进行访谈，访谈结果后来发表在《国际新闻界》。那次访谈不仅促成了我和基恩教授的师生缘分，还成为本书的重要灵感来源（本书在绪论部分已说明"后真相"是驱动本轮对"真相"问题探讨的重要因素之一），促使我借鉴更多学科的理论智慧，把新闻真实研究推向深入。

　　2019年1月至2020年1月，受国家留学基金资助，我从清华大学以联合培养博士研究生的身份赴澳大利亚悉尼大学学习。那一年，我在王君超教授和基恩教授的联合指导和帮助下，完成了本书初稿的创作。我曾在悉尼大学费雪图书馆浏览并阅读了50余本与本书主题相关的英文专著，其中包含很多具有挑战性的哲学论著。与来自亚、美、非、欧、澳的50多位新闻从业者和学者（包含接受半结构式访谈的对象和各案例涉及的相关受访人员）进行了有关"新闻业与真相"主题的对谈，并实地考察了中国、澳大利亚和欧洲四种不同所有制类型的媒介平台（一点资讯、《人民日报》"求证"栏目、RMIT ABC Fact Check、De Correspondent）。从中国北京到澳大利亚墨尔本再到荷兰阿姆斯特丹，这本书的写作历程像是一场环球"真相之旅"。

　　当然，这不仅仅是一场地理意义上的旅程，更是一场思想意义上的旅程。大量的阅读、访谈与实地考察让我对新闻真实问题进行了重新的深入思考。整个旅程也伴随了对"真相"这一司空见惯、老生常谈概念的"反学习"（unlearning）。何为"反学习"？本书访谈对象之一、悉尼大学语言学教授尼克·恩菲尔德指出"反学习"的本质就是"释放我们自信的信念，并将其置于审视之下"。[1]"反学习"新闻领域的"真相"概念正是本书的重要目标之一，即对有关真相的简单化认知及其所依据的教条和偏见提出质疑，特别是认为"客观反映现实"即是"呈现真相"的"真理符合论"。全书通过经验性描述和理论化阐释说明了真相内涵的复杂性，提出新闻业中真相的内涵既有历史发展也有地理差异。

2019年访学期间，悉尼大学的"反学习"活动正如火如荼进行，校园里张贴了很多包含"反学习"关键词的海报，以鼓励学生具备质疑和挑战权威的勇气。在通往费雪图书馆的路上，就有一幅与本书主题密切相关的"反学习"海报，海报上写着"我们正反学习语言来防止真相崩塌"（We're unlearning language to prevent truth decay）。每次路过这幅海报，我都提醒自己，做研究不能人云亦云，要保持必要的批判和质疑。

悉尼大学校园内张贴的"反学习"主题宣传海报

---

[1] Linguistics Professor Dissects Language to Unlearn Truth. Retrieved from https：//www.sydney.edu.au/news-opinion/news/2017/09/11/linguistics-professor-dissects-language-to-unlearn-truth.html.

爱因斯坦曾说"人们头脑中的权威是真理最大的敌人"（Authority gone to one's head is the greatest enemy of truth）。[1] 因此，对真相的揭露、对真相问题的有益思考离不开对"权威"的质疑和批判。

当然，如果止步于此，本书的贡献会大打折扣。正如基恩教授为本书作序时所言，本书"拒绝'怎样都行'的相对主义和'没有真相'的犬儒主义"。即除了对有关真相的教条、简单认知和偏见进行批判外，本书还在"传播充裕"背景下和媒介智能化环境中对真相的建设性意义进行思考。面对包含"谎言""扯淡""象征性的插科打诨"和"沉默"的"后真相"话语，本书提出仍然需要坚守和崇尚真相，但坚守和崇尚的原因不在于世界上存在一个等待人们发现、可以一劳永逸地拯救所有人的唯一正确答案（这是真理符合论的常见思路），而是因为"传播充裕"下，真相发挥着以下四方面的建设性作用：首先，多元主体的真相共建有利于预警社会风险；其次，对"后真相"话语的纠偏有助于培养具有怀疑精神和批判性思维的"明智公民"；再次，作为一种社会共识的真相可增进社会信任，促进公众团结；最后，真相概念提醒人们为发挥真相的建设性而非破坏性作用，需要在特定场景下限制真相的披露范围和披露程度来防范"信息危害"。

这本书是我学术生涯的一块重要基石，其部分研究成果已在《当代传播》《电视研究》《新闻界》《全球传媒学刊》等期刊发表。在本书的成书过程中，我得到了三方面的宝贵经验：一是可在跨学科的知识共享和连结中寻找学术创新点，新闻传播学的发展可以而且应该从政治学、哲学、语言学等多个学科汲取养料；二是要培养和保持批判性思考的学术习惯，打破对某些概念"自然化"的理解和根深蒂固的偏见，以开放的学术视野进行探究；三是新闻学虽然具有鲜明的实践特色，但是新闻学研究不能仅仅囿于实践和技术层面，社会、政治、历史、哲学等角度的诠释和深挖对于驱散纷繁现象的层层迷雾，探究事物本质十分必要。

这本书既是对自己过往研究经历的最好总结，也是自己以大学教师这一新的身份开展学术研究的起点。每个人都不是一座孤岛，在过往的学术历程中，有太多的师友需要感谢。清华园硕博六年，导师王君超教授给予了我莫大的帮助与关爱。除了学业上孜孜不倦的教诲和指导，导师六年的言传身教更是让我

---

[1] Einstein A. The Collected Papers of Albert Einstein, Volume 1: The Early Years, 1879-1902. Beck A. trans. Retrieved from https：//einsteinpapers.press.princeton.edu/vol1-trans/199.

深刻体会到：为人处事要谦和有礼，与人相处要注重细节，为学治学要脚踏实地。悉尼大学访学期间，联合培养导师基恩教授对本书的写作给予了悉心指导，帮忙联系访谈对象，提供丰富研究案例。在悉尼的一年，基恩教授每周都会与我进行两小时左右的学术长谈和思维碰撞，每完成一章写作，都会要求我翻译成英文要点以便他指导修改，这份难忘的师生情谊后来被《人民日报海外版》以《悉尼留学记——在更广阔的天地提升自我》（2020年11月12日第08版）为题进行了报道。以上两位导师不仅在本书成书过程中进行了耐心指点，对全书内容进行把关指正，还慷慨赐序，全力支持本书出版。

除了王君超教授和基恩教授，我还要特别感谢"中国新闻学丛书"的主编李彬教授和赵月枝教授，感谢两位主编的赏识和大力支持。李彬教授不仅是我博士论文的评阅专家，对本书内容进行把关指正，还经常与我分享有启发意义的学术文章，提点我要注意开拓学术视野。另外，我也要向为本书提供帮助的各位访谈对象致以诚挚的感谢，与各位专家、学者的深入对谈让我深刻体会到在学术研究中秉持开放心态，汲取多方智慧的重要性。由于本书涉及的访谈对象人数众多，抱歉不能在此一一列举、再次感谢各位专家、老师的指导和帮助！

这本书最终能顺利出版，与读者见面离不开河南大学出版社领导的鼎力支持和编辑们严谨认真、精益求精的编校工作，特此感谢！同时，也感谢中信改革发展研究基金会和河南大学新闻与传播学院对本书出版的大力支持。此外，本人主持的北京外国语大学基本科研项目"全球视野下的新闻真实探索：理论阐释与实践考察"（项目批准号：2020QD013）也为本书阶段性研究成果的产出和发表提供了支持。

书稿付梓之时我已在本科母校北京外国语大学开始了教学生涯。从北京外国语大学到清华大学，从清华大学到悉尼大学，最后又回到北京外国语大学，十年求学生涯告一段落，教书育人征程已然开始。感谢北京外国语大学各位领导和老师的信任和帮助，让我得以回到梦想开始的地方继续前行。十年的求学经历为自己带来了很多改变，学识的增进是一方面，更重要的是思想上和心态上的变化：通过不断的阅读、调研、上课和思考，我更加认识到世界的复杂性，更加体会到面对复杂的世界和滚滚而来的信息洪流，需要的不是无所不知的天才，而是敢于承认自身局限、可以对"真相""真实""事实""真理"等"最终词汇"进行持续思考和批判的"明智公民"。

最后，有幸入选"中国新闻学丛书"也让我深刻意识到在推进中国特色新闻学发展过程中，作为一名普通的青年学者，既要放眼全球，也要立足本土，不忘本来、吸收外来、面向未来。希望这本《全球视野下的新闻真实探索：理论阐释与实践考察》特别是其中对马克思主义真理观的阐发能够为读者带来有益启发，助力中国特色新闻学的发展。

2022年2月于北京外国语大学